관계 면역력을 키우는
어른의 소통법

지은이

게이브리엘 하틀리

Gabrielle Hartley

———

맡은 의뢰의 99퍼센트를 법정까지 가지 않고 협상 테이블에서 해결하기로 이름난 25년 차 일류 이혼 변호사이자 중재인, 갈등 해결 분야의 인기 연사다. 미국 변호사협회 분쟁 해결 부문 중재 위원회의 공동 위원장, ABA 중재 연구소의 교수진으로 활동하고 있다.

《뉴욕타임스》《리얼 심플Real Simple》《포브스》《바이스Vice》《뉴욕포스트》《U.S. 뉴스 & 월드 리포트》를 비롯한 팟캐스트, 라디오 등 다양한 방송 매체에 출연하며 관계 및 소통 전문가로 인정받았고 NBC의 〈매스 어필Mass Appeal〉에 고정 객원으로 출연 중이다.

《관계 면역력을 키우는 어른의 소통법》은 친구, 가족, 부부처럼 아주 가까운 관계부터 사회적 관계에 이르기까지 피할 수 없는 갈등 상황에서 서로 등을 돌리지 않고 꼬인 관계를 차근차근 풀어 나가는 의연한 소통의 기술을 알려 준다.

손절은 쉽고 대화는 어려운 우리에게 필요한

관계 면역력을 키우는
어른의 소통법
THE SECRET TO GETTING ALONG

게이브리엘 하틀리 지음

최다인 옮김

부·키

옮긴이
최다인

———

연세대학교 영문학과를 졸업하고 7년간 UI 디자이너로 일하다 글밥 아카데미를 수료한 후 바른번역 소속 번역가로 활동 중이다. 옮긴 책으로는 《나는 왜 사랑할수록 불안해질까》 《여자(아이)의 심리학》 《필로소피 랩》 《사랑은 어떻게 예술이 되는가》 《지식의 탄생》 《부모의 말, 아이의 뇌》 등이 있다.

관계 면역력을 키우는 어른의 소통법

초판 1쇄 발행 2024년 7월 30일

지은이 게이브리엘 하틀리 | 옮긴이 최다인 | 발행인 박윤우 | 편집 김송은, 김유진, 박영서, 성한경, 장미숙 | 마케팅 박서연, 정미진, 정시원 | 디자인 서혜진, 이세연 | 저작권 백은영, 유은지 | 경영지원 이지영, 주진호 | 발행처 부키(주) | 출판신고 2012년 9월 27일 | 주소 서울시 마포구 양화로 125 경남관광빌딩 7층 | 전화 02-325-0846 | 팩스 02-325-0841 | 이메일 webmaster@bookie.co.kr | 979-11-93528-16-7 03710

만든 사람들
편집 김송은 | **디자인** 서혜진

※ 잘못된 책은 구입하신 서점에서 바꿔 드립니다.

여러분이 소중한 사람들과
더욱 원만히 지내길 바라는 마음을 담아
이 책을 독자 여러분께 바칩니다.

내 마음의 방, 지금 어떤가요. 뒤죽박죽 엉망진창, 인간관계 스트레스. 싹 다 정리해 버리는 '손절'만이 답일까요?

소중한 관계를 끊어 내기 전에 이 책을 보세요. 25년 중재 전문가인 저자는 방법이 있다고 합니다. 관계를 판단하고, 나를 들여다보고, 구체적인 명제를 세우라고요.

엄마와 나는 왜 그리 티격태격할까요. 이유도 모른 채 대충 넘겨짚고 지레짐작하진 않나요. 갈등을 없앨 순 없지만 피할 순 있대요. '엄마와 잘 지내고 싶어' 하기보다는 분명한 목표를 세워 실천을 해 보는 거죠. '엄마와 함께 있는 세 시간 동안 싸우지 말아야지.'

관계가 좋아지면 평정심을 찾을 테고 마음이 한결 편안해질 겁니다. 무려 85년 넘게 2천 명 이상을 조사 연구하고 있는 하버드대 '월딩어 프로젝트'의 결론도 이거라잖아요. "인생에서 유일하게 중요한 한 가지는 따뜻하고 원만한 인간관계이다." 백 세 시대, 내 마음의 방을 잘 관리하며 오래 잘 살자고요.

◆ 이금희 방송인, 《우리, 편하게 말해요》 저자

"두 독백이 대화를 만드는 건 아니다"라는 말이 있다. 마주 보고 말을 한다고 해서 모두 대화가 되는 것은 아니라는 뜻이다. 우리는 때때로 소중한 사람에게 말로 상처를 주고 또 받는다. 그 결과, 가까워지고 싶은 사람과 되레 멀어지기도 하고, 심지어는 사랑했던 사람과 영영 이별하기도 한다. 생각해 보면, 각자 말하는 법은 배웠어도 함께 대화하는 법은 배운 적이 없다.

이 책은 그런 우리에게 현명한 대화법을 알려 준다. 단순히 말 잘하는 스킬이 아니라 나와 상대를 이해하고 문제를 해결하는 구체적인 소통 방안을 제시한다. 만약 여러분이 대화 방법을 몰라 관계에서 문제를 경험한 적이 있다면, 지금이라도 늦지 않았다. 더 이상 소중한 사람을 잃기 전에 성숙한 대화를 시작하자. 대화를 통해 상대와 하나로 통하는 감정도 꼭 느껴 봤으면 좋겠다.

◆ 최설민 유튜브 '놀면서 배우는 심리학' 운영, 《양수인간》 저자

타인의 말에 휘둘리지 않고 나를 지키는 방법으로 빠른 손절을 권하는 책이 쏟아지는 세상에서, 이 책의 작가는 전혀 다른, 그러나 꼭 필요한 목소리를 낸다. 많은 사람의 이별을 지켜보며 인과관계를 분석하고 더 나은 관계를 위한 방법을 객관화, 이론화한 끝에 손절만이 답이 아니라고 결론 내리며 이야기를 시작한다. 그래서 더 끌렸다. 지구 반대편에서 나와 같은 일을 하며 같은 생각을 하는 사람이 있다니. 나 또한 친밀한 관계의 종말과

재결합을 그 누구보다 많이 지켜본 사람으로서 손절이 능사가 아니라는 생각을 항상 해 왔다.

관계가 쉬운 사람은 세상에 없다. 완벽한 관계를 위한 뾰족한 방법도 없다. 그러나 더 나은 관계로 나아가는 묘안은 있기 마련이다. 작가는 관계의 악순환을 만드는 원인이 타인이라는 생각에서 벗어나 내가 갈등의 한 축을 맡고 있다는 사실을 받아들이고 객관화할 수만 있어도 우리는 덜 상처받고, 더 행복하며, 더 단단해질 수 있다고 말한다. 결국 이 관계의 키는 나에게 있다는 것, 이것을 깨닫는 것만으로도 이 책을 읽을 가치는 충분하다.

아무리 많은 것을 가지고 커다란 성취를 이룬다 해도 결국 본질적으로 인간을 행복하게 하는 것은 사람과 사람 사이의 관계라는 명제에 이의를 제기할 사람은 없을 것이다. 남녀노소, 성별, 국적과 상관없이 인간관계는 우리의 공통적인 고통이자 행복이다. 나를 들여다볼 줄 아는 사람이 다른 사람을 이해할 수 있다는 것을, 내가 틀릴 수도 있다는 것을 명심한다면 관계에서 고통보다 행복을 훨씬 더 많이 느낄 수 있지 않을까. 그러니 시간과 정성을 들여 관계를 가꾸어 나가자. 지금부터, 나 자신을 위해서.

◆ 최유나 변호사(tvN 〈유 퀴즈 온 더 블록〉 출연), 《혼자와 함께 사이》 《우리 이만 헤어져요》 저자

차례

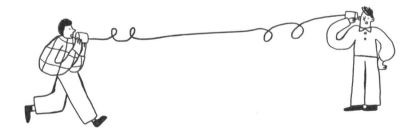

손절하지 않고도
나와 우리를 지키는 대화법

소통 부재의 시대. 우리는 갈등이 일어났을 때 눈 감고, 입 다물고, 귀를 닫은 채 상대와 의미 있는 대화를 나누려 하지 않는다. 가족과 말이 통하지 않는다는 이유로 마음에 빗장을 단단히 걸어 잠그고, 가치관이 다른 친구와 말다툼하다가 몇십 년 우정에 금이 간다. 직장 동료와의 의견 대립은 기 싸움으로 변질되기 일쑤다. 온라인상의 갈등은 말할 것도 없다. 여자 아니면 남자, 이쪽 아니면 저쪽으로 편을 가르고 익명성 뒤에 숨어 서로 헐뜯기 바쁘다. 하지만, 인간관계에서 지금 우리가 겪는 역사상 유례없는 수준의 긴장과 불화를 '이 미친 세상' 탓으로만 돌린다면, 이 방정식에서 훨씬 걱정스러운 부분을 간과하는 셈이다. 바로 갈등을 다루는 우리 능력이 몹시 서툴러졌다는 점이다. 어쩌다 보니 어느 정도 수준의 의견 차이는 정상이며 심지어 인간관계에 필수적이라는 사실을 잊어 버린 것이다. 다음 사례를 보자.

힐러리와 시몬은 고등학교 시절부터 단짝이었고, 졸업 후에는 같은 미용 학교에 다녔다. 동네 미용실에서 나란히 붙은 자리를 하나씩 빌려 일하며 둘은 사업 계획을 세웠고, 얼마 후 시카고에 있는 미용실을 공동 인수했다. 십 년 뒤 이들의 미용실은 초일류 미용사 팀을 자랑하며 웬만하면 몇 주 뒤까지 예약이 꽉 차는 업체로 성장했다. 직원들은 만족하고, 돈도 착착 벌리고, 단골손님도 많았다. 두 단짝 친구가 힘을 모아 어느 모로 보나 번듯한 사업체를 일구어 낸 것이다.

늘 꿈꾸던 대로 넉넉한 연봉을 벌면서 가장 친한 친구와 함께 일하게 된 힐러리는 더없이 행복했다. 시몬도 만족했지만……, 몇 년이 지나자 생각이 달라졌다. 미용실을 잘나가는 사업체로 키우는 동안에는 무척 좋았지만, 언제부턴가 미용실에 발을 들일 때마다 점점 불만스러운 느낌이 커졌다. 더 많은 것을 원하게 된 것이다. 즐거웠던 일이 갑자기 시시하게 느껴진 시몬은 미용실 규모를 확장해 돈을 더 벌고 싶다는 야망을 품었다.

술을 한잔하며 시몬은 힐러리에게 사업 확장 이야기를 꺼냈고, 우선 미용실을 더 좋은 자리로 옮겨 보면 어떠냐고 제안했다. 힐러리는 곧바로 "좋은데?"라며 긍정적인 반응을 보였다. 그래서 시몬은 힐러리가 자기만큼 그 아이디어에 열렬히 찬성한다고 여겼다. 시몬은 눈치채지 못했지만, 힐러리는 실제로 가게를 옮길 마음이 전혀 없으면서 맞장구만 친 게 문제였다. 시몬과 똑같이 미용실을 자랑스럽게 여기고 일에 열정적이기는 해도 힐러리는 사업을 확장할 마음이 전혀 없었다. 시몬이 그 아이디어를 꺼냈을 때 단칼에 거절해서 친구를 실망하게 하고 싶지 않았을 뿐이었다. 조금 지나면 시몬이 그 생각을 잊어버릴지도 모르고, 그러면 둘이 함께 이 성공적인 사업을 계속하면 된다는 게 힐러리의 속내였다.

하지만 "좋은데?"라는 말을 찬성으로 받아들인 시몬은 총대를 메고 일을 추진했고, 곧장 완벽한 새 장소를 물색하러 나섰다. 그렇게 해서 한 달 만에 이상적인 자리를 찾아냈지만, 놀랍고 실망스럽게도 힐러리는 그 매물이 다른 데로 넘어갈 때까지 임대 계약서에 서명하지 않았다. 두 달 뒤 다른 장소를 두고도 똑같은 일이 벌어졌다. 이번에는 매물을 잃는 데 그치지 않고 새 장소 찾는 일을 도와주던 부동산 중개인과의 관계까지 틀어졌다. 화가 난 시몬은 시간을 끌며 계약서에 서명하지 않은 힐러리를 비난했고, 힐러리가 이 문제 자체에 확신이 없다고 털어놓자 벌컥 화를 냈다.

정작 힐러리는 시몬이 왜 그렇게까지 화를 내는지 이해할 수 없었다. 오히려 그런 큰 변화를 감행하기 전에 진지한 대화를 제대로 나눠 보지도 않고 무작정 달려 나가는 시몬이 지나치게 급해 보였다. 하지만 시몬은 시몬대로 두 사람이 앞으로 나아가기로 공동 결정을 내렸다고 생각했고, 속이 뒤집힌 나머지 힐러리와 말도 섞고 싶지 않은 심정이었다.

그때부터 두 사람의 파트너 관계와 몇십 년에 걸친 우정은 빠르게 무너졌다. 힐러리는 시몬의 미용실 지분을 사들였고, 시몬은 홀로 자기 사업을 시작했다. 직원과 고객 목록을 그대로 넘겨받았지만 시몬 같은 사업 감각이 없었던 힐러리는 재정 관리에 실패한 끝에 미용실 문을 닫을 수밖에 없었다. 시몬도 똑같이 힘든 시간을 보내야만 했다. 힐러리만큼 보는 눈이 뛰어나지 않아서 더 많은 고객을 끌어들일 만한 재능 있는 미용사를 고용하지 못했기 때문이었다.

하지만 어찌 보면 더 심각한 문제는 두 사람이 평생 갈 수도 있었던 소중한 우정을 잃고 말았다는 데 있었다. 똑똑하고 명망 있고 상대를 진심으로 아끼던 두 친구는 함께 사업을 성공적으로 일구었으나 사업의 미래 전망을 두고 서로 지레짐작하고, 방어적으로 굴고, 탓하고, 마지막에 가서는 상대방을 끊어 냈다. 사려 깊은 대화에 실패한 결과로 사적, 직업적 관계를 모두 망쳐 버린 것이다.

두 사람에게 일어난 일은 인간관계에서 자연스레 일어나는 불화의 한 예다. 이런 다툼은 요즘 들어 도처에서 보인다. 현대인으로서 우리는 과거에 비해 개인화된 삶을 살면서 관계의 틈을 메우려는 노력을 잘 기울이지 않는다. 가정, 직장을 막론하고 정치, 돈, 건강, 육아 등 온갖 주제를 두고 싸우고 불신하며 사업상 파트너

관계부터 우정, 결혼까지 깨뜨리는 악순환에 빠져들기도 한다. 그러면서 사람 사이의 갈등에 제로섬 방식으로 접근하는 것을 당연하게 여기고, 어떤 대가를 치르더라도 '이기려는' 태도를 보인다. 그 결과 우리는 더 외로워지고 그 어느 때보다도 우울증이나 불안 같은 정신 건강 문제에 더 취약해졌다.[1] 말싸움에서 이기면 당장은 후련할지 몰라도 장기적으로 볼 때, 특히 유대감이나 소속감 측면에서 자신에게 그다지 이롭지 않다. 그런데도 각자 자기 처지에만 너무 몰입한 나머지 남의 말에 귀를 기울이지 않는다.

그래도 다행히 아직 우리에게는 갈등이 일어났을 때 위태로운 관계를 재정립해서 더 차분하고, 상냥하고, 현명한 사람으로 거듭나고 싶다는 강한 의지가 있다.

이 책에서는 내가 20년 넘게 법률 및 중재 실무에서 개념화하고 성공적으로 활용했던 것과 동일한 방법을 사용하여 개인적, 직업적 갈등을 받아들이고 넘어서는 데 필요한 혁신적인 사고방식과 기술을 소개할 예정이다.

갈 데까지 가기 전에 꺼내 쓰는
비장의 카드

서른 살 무렵 나는 뉴욕의 이혼 법정 판사 밑에서 재판 연구원으로 일했다. 엉망진창인 이혼을 비교적 깔끔하게 끝맺는 일을 내가 얼마나 좋아하게 될지, 심지어 잘하게 될지 예전에는 상상조차 하지 못했다. 공격적인 양측 변호사와 성난 의뢰인들이 모두 받아들일 만한 합의안을 짜내는 것은 내 천직이 되었다.

남편과 결혼하면서 브루클린에서 매사추세츠주 노샘프턴으로 이사한 뒤에는 대안적 분쟁 해결을 주 업무로 하는 개인 중재 사무실을 열었다. 내가 법정이 아니라 의뢰인 편에서 변호인들과 협력하며 합리적 해결책을 끌어낼 수 있게 된 것이었다. 우리는 힘을 합쳐 고객들이 법정에서 점수를 더 많이 따서 '이기려고' 애쓰기보다는 양측 모두 수용할 만한 타협안에 이르게끔 도울 수 있었다. 갈등으로 점철된 이혼에서 그나마 최선의 결과에 이를 수 있게 미국 각지 사람들을 도울 목적으로 나는 중재 업무를 온라인으로 확장했다. 변호사가 가운데 낄 때도 있지만, 이혼 과정에서 배우자와 완전히 척을 지지는 않으면서 힘들었던 결혼 생활을 원만히 마무리하기를 원하는 부부가 나를 찾아올 때가 훨씬 많다.

2019년에 나는 첫 책《차라리 이혼: 엄청나게 긍정적인 방식으로 갈라서는 법Better Apart: The Radically Positive Way to Separate》을 펴냈

다. 독자들이 이혼 과정에서 적대적이고 파괴적인 갈등을 피할 수 있게 도와주는 책이었다. 이 책은 다섯 가지 핵심 요소, 즉 인내심, 존중, 평화, 명확성, 용서에 초점을 맞춘다. 이 다섯 가지 렌즈를 활용해서 나는 이혼을 겪는 이들이 각 과정에서 자기 대처 방식을 되돌아보게끔 조언을 건넸다. 이후 부부가 편안하고 품위 있는 방식으로 이혼 과정을 주체적으로 헤쳐 나갈 수 있게 도우며 이혼 담론을 바꾸는 법에 관해 수십 번의 강연과 인터뷰를 했다.

그 후로 신기한 일이 일어났다. 의뢰인들은 물론 많은 친구와 동료가 내게 이혼 문제에 관한 조언을 구할 뿐 아니라 여러 다른 인간관계서 갈등에 대처하는 법까지 알려 달라고 부탁하기 시작한 것이다. 이렇게 되자, 첫 책에서 처방했던 것과는 다른 방법이 필요하다는 생각이 들었다. 독자들이 돌이킬 수 없을 만큼 망가진 관계를 뒤로하고도 나아갈 수 있는 방법이 아니라, 갈등이 있더라도 건강한 관계를 발전시키는 방법, 이해하기 쉬우면서도 깊은 성찰과 근본적 변화를 끌어내는 프로그램을 만들고 싶어졌다.

20년 넘게 중재 업무를 하며 내가 직감적으로 활용해 왔던 방식을 개념화하고 체계화하기 시작한 것이 바로 이때였다. 갈등으로 인한 관계 단절을 막고, 차근차근 해결책에 다다르기 위해 내가 이미 자주 사용하던 방식이었다. 이 혁신적인 방식을 적용하면 사람들이 가족 간의 사소한 말다툼부터 친구와의 의견 대립, 지나치게 정치적 관점을 내세우는 친척과의 마찰에 이르기까지, 삶에서 벌어지는 다양한 갈등 상황에서도 길을 찾을 수 있게 내가 도울 수 있다는 생각이 들었다. 나는 여기에 'YES 기법'이라는 이름을 붙였다.

- Y: 관계에서 당신You, 즉 자기 역할 이해하기
- E: 내면의 감정적Emotional 서사 관찰하기
- S: 과열된 대화 보류하기Shelving

갈등을 헤쳐 나가는 더 좋은 방법은 전부 '당신'에게서 시작된다는 것이 핵심이다. 원만하게 지내는 비법은 누구나, 심지어 뿌리가 아주 깊은 갈등 상황에서도 시도할 수 있다. 이 방법의 가장 큰 장점은 실천이 매우 쉽다는 것이다. 작은 변화로 커다란 결과를 끌어낼 수 있다. YES 기법은 온갖 유형의 갈등을 일시 정지해서 아수라장이 벌어지지 않게 막아 주는 힘이 있다. 우리가 갈등에 지나칠 정도로 예민하게 반응하지 않게, 중요한 사람과 연을 끊어 버리지 않게 막아 준다는 뜻이다. 이 기법은 무시, 회피, 쟁점 확대 대신 더 나은 선택지, 더 좋은 관계로 나아갈 길을 여는 방법을 제공한다. 더불어 힘겨워도 보람 있는 내면 서사 들여다보기를 통해 자기 성찰과 개인적 성장의 기회를 마련해 준다.

나는 당신이 친구와 손절하거나, 가족과 절연하거나, 회사를 그만두거나, 부부 생활을 끝내기 전에 YES 기법을 통해 다른 관점에서 갈등을 바라보는 방법을 알려 주려 한다. 물론 먼저 기법을 꼼꼼히 숙지하고, 갈등에 휘말렸음을 깨달을 때마다 적절히 떠올려서 활용하는 법을 배울 필요가 있다. 그러고 나면, 어지간한 관계에서는 완벽하지 않더라도 사이가 원만해지는 것을 느낄 수 있을 것이다.

분명히 해 두자면 내 말은 좋지 않은 상황에서 억지웃음을 짓거나 기만과 거짓말을 못 본 체하며 모래에 머리를 파묻으라는 게 아니다. 상담이나 치료 대신 이 기법을 쓰라고 제안하는 것도 아니다. 살다 보면 이 책의 범위를 넘어서는 전문적 도움이 필요할 만큼 심각하고, 힘들고, 깊은 상처를 남기는 상황이나 경험도 있다. 위험하거나, 폭력적이거나, 불안정한 상황에 놓여 있다면 그 관계에서 벗어나는 것(무기한 보류!)만이 유일한 답일 수도 있다.

하지만 거의 모든 관계에서 우리에게는 상대와의 상호 작용 방식, 즉 관계 역동을 바꿔 놓을 힘이 있다. 그것도 아주 간단한 데다 장기적 관점에서 자기 행복은 물론 관계의 건강함에도 도움이 되는 놀라운 방법으로. 나는 혜택받은 삶을 살아온 만큼 관점이 치우쳐 있거나 경험에 한계가 있을지 모른다는 점은 인정한다. 그럼에도 기본 욕구 충족에 문제가 있거나 폭력적 관계로 고통받는 사람을 제외한다면 누구나 이 간단한 3단계 기법으로 실제로 더 행복해지고 인생의 모든 영역에서 반복적이며 불필요한 갈등을 대폭 줄일 수 있다고 단언한다.

YES 기법의 핵심 3단계

YES 기법은 다음 세 가지 핵심 단계로 구성된다.

- 1단계: 관계 역동에서 내가 맡은 부분, 나의 관계 목표, 나의 태도와 습관을 인식하기
- 2단계: 서로의 진정한 욕구를 들여다보고 자기 내면의 감정 서사 풀어내기
- 3단계: 잠재적 갈등의 방향을 바꾸고 대화가 더 부드럽게 흘러갈 수 있도록 잠시 상황 보류하기

이 세 단계는 내적 동기에서 외적 행동으로 점차 나아가게끔 만들어져 있다. 갈등이 관계 발전을 돕는 선물임을 깨달으면서 나는 복잡한 중재 수백 건을 해결할 수 있었다. 게다가 그 덕분에 나 자신과는 물론 가치관이 매우 다른 친구나 동료들과도 돈독한 인맥을 유지할 수 있었다. YES 기법은 차분한 대응과 깊이 있는 대화를 유도하고, 무엇보다도 감정적 고양감을 느끼게 하는 평정심 유지에 도움을 준다. 이 기법을 활용함으로써 내면의 자아와 자신을 둘러싼 세상에 대처할 새로운 능력을 갖추게 되는 셈이다.

팬데믹이나 정치적 대립, 공권력 남용 같은 엄청난 문제가 발생했을 때도 YES 기법은 언제나 힘을 발휘한다. 가장 흥미로운 점은

이 기법을 통해 삶에서 마음가짐을 바꾸는 것만으로도 우리가 타인과 상호 작용하고 그들에게 대응하는 방식이 근본적으로 바뀐다는 것이다. 이 방법은 감당할 수 없어 보였던 갈등의 수렁에서 벗어나게 해 주는 단계별 지침이다.

이 책은 네 부분으로 나뉜다. 1부에서는 갈등이 왜 항상 쌍방향인지를 자세히 보여 준다. 의식적으로든 무의식적으로든 우리는 자신과 갈등을 빚는 상대방에게 모든 책임을 지우고, 그 관계에서 자기가 하는 역할은 무시하는 경향이 있다.[2] 여기서는 삶에서 일어나는 갈등에서 '내 역할'을 더 깊이 들여다보고, 나에게 가장 큰 심적 고통을 주는 관계 역동이 무엇인지 알아보는 법을 배운다. 또한, 갈등을 겪을 때 해당 관계에서 내가 바라는 목표는 무엇인지, 논쟁에서 '이기려고' 애써서 진짜로 얻는 것은 무엇인지를 함께 찬찬히 살펴본다. 그런 뒤 우리가 습관적으로 생각하고 행동하는 방식이 타인과의 상호 작용에 얼마나 강력한 영향을 미치는지 알아본다.[3] 습관적 사고 패턴과 행동 방식에 세심히 신경을 쓰고 작은 것부터 바꿔 나간다면 어느새 다툼에 쓰는 시간이 줄고 인간관계를 즐기는 시간이 늘어났음을 깨닫게 될 것이다.

갈등에서 내 역할을 파악하고 습관을 재구성하는 것이 이롭다는 점을 이해하고 나면 우리는 이제 더 안쪽으로 들어가서 더 나은 결과를 얻는 데 도움이 되는 방식으로 경청하는 법을 배우게 된다. 구체적으로 말하자면 2부에서는 당신이 실제로 무엇을 두고 다투는지, 또는 갈등에서 '왜'와 '무엇'이 어떻게 다른지에 귀 기울이는 법을 다룬다. 나의 내면 서사를 인식하는 것이 얼마나 중요한지도 알아본다. 내가 보이는 반응의 바탕에 깔린 원인에 세심히 귀 기울여야만 진정으로 나를 움직이는 동기가 보인다. 이와 동시에 여러분은 상대방이 하는 말을 진심으로 경청하고, 그 사람의 처지를 진정으로 이해하기 위해 고안된 질문법도 배우게 된다. 느낀 대로 즉시 반응을 보이지 말고 시간을 들여 자기가 들은 말을 온전히 소화하는 편이 나은 이유도 살펴본다. 1부에서 알게 된 자기 인식과 습관을 떠올리면 갈등에 대한 반응을 누그러뜨리고 열린 마음으로 당사자의 말과 행동에 담긴 깊은 의미를 받아들일 수 있게 될 것이다.

3부에서는 내면의 사려 깊은 태도를 외적 행동에 반영하는 법을 익힌다. 대화나 관계가 과열되었을 때 잠시 보류하거나 일시 정지함으로써 우리는 내 행동과 갈등이 불러올 결과를 크게 바꿔 놓을 수 있다. 반사적으로 반응하기 전에 먼저 생각하고 감정을 가라앉힐 여유를 두면 상호 작용에서 내가 진정으로 원하는 바를 끌어내기 위해 어떻게 말하고 행동해야 할지 알아내는 데 도움이 된다. 상대방 없이 혼자 이 과정에 참여한다고 해도 최소한 방어적인 태도를 완화하고 더 튼튼한 경계선을 만드는 법, 더불어 타인을 향한 대응을 부정에서 중립으로, 심지어는 긍정으로 바꾸는 태도 전환법을 익힐 수 있다.

1~3부에서 제시된 방법을 최대한 열심히 실천했다고 해도 깊이 뿌리박힌 갈등은 여전히 건재할 수도 있다. 4부에서는 다른 사람과의 관계에서든, 아니면 더 중요한 나 자신과의 관계에서든 내가 생각하는 이상적 모습을 있는 그대로 드러냄으로써 더 깊이 들어가는 전략을 세우는 법을 알아본다. 앞으로 나아가기 전에 먼저 한 발짝 물러나서 잠재적 갈등에 대비하는 전략도 배울 예정이다. 나의 취약성을 받아들이고 목표를 구체화해 실현하려고 노력함으로써 모든 인간관계에서 당신이 원하는 것을 더 많이 얻을 수 있다는 점도 함께 확인한다.

너무 까다롭거나 불편하다고 대화를 피하는 대신 YES 기법을 활용하면 중요한 상호 작용에 한결 생산적인 방식으로 참여할 수 있게 된다. 우리는 갈등을 나쁘거나 건강하지 못한 것으로 여기는 경향이 있다. 하지만 YES 기법이라는 도구를 갖추면 깊숙이 뿌리내린 갈등조차도 관계 발전과 개인적 성장의 계기로 바꿀 수 있다.

이 마지막 부분에서는 YES 기법이 꾸준히 진행되어야 하는 과정이라는 현실적인 면도 다룬다. 모든 상호 작용에는 타협과 양보, 허용이 필요하다. 우리의 궁극적 목표는 오랜 시간에 걸쳐 인간관계와 상호 작용에서 최대한 많은 것을 얻어 내는 것이다. 내면과 외면을 일치시키고 넉넉한 인내심을 더하는 동시에 열린 태도를 유지하는 한 인간관계는 끊임없이 진화한다는 점을 늘 잊지 않아야 한다.

평정심:
갈등을 품위 있게 관리하는 기술

갈등은 삶의 일부이며 완전히 피할 방법은 없다. 어떤 종류든 인간관계에서 벌어지는 갈등은 우리를 슬프거나 무력하게 할 수도 있고, 인생을 뒤집어 놓을 가능성도 있다. 하지만 동시에 갈등은 선물이기도 하다. 타인과 관계를 맺는 계기가 될 수 있으며 유대감을 더 돈독히 할 흔치 않은 기회를 제공할 수도 있다.

YES 기법은 이혼 조정 협상 테이블에서든 주방 식탁에서든 댓글 창의 가상 공간에서든 끝없는 논쟁의 틈바구니에서 원만하게 대화할 수 있음을, 더 나은 관계 맺기가 가능함을 보여 줄 것이다. 표현법 연습과 예시를 통해 여러분은 몹시 불편한 대화나 곧 폭발할 것 같은 상황에 맞닥뜨려도 차분함과 균형을 유지하는 법을 배우게 된다. 물론 이 기법이 모든 관계에서 영원한 평화를 즉각 가져다주거나 갈등을 전부 해결해 주는 것은 아닐 테지만, 관계의 위기 속에서도 판단력을 유지하는 데 필요한 도구가 될 것임은 분명하다. 나는 여러분이 불필요한 갈등에서 자유로워져 앞으로 나아가리라고, 대화를 나눌 때마다 매일 조금씩 혼란은 명료함으로, 위기는 평온함으로 바뀌게 되리라고 믿는다.

사실 갈등이 해결된 평화 상태는 오래가지 않을 때가 많다. 가장 가까운 이들과 해묵은 갈등을 겪을 때는 특히 더 그렇다. 한 가지 기억해야 할 것은, 갈등이란 우리 내면에서 시작되기도 한다는 사실이다. 일반적으로 갈등은 남과의 의견 충돌로 빚어지며 바깥을 향한다고만 생각하기 쉽지만, 사실 우리 내면에 깊이 자리 잡은 습관과 인식, 행동을 지배하는 사고방식에서 생겨나는 갈등도 많다.[4] 여러분이 이러한 갈등에서 감정적 자유, 다시 말해 내가 '평정심equanimity'이라 부르는 상태에 도달하게끔 돕는 것이 내 목표다. 평정심 찾기는 내면을 들여다보는 데서 시작된다. 평정심이 있는 사람은 갈등 상황을 더 중립적으로 보며 큰 그림으로 접근하고, 더 만족스럽게 타협하며 결론에 이른다. 머릿속에서 말다툼을 몇 시간이고 반복 재생하거나, 용서할 수 없는 감정싸움 끝에 깨져 버린 우정을 한탄하거나, 몇 주, 몇 달, 심지어 몇 년이나 똑같은 일로 누군가와 언쟁을 계속하지 말자. 갈등이 인간관계의 일부임을 받아들이고 삶의 균형을 되찾을 귀중한 성장의 기회로 이 책을 활용하기 바란다.

YES 기법은 순수하게 중재만을 위한 법적 지침서도, 갈등에서 당신이 '원하는' 것을 얻어 내는 요령도 아니다. 그보다는 여러분이 더 나은 인간관계를 맺을 수 있게, 그리고 더 중요하게는 내면의 균형을 잡을 수 있게 하려고 고안한 방법이다. 어느 지점에서 우리가 타인과의(그리고 자기 안에서) 의견 차이로 벽에 부닥치는지 알게 되면 깨닫는 점이 많다. 자신이 언제 인내심을 잃는지 더 자세히 이해할 수 있고, 때로는 믿을 수 없을 만큼 짜증 나는 이 세상을 성공적으로 헤쳐 나가는 법을 배울 수 있다.

이 책을 읽어 나가면서 여러분은 갈등에서 자기 역할을 분명히 자각하기 시작하고, 갈등에 한몫하는 습관적 사고, 행동, 대응 방식을 알아낼 수 있다. 이러한 내적 명료함은 인간관계를 안쪽에서부터 점검할 길을 열어 준다. 거기서부터 우리는 감정 서사를 풀어내는 법, 불필요하거나 비생산적인 대화를 피하고자 과열된 대화를 잠시 치워 두는 법을 배울 수 있다. 계속 읽어 나가며 YES 기법을 익히다 보면 작은 변화가 얼마나 큰 영향을 미치는지 몸소 깨닫게 될 것이다.

1부

내가

틀릴 수도 있다

1장

갈등 상황 속
내 역할 인식하기

손뼉도 마주쳐야 소리가 난다

나도 갈등깨나 겪어 본 사람이다. 누구도 말싸움을 마다하지 않는 시끌벅적한 이탈리아계 유대인 가정에서 자라다 보니 어린 시절부터 자연스레 자기주장을 펴고, 반박하고, 남의 말을 수용하고, 내가 원하는 것을 얻는 방법을 익혔다. 주변에서 일어나는 온갖 야단법석을 관찰하며 누구에게나 대화하는 방식을 살짝 바꿔 관계를 완전히 변화시킬 진정한 힘이 있다는 사실도 깨달았다. 흔히 손뼉도 마주쳐야 소리가 난다고들 한다. 대개는 상대방이 싸움을 '걸었다'고 생각하기 쉽지만, 한 발짝만 물러서면 갈등에서 자신의 역할이 금세 눈에 들어온다. 예를 들어 당신이 대화하는 동안 휴대전화로 게임을 하는 버릇이 있는 사람이라면 상대방은 무시당한다는 느낌을 받게 되고, 당신에게 무뚝뚝하고 차가운 태도로 일관하거나 혹은 다그치며 보챌 가능성이 크다. 별문제 없어 보이던 이 습관이 시간이 지나면서 관계를 망가뜨릴 수도 있다. 직장 생활에서도 마찬가지다. 당신은 느긋하게 오전 10시에 출근해서 밤 9시까지 일하는 게 더 잘 맞는 사람인데, 업계 표준은 오전 8시~오후 5시 근무라면 실제로는 더 오랜 시간 일한다고 해도 상사의 문책을 피하기 어렵다.

인간관계가 더 편안해지고 남들과 잘 지내기를 바란다면 갈등에서 자기 역할을 인식하는 과정이 필수적이다. 우리가 무의식적으로 흔히 저지르는 실수와 지레짐작, 일상적 관계에서 만들어 내는 분란을 함께 살펴보기로 하자. 먼저 내가 어떤 식으로 부정적 반응을 끌어내는지 분명히 깨닫고 나면 생각과 말, 행동을 어떤 식으로 바꿔야 내면에서부터 더 좋은 방향으로 변하게 될지 알아낼 수 있다.

나는 문제없다는 착각

내 남편 미치와 나는 만난 지 얼마 되지 않아 바로 약혼했다. 우리는 처음부터 서로 끌렸다. 한동안 뉴욕에서 교외에 사는 전문직 남성들만 만나던 나는 도요타 타코마 픽업트럭을 몰며 낚시와 사냥을 즐기고 조류 생물학 박사학위가 있는 미치의 신선한 매력에 무장 해제당하는 느낌을 받았다. 미치는 다정하고 세심했다. 걸리는 것은 딱 하나였다. 그는 시골 체질이었고, 나는 토박이 뉴요커라는 점이었다. 당시 삼십 대 초반이었던 나는 신부 들러리를 열다섯 번쯤 선 참이었다. 이제는 결혼해서 아이를 낳아야 할 때라는 생각이 들었다. 그래서 재판 연구원이라는 평판 좋은 직장, 친구와 가족을 떠나 조류 생물학자인 미치를 따라 시골로 이사했다. 그의 수입이 나보다 적다는 건 알고 있었지만, 출장이 잦고 집에 있을 때는 상당한 시간을 체육관에서 보낸다는 건 결혼한 뒤에야 알게 된 사실이었다.

미치가 곧 이직할 예정이고 그러면 집을 비우는 시간이 더 늘어날 거라는 말을 꺼냈을 때 나는 썩 내키지 않으면서도 그냥 받아들였다. 자기 소명을 좇아야 마땅하다며 하고 싶은 대로 해도 된다고 허락까지 했다. 그게 올바른 선택 같았지만, 여전히 나는 깊은 좌절감을 느꼈다. 오래 지나지 않아 남편의 부족한 수입을 보충해야 한다는 재정적 압박감과 점점 늘어나는 육아 부담으로 새로운 삶에 대한 환상마저 깨지고 말았다. 얼마 뒤 미치는 승진했고, 1년에 25퍼센트가량은 집을 떠나 있게 되었다. 출장을 갔다 돌아오면 집에 없었던 사이 놓친 것을 벌충하려고 안달하며 체육관에 가고, 사냥을 나가고, 식사를 준비하고, 세 아들과 시간을 보냈다. 나는 투명 인간이 된 듯 답답하고 외로웠다. 나를 애지중지하던 쾌활한 남자친구가 어떻게 내가 그렇게나 원하는 관심을 한 톨도 주지 않는 남편으로 변해 버렸는지 도무지 이해할 수가 없었다. 시간이 지나면서 원망은 점점 더 쌓였고, 상황을 바꿀 수 없다는 무력감만 커졌다.

그러다가 어느 순간, 갑자기 나 역시 결혼 생활 내내 이 불공평한 관계에 연루된 공범이었다는 생각이 들었다. 나는 미치만큼 자기 삶의 주도권을 잡지 못하고 있었다. 남편의 꿈을 지지하려 애쓰며 내 삶을 이리저리 비틀었지만, 정작 나 자신을 위해 한 일은? 거의 없었다. 그건 과연 누구 잘못이었을까? 우리 관계에서 바닥을 치고 나서야 나는 나 또한 문제의 일부임을, 그리고 상황을 바꾸고 싶다면 내가 다른 방식으로 생각하고 행동할 수밖에 없음을 깨달았다.

그래서 나는 미치를 격려했던 것과 똑같은 방식으로 나 자신을 격려하기 시작했다. 내 불행을 남편 탓으로 돌리는 대신 내 삶을 재편하기 시작한 것이다. 결혼 전에 했던 것처럼 세상일에도 좀 더 적극적으로 나서려고 노력했다. 결혼과 육아 외에 내가 하고 싶은 일에도 관심을 기울였다. 전에도 멀리 사는 친구들을 부지런히 만나러 다니기는 했지만, 그 외에는 나를 위해 하는 일이 거의 하나도 없었다. 일단 나를 추슬러 몸을 움직이고, '나를 위해' 뭔가를 하고, 세상과 소통하기 시작하자(오랫동안 꿈만 꾸었던 첫 책을 실제로 집필함으로써) 기분도 한결 나아졌다.

미치는 나의 이런 변화를 놀랍게도 순순히 받아들였다. 처음에는 내가 자주성을 되찾아 뭔가를 하겠다고 말을 꺼낼 때마다 남편이 반발하리라 예상하고 잔뜩 긴장했다. 하지만 다행히도 반발은 거의 없었다. 나는 조용히, 그러나 과감하게 내 세상을 재구축해나갔다. 그동안 나 또한 문제의 한 축을 담당했음을 깨닫지 못한 채로 내 선택을 남편 탓으로 돌리면서 화내고 비난하며 사느라 내 삶을 몇 년이나 낭비한 셈이었다. 미치가 내 외로운 마음을 좀 더 알아주거나 내 감정적 욕구를 눈치채 줬더라면 좋았겠지만, 남편이 일부러 못되게 군 것은 아니었다. 그저 자기가 바라는 대로 자기 삶을 살았을 뿐이다. 내가 바라는 삶을 사는 것은 내 몫이었다.

우리는 화가 나면 자기 불만을 남 탓으로 돌리고, 부정적 결론을 내린 다음 투쟁-도피 반응(스트레스 상황에서 싸우거나 도망치기 위해 일어나는 생리적 각성 상태—옮긴이)을 보일 때가 아주 많다.[1] 하지만 관계에서 발생한 문제에서 자기 역할을 알아채고 명확히 파악하는 것은 우리 자신이 할 일이다. 그렇다고 그 문제가 전부 우리 잘못이라는 뜻은 아니며, 그저 우리가 그 역동의 일부라는 뜻일 뿐이다. 일단 그 역동에서 자기 역할을 염두에 두거나 인식하고 나면 극심한 갈등을 완화하거나 심지어 제거할 능력이 생겨난다. 생각과 말, 행동을 바꾸면 더 긍정적인 반응을 끌어낼 수 있고, 그에 따라 관계 자체도 바뀌기 마련이다. "내가 문제의 일부"라는 이 명료한 인식은 YES 기법의 다음 단계로 나아가기 전에 갖춰야 하는 필수 요소다. 이제 본격적으로 갈등 관계에서 자기 역할을 파악하고, 우리 스스로 해결책의 일부가 되기 위한 전략을 세워 보자.

관계의 종말이 오기 전에 관계 목표 정하기

물론 모든 관계가 똑같은 수준으로 중요한 건 아니다. 가족, 친척, 친구, 직장 동료, 같은 반 학생, 이웃, 심지어 낯선 사람에게 우리가 쏟는 상대적 관심에는 순서 또는 순위가 존재한다. 더불어 인간은 원래 관계를 추구하는 생물이지만, 관계에서 바라는 목표는 사람마다 다르다. 나는 미치와 부부였기에 서로 다른 생활방식에서 내가 느끼는 갈등을 해소하고 우리 가족 전체에 잘 맞는 해결책을 찾아야겠다는 열망이 컸다. 만약 우리가 이혼했더라면 갈등 해소 방식은 달라졌을 수도 있다. 우리는 아이들과 추억으로 연결된 사이이므로 나는 미치를 존중하며 마음에 들지 않더라도 그의 방식을 인정해 주는 방법을 찾으려 애썼을 것이다.

더 넓은 관점에서 관계를 바라볼 때 특정 문제나 견해차가 나 자신에게 얼마나 중요한지 생각해 보자. 수습할 수 없는 싸움도 있고, 모든 관계가 다 똑같이 중요한 것도 아니다. 하지만 대개 어떤 관계든 긍정적, 아니면 최소한 중립적 태도로 다룰 수는 있다. 어떤 갈등에서든 자기 역할을 진지하게 고민하기 전에 먼저 상대방이 나의 삶에서 차지하는 상대적 중요도를 고려해 볼 필요가 있다.

나에게 특정 관계가 얼마나 소중한지, 내 관계 목표가 무엇인지 아는 사람은 나 자신뿐이다. 당신 목표는 본가에 두 시간 들르는 동안 어머니와 잘 지내기, 또는 매일 편안한 마음으로 출근하기처럼 아주 간단한 것일지도 모른다. 문제를 다룰 방식을 정하려면 먼저 그 관계 자체가 나에게 중요한지 아닌지, 그 문제가 나에게 얼마나 중요한지를 살펴보아야 한다.

인간관계의 상대적 중요도는 상대방이 나에게 어떤 존재인지에 따라 달라진다. 부모나 형제자매와 관련된 질문은 동료나 고용주를 염두에 둔 질문과는 다르고, 친구나 배우자를 떠올리며 할 만한 질문과도 구별된다.

예를 들어 배우자와의 관계를 점검할 때 두 사람의 감정적 상호작용 방식을 두고 스스로 해 볼 만한 질문은 다음과 같다.

- 각자 상대방 덕분에 더 나은 사람이 되었다고 느끼는가?

- 서로 감정을 공유하는가?

- 상대방을 있는 그대로 받아들이는가?

- 서로 존중하며 대화하는가?

- 목표와 가치관을 공유하는가?

- 서로 믿는가?

한편, 동료나 상사와의 관계로 고민하고 있다면 직장에서의 관계를 파탄 내기 전에 이런 점들을 고려해야 한다.

- 이 직장이 나에게 얼마나 중요한가?

- 다른 일자리를 쉽게 얻을 수 있는가?

- 부서를 옮기는 것이 가능한가?

- 중재를 맡아 줄 만한 중립적 인물이나 인사부 직원이 있는가?

친구 관계에서는 이런 질문을 해 볼 수 있다.

- 내 삶에서 얼마나 중요한 존재인가?

- 얼마나 많은 시간을 함께 보내는가?

- 서로 자신감을 북돋워 더 나은 사람이 되게 해 주는 관계인가?

- 중요한 문제를 서로 솔직하게 이야기하는가?

- 큰 사회적 관계나 모임에 함께 속해 있어서 연을 끊으면 모임 내 관계에 문제가 생기는가?

- 함께 사업을 하고 있다든가, 아니면 사이가 틀어졌을 때 고려해야 할 재정적 또는 법적 문제는 없는가?

요약하자면 각각의 인간관계는 상당히 다르므로 중요한 관계를 끊어 버리거나 우리 마음속에서 커다란 지분을 차지할 가치가 없는 사람들에게 너무 많이 투자하기 전에 신중한 고려를 거칠 필요가 있다는 말이다.

우리가 타인과 대화하는 방식은 상호 작용 결과를 바꿔 놓으며, 특정 관계가 특별히 눈에 띄게 중요하지 않더라도 다소 노력을 기울일 가치가 있다. 앞 질문 목록에서 짐작할 수 있듯이, 누군가를 그리 좋아하지 않거나 관계를 꼭 유지할 필요가 없더라도 관계의 평화를 유지하는 데서 오는 부차적 이득이 있기 때문이다.

예컨대 지인과의 정치적 의견 차이를 조율하는 것은 이혼한 부부가 각자 자기 집에서 아이들에게 단것을 얼마나 허용할지 합의하는 문제만큼 중요하지(또는 수월하지) 않을 수도 있다. 특정 관계의 상대적 중요도를 따질 때는 길게 내다보자. 각 상호 작용에서 명확하고 간결한 목표를 세우고, 거기서부터 조금씩 나아가면 된다. 이를테면 "나는 엄마와 잘 지내고 싶어"라고 두루뭉술하게 말하기보다는 "오늘 오후 한 시부터 세 시까지 엄마를 만나러 가서 기분 좋게 지내고 싶어"라고 말하는 것이다. 작고 구체적이며 신중한 노력이야말로 크고 오래가는 변화로 이어지는 유일한 길이다.

모든 관계가 똑같이 중요하지는 않지만, 일상생활에서 마음의 평화를 유지하는 것은 매우 중요하다. 특정 관계에서 계속 마음이 불편하다면 이는 행복감 전반에 악영향을 미칠 수밖에 없다.[2] 거슬리는 것이 길거리의 낯선 사람이든, 거들먹거리는 상사든, 실망스러운 친구든, 내가 나 자신과 맺는 관계는 주변 세상에서 느끼는 평온함의 수준에 영향을 받게 되어 있다. 물론 어떤 식으로든 당신에게 더는 도움이 되지 않는 관계가 있다면 얼마든지 쳐내도 된다. 하지만 너무 많은 관계를 포기하기 전에 잠시 내가 관계의 종말에 어떤 식으로 한몫하는지 살펴보고, 모 아니면 도 식의 접근법 외에 스스로 받아들일 만한 다른 방법은 없는지 생각해 보자는 것이다. 관계에서 의미 있는 변화를 일으키기 위한 첫 단계는 그 관계에서 스스로 바라는 목표를 이해하는 것이다. 일단 바라는 바를 확실히 해야 새로운 관계 역학에 시동을 걸 수 있다.

답은 회색 지대에 있다

챗바퀴 같은 논쟁에 갇히면 외곬으로 자기 생각에만 치우치기 쉽다. 모든 일이 자기 뜻대로 되기만 하면 만사가 다 해결된다는 착각에 제 발로 빠진다는 뜻이다. 하지만 갈등 해결은 흑백으로 갈리지 않으며, 사실 가장 좋은 해결책은 회색 지대에 존재한다. 사람 사이의 갈등을 다루려면 먼저 두 가지를 해낼 필요가 있다.

1 갈등에서 자기 역할을 명확히 깨닫는다.

2 이 갈등으로 영향받는 관계에서 자신이 원하는 목표를 분명히 한다.

우선 당신이 말다툼에 어떤 식으로 기여하고 있는지 스스로에게 물어보자. 주도권을 잃지 않으면서 이 관계 자체와 자기 자신을 위해 더 나은 결과를 끌어내고 싶다면 어떻게 해야 할까? 다르게 대응해서 대화 흐름을 개선할 만한 부분이 있는지 곰곰이 생각해보자. 경험을 통해 내가 깨달은 사실이 있다면, 평소 나의 본능적 반응과는 완전히 다른 대답이나 해결책을 고민하고 시도하다 보면 굳었던 생각이 느슨하게 풀리면서 원래라면 예상하지 못했던 기회나 결과가 생겨난다는 것이다.

가만히 생각해 보면, 내가 논쟁의 실제 결과보다 단순히 내 말이 '옳음'을 증명하는 데 초점을 맞추고 있었다는 것을 알게 되기도 한다. 그럴 때는 해당 문제나 사건에 다른 대응을 시도해 보자.

중재인으로 일하며 나는 항상 같은 사실을 두 가지 관점으로 듣는다. 내가 특히 흥미롭다고 느끼는 점은 아무리 양극단으로 갈린 부부라도 내 사무실에 와서는 하나같이 자신은 '공평'하기만 하면 된다고 진심으로 주장한다는 것이다. 하지만 세상에 객관적 공평함 같은 건 없다. 있는 것이라고는…… 각자의 관점뿐이다. 무지개 끝에 황금이 든 단지, 즉 완전한 승리는 존재하지 않지만, 관점을 깊이 이해함으로써 우리는 자기 생각과 언행에 미묘한 변화를 일으켜 마법 같은 평온함이라는 보물을 얻을 수 있다.

집에서든, 직장에서든, 인생의 어떤 상황에서든 의견 차이가 걷잡을 수 없어지는 일은 수없이 많다. 이는 두 번째 요점, 즉 목표와 기대를 명확히 하는 것으로 이어진다.

나는 협상 테이블에서 이런 상황을 늘 목격한다. 까다로워 보이는 문제로 논쟁하다 보면 다툼과 악감정, 불만을 부채질할 뿐인 무수한 샛길로 빠지기 쉽다. 그래서 처음부터 구체적 목표를 미리 정해 두는 편이 훨씬 낫다. 그러면 이야기가 산으로 갈 때(어차피 그럴 수밖에 없기도 하고) 내가 방향을 조정해서 양측 의뢰인과 변호사들이 원래 목표를 해결하게끔 유도할 수 있기 때문이다.

예를 들어 이혼 과정에서 부부는 아이들의 양육권을 동등하게 공유한다는 공동 목표하에 협상하러 올 때가 많다. 하지만 세부 양육 계획으로 들어가면, 특히 아이가 어릴수록 한쪽에서 자기가 양육을 도맡겠다고 우기는 상황이 적지 않게 벌어진다. 이유는 상대가 아이의 안전 문제에 소홀해서 육아에 부적합하다는 것이다. 이럴 때는 서로 잘잘못을 따지기보다 앞서 정해 두었던 공동 목표로 돌아가야 한다. 그러고 나면 양육을 도맡겠다는 주장은 서로 걱정을 덜 수 있게 안전장치(위험한 물건은 손이 닿지 않는 곳에 보관하기, 취침 시간 정하기 등)를 마련하자는 정도로 누그러질 가능성이 크다.

양측이 동등하게 양육을 분담한다는 공동 목표를 바라보게 조금만 조정해 주면 대화는 다시 긍정적인 방향으로 흘러간다.

특히 복잡하거나 갈등이 심한 이혼 과정에 개입할 때면 양측은 서로 자기 말을 들어 달라고 나선다. 협상 테이블에 앉기도 전에 자기 인생에서 잘못된 것은 죄다 상대방 탓이라며 나를 설득하려고 최선을 다하는 사람도 있다. 이들은 상대방이 갈등의 유일한 원인이며 독단적으로 관계를 망쳤다고 호소하고, 내가 감정적으로 자기편을 들어주길 바란다. 하지만 25년간의 경험상 나는 공평함이 해결로 향하는 열쇠라는 점을 잘 안다. 그래서 고객과 함께하는 작업의 첫 단계에서 단도직입적으로 "내 말이 옳다"라는 집착에서 벗어나야 중재를 통해서 진정으로 원하는 것을 얻을 수 있음을 알린다. 이러한 태도는 우리가 각자 일상적 상호 작용을 할 때도 중요하다.

성격은 보는 이의 눈에 달렸다

내 의뢰인들과 마찬가지로 아마 당신도 살면서 약간 거슬리는 사람부터 엄청나게 껄끄러운 사람까지 다 겪어 봤을 것이다. 문제는 그 사람일 수도, 아니면 상황일 수도 있다. 어쨌거나 극도로 양극화된 현대 사회에서 우리는 온갖 고집쟁이들과 공존하는 법을 목숨 걸고 열심히 배워야 한다. 실제로 여기에 인생이 달려 있기 때문이다. 그리고 나와 갈등을 겪는 상대방 또는 집단의 관점에서 보면 문제는 바로 나 자신이며, 스스로는 이를 눈치채지 못하고 있을지도 모른다는 점을 인정해야 비로소 이 배움이 시작된다.

아직 TV에서 〈프렌즈〉가 방영되던 시절, 내가 만나던 남자들은 종종 나를 자유로운 영혼인 피비와 완벽주의자 모니카 양쪽과 비교했다. 예민한 A 유형 남자는 피비 같은 내 엉뚱한 면을 발견하면 그리 달갑지 않은 반응을 보였다. 마찬가지로 느긋한 B 유형 남자는 내게서 모니카처럼 깐깐한 면을 보면 썩 반기지 않았다. 지극히 자연스럽게도 나는 내가 온전하고 균형 잡힌 사람이라고 생각했기에 이런 극단적 평가를 들으면 오해받는다고 느꼈다. 하지만 방어적으로 반박하기보다는 그렇게 생각하는 이유가 궁금해졌다. 시간이 지나면서 나는 서로 다른 여러 사람이 특정한 성격 특징에 고도로 초점을 맞춰 나를 바라본다는 것을 깨달았다. 그 특정 성격은 그 사람이 좋아하지 않는 특성이라는 사실도. 누군가의 성격은 그 사람을 보는 이의 눈에 달렸다는 뜻이다.

친한 친구 중에서 서로 딴판인 두 명에게 당신을 묘사해 보라고 한다면 아마도 이와 비슷한 결과가 나오지 않을까 싶다. 두 친구는 각자 자신이 높이 평가하는(또는 못마땅해하는) 특징을 몇 가지 나열하고 나머지는 대충 넘어갈 가능성이 크다. 이와 비슷하게 알고만 지내는 지인에게 당신을 묘사해 보라고 하면 당신은 전혀 눈치채지 못했던 성격적 특징에 초점을 맞춘 평이 나올지도 모른다. 내가 보는 내 모습은 타인이 경험하는 내 모습과 별로 관계가 없다는 말이다.

모든 사람이 나의 행동을 긍정적 관점에서 해석해 주지는 않는다. 하지만 그래도 괜찮다. 의견 차이가 발생한다는 사실 자체는 문제가 아니기 때문이다. 문제는 우리가 살아가며 갈등을 겪을 때마다 관계 안에서 생각하고 말하고 행동하는 방식을 선택할 수 있음을 깨닫지 못한다는 데 있다.

나 또한 문제의 일부라고 해서 내가 뭔가를 잘못하고 있다는 뜻은 아니다. 어떤 관계에서는 그저 나답게 행동하는 것 자체가 갈등을 유발할 때도 있다. 어쩌면 상대방에게는 농담을 입에 달고 사는, 아니면 매사에 너무 진지한 우리 태도가 문제인지도 모른다. 또는 경솔함이나 수줍음, 사고방식, 겉모습 또는 걸음걸이가 문제일 수도 있다. 하지만 갈등의 불씨가 무엇이든 갈등 상황에서 보이는 행동, 특히 자기 역할을 파악하는 방식에 따라 우리는 살면서 만나는 고집쟁이들에게 성공적으로 대처할 힘을 얻을 수 있다.

내가 다양한 방식으로 갈등에 참여한다는 사실을 명심하고, 나아가 이를 하나씩 짚어 보는 과정은 필수적이다. 인정하기는 쉽지 않지만, 우리 또한 거의 항상 문제의 일부이기 때문이다. 모든 게 전적으로 상대방 탓이라는 믿음을 포기하지 않으면 YES 기법을 효율적으로 익히고 실천할 수 없다.

다양한 사람들이 나를 다양한 방식으로 바라본다는 깨달음은 매우 중요하다. 내 행동이 주변 사람들에게 어떤 영향을 미치는지 이해함으로써 상호 작용의 한계를 깨닫는 동시에 나에게 중요한 관계가 매끄럽게 돌아가게끔 무언가를 바꿀 수 있기 때문이다.

예를 들어 당신은 직장 동료 조가 타인에게 무관심하고 부정적이라고 생각하지만, 다른 동료 실비가 조는 "격려를 잘하고 말을 잘 들어 준다"고 언급하는 것을 얼핏 들었다. 그렇다고 당신이나 실비 둘 중 한 명이 어딘가 이상하거나 거짓말을 한다는 뜻은 아니다. 다만 둘의 관점이 다를 뿐이다. 이번에는 조가 여러 사람에게 완전히 다른 방식으로 인식되는 게 아니라 조가 당신을 대하는 방식이 당신 성격에 영향받았을 가능성이 있다고 생각해 보자. 어쩌면 조를 잘난 척하며 말 섞기 피곤한 사람이라고 여기는 당신 속내를 조가 알아챘고, 그래서 당신 말에는 신경 끄기로 했는지도 모른다. 내가 세상을 보는 방식이 객관적 '진실'은 아니라는 깨달음은 다른 대응을 끌어내기 위해 인식을 재조정할 길을 열어 준다. 사람들이 나와 다르게 행동하는 이유를 이해하는 비결은 그들 역시 자기 인식에 따라 행동하며 남의 행동에 대응한다는 사실을 이해하는 데서 출발한다.

남들이 세상을 보는 관점을 염두에 둘 때 내가 남들 눈에 어떻게 비치는지, 다른 세계관을 지닌 이들과 더 좋은 관계를 맺을 방법은 무엇인지 제대로 고민할 수 있게 된다.

이제 다양한 갈등 상황을 살펴보며 우리가 어떤 식으로 갈등 방정식의 한 축을 담당하는지 알아보자.

넘겨짚기, 지레짐작 금지

우리는 자기 생각만 내세우다가 잘못된 결론으로 비약해서 불필요한 소동을 잔뜩 일으키기도 한다. 이런 일은 삶의 모든 영역에서 갖가지 방식으로 일어난다. 간단한 일화를 보자.

어느 해 크리스마스 무렵, 나는 남동생에게 합쳐서 다섯 명인 우리 아이들을 위해 '양말에 선물 채우기' 이벤트를 해 주자는 말을 꺼냈다. 하지만 내가 뭐라고 덧붙이기도 전에 동생은 매몰차게 그런 상술에 놀아나기 싫다고 딱 잘라 말했다. '어쩌면' 나는 동생을 짠돌이나 구두쇠라고 부르면서 동생 말을 허튼소리 취급했던 듯하고, 그렇게 그냥 다른 화제로 넘어갔다. 이 양말 사건으로 둘 다 약간 짜증이 난 모양이었다. 평소 동생과 거의 매일 연락하는데, 전화기는 울리지 않았다. 우리는 한동안 상대방의 본심을 오해한 채로 지냈다. 연락이 끊긴 지 일주일쯤 지난 뒤에야 한쪽이 수화기를 들었고, 그제야 서로의 말을 끝까지 귀담아들었다. 동생은 내가 양말에 자질구레한 선물을 채우는 귀찮은 작업을 자신에게 떠맡기려 한다고 넘겨짚었다고 했다. 하지만 내 말을 끝까지 들었더라면, 내 제안은 동생네와 우리 아이들이 크리스마스 아침에 한자리에 모여 선물 든 양말을 풀어보게 해 주고 싶었던 것뿐이었음을 알았을 터이다. 양말을 누가 어떻게 채울 것인지는 함께 의논해서 정하면 되는 문제였다.

지레짐작 탓에 대화를 끊어 버리는 순간, 우리는 의미 있는 쌍방향 대화를 나눌 기회의 문을 닫아 버리는 셈이다. 고백하자면 나는 상대방(대개는 남편)이 미처 자기 생각을 정리하기도 전에 혼자 다음 단계로 넘어가는 버릇이 있다. 그래서 주의를 기울이지 않으면 남편이 아직 핵심을 입 밖에 내지도 않았는데 무턱대고 반박하거나 동의해 버린다. 그러면 어떻게 되느냐고? 당연히 남편은 반발하고, 나는 기분이 상한다.

민감한 주제가 일으키는 말썽

내 예전 고객이 최근에 들려준 이야기가 있다. 오십 대 여성인 리사는 요즘 뜨는 '캐런' 밈(무지하고 대우받으려 들며 툭하면 "매니저 나오라"고 하는, 비대칭 단발머리를 한 중년 백인 여성 '캐런'이 등장하는 개그 단골 소재[3]) 가운데 반여성적인 것이 많아서 걱정스럽고 불편하다는 글을 자기 페이스북에 올렸다.

댓글에서는 활발한 토론이 이어졌다. 리사의 오랜 친구이자 동료인 대런이 적극적 주장을 펴는 여성들을 무심히 모욕하는 댓글을 달기 전까지는.

리사는 오랜 친구가 자신에게 공개적으로 수치심을 줬다고 느꼈다. 그래서 글을 지워 버렸지만, 대런과의 우정은 이미 끝났다는 생각이 들었다. 직장에서 마주치면 인사나 하고 페이스북에서 가끔 소통하는 것 외에는 대런과 말하지 않은 지 한참 되었지만, 앞으로도 대화하고 싶은 마음이 들 것 같지 않았다. 슬프면서 한편으론 화도 났다. '어떻게 이런 짓을?'

이 예시를 읽으면서 당신의 마음이 어느 쪽으로 쏠리는지 관찰해 보자. 대런이 못마땅하게 느껴지는가? 아니면 리사? 이 상황 자체가? 사람들은 과거 어느 때보다 성미가 급해지고 참을성이 없어졌다. 가정과 직장에서 인간관계에 대처하기도 힘들지만, 온라인에서 벌어지는 갈등에 대처하기는 더더욱 어렵다. 온라인 상호작용은 물리적으로 먼 거리에서 일어나고 당연하게도 얼굴을 맞댄 대화 또는 목소리가 들리는 전화 통화에서 우리가 느끼는 풍부한 뉘앙스가 드러나지 않는다. 인간은 원래 듣는 능력이 떨어지는 동물이다.[4] 잘 듣지 못하므로 의사소통 능력도 그리 뛰어나지 않다. 그렇다 보니 몸짓 언어와 어조, 맥락의 도움이 없는 온라인 세상에서는 오해가 발생할 가능성이 훨씬 커진다.

다행히 리사와 대런은 둘 다 뒤로 물러섰고, 불에 기름을 붓는 행동은 하지 않았다. 그들이 서로 감정적으로 반응했다면 이 상호 작용이 관계 전체를 무너뜨릴 수도 있었다. 반사적 댓글 하나가 이미 부글부글 끓는 감정을 휘저어 오랜 우정을 망가뜨렸을지도 모르는 일이었다. 시간이 지난 뒤 두 사람은 불편한 마음을 누르고 서로 존중하며 대화를 나눴고, 결국 좋은 결과를 얻었다. 대런은 댓글에서 사람들을 공격한 행동을 사과했고, 리사는 민감한 주제로 글을 올릴 때는 그에 따르는 비판도 감수할 필요가 있음을 인정했다.

가끔은 끊어 내지 말고 끌어들여라

당신은 학교에서 아이에게 숙제를 좀 더 내주기를 바라는데, 아이가 무척 좋아하는 선생님은 숙제가 불안의 원인이라고 생각한다면 어떨까? 아니면 당신과 남편이 부부 상담을 받으며 기껏 이룬 진전을 시어머니가 깎아내린다면? 이럴 때 우리는 대체로 그 관계에서 발을 빼서 갈등과 거리를 두려고 한다. 당신도 이럴 때가 많다면 나와 다른 관점으로 세상을 보는 사람을 잘라내기보다는 끌어들이는 편이 나을 때도 있다는 점을 생각해 볼 필요가 있다. 오히려 그 사람이 상황에 더 깊이 관여해서 관계에 더 많은 관심을 기울이게끔, 당신과의 유대가 더 튼튼해지게끔 하는 것이다.

이혼 조정을 거친 내 고객 스튜와 소피, 그들의 아들 조지프의 예를 한번 보자. 열여섯 살인 조지프는 최근 ADHD로 진단받았고, 소아청소년과 의사에게 조제약 처방을 받았다. 진단이 나온 뒤 스튜와 소피는 아들의 상담 치료사 루시를 만나러 갔다. 면담 중에 루시는 조제약보다 THC(대마의 유효 성분—옮긴이) 정제나 마리화나가 조지프에게 더 잘 맞을지도 모른다는 말을 꺼냈다. 면담을 이어 나가며 루시는 아이가 이미 16세이고 해당 주 법률에 의사와 환자 간 비밀 유지 조항이 있으므로 혹시 조지프가 마리화나나 다른 마약류를 사용한다는 사실을 상담 중에 자신이 알게 되더라도 부모가 이를 고지받지는 못할 것이라는 점도 설명했다. 스튜와 소피는 잠시 말문이 막혔지만, 조지프가 실제로 마약을 쓸 일은 없다고 생각해서 그리 걱정하지는 않았다. 덧붙여 루시와 몇 번 상담하면서 조지프가 학교에서나 집에서나 더 좋은 모습을 보인다는 점이 훨씬 중요하다고 여겼다.

석 달이 지난 뒤 스튜는 조지프의 책상 맨 위 서랍에서 식용 THC가 든 캔을 발견했다. 스튜는 소피에게 전화를 걸었고, 두 사람은 이를 두고 의논하면서 루시가 조지프에게 마약 사용을 권했다고 지레짐작하고는 상담 치료를 그만두게 할지 고민했다. 하지만 루시와 대면하기 전에 두 사람은 먼저 내게 연락해서 다른 선택지가 있을지 조언을 구했다. 나는 조지프가 신뢰하는 상담사를 끊어 내기보다는 끌어들이는 방법을 고려해 봐야 한다는 점을 알려 주었다. 루시를 끊어 냈다가는 조지프가 화를 내거나 새로운 상담사와 대화하기를 거부할지도 모를 일이었다. 게다가 그간 빠르게 호전된 조지프의 상태가 다시 나빠질 염려도 있었다.

스튜와 소피는 앞으로 나아갈 가장 좋은 길을 찾아내기 위해 루시와 다시 만났다. 이야기를 나누던 중에 지난번 면담에서 루시가 했던 말은 의사가 처방한 약보다 천연 약물이 더 나을 때도 있더라는 개인적인 생각을 언급한 것뿐이었음이 밝혀졌다. 루시는 조지프가 마리화나를 사용한다는 말을 듣고 깜짝 놀랐다. 더욱이 의사가 처방한 약 대신 마리화나를 쓰라는 의도는 전혀 아니었다고 분명히 말했다. 결국 루시는 아들의 마리화나 사용에 반대하는 부모의 견해를 지지하는 방향으로 조지프와 상담을 이어 나가는 데 동의했다. 스튜와 소피는 루시를 끌어들인 덕분에 조지프의 약물 사용에 대처하고, 상담사와의 관계도 유지할 수 있었다.

갈등에 대처할 때 감정적으로 섣불리 사람을 끊어 냈다가는 중요한 무언가를 잃을 위험이 있다. 비슷한 상황에서 본능적으로 몸을 빼고 싶은 기분이 들더라도 상대방과 생산적인 대화를 나눠 타협점에 이르는 것이 앞으로 나아가는 데 제일 좋은 방법일 때가 많다. 그래도 영 탐탁지 않거든 이렇게 생각해 보자. 친구를 가까이 두고, 적은 더 가까이 둠으로써 당신 세상에 변화가 일어날 가능성이 커진다고, 사람을 끌어들이면 평화로운 결과를 얻을 확률이 대폭 올라간다고 말이다.

힐러리와 시몬이 자기 역할을 깨달았다면

힐러리와 시몬은 아주 오랜 친구였다. 둘은 서로 달랐지만 함께 시간을 보내며 둘에게 잘 맞는 관계 역동을 찾아냈다. 하지만 문제가 생기고 말았다. 각자의 성격과 의사소통 방식이 부딪히면서 우정에 금이 간 것이다. 둘 다 한 걸음씩 물러나서 자신이 어떤 식으로 갈등의 한 축을 담당했고 부채질했는지 생각해 봤다면 둘의 우정은 깨지지 않았을 것이다. 오히려 더 단단해졌을지도 모를 일이다.

연습 1

내면 성찰 수련법(DEAR)

상대가 내 말에 귀 기울인다는 느낌이 들면 감정적 방어벽이 내려가기 시작한다. 이렇게 방어가 해제되면 갈등 상황에서 자기 역할을 깨닫기 쉬워진다. 앞서 우리는 인간관계에서 의도치 않더라도 스스로 갈등의 한 축을 담당하게 되는 몇 가지 흔한 예를 살펴보았다. 다음은 자기 스스로 명확한 깨달음을 얻는 데 도움이 되는 내면 성찰 수련법이다.

연습 과정 전체는 대개 15분가량 소요된다. 혼자서 생각을 가

다음을 조용한 장소, 종이(또는 수첩), 필기도구가 필요하다. 먼저 종이에 네 칸짜리 표를 하나 그리자. 각 칸에 순서대로 역동Dynamics, 감정Emotions, 행위Actions/반응Reactions, 반추Revisit라고 써 넣는다.

역동	
감정	
행위/반응	
반추	

그런 다음 당신이 불만스럽게 여기는 상호 작용이 일어나는 관계를 하나 떠올린다. 한 칸에 너무 오래 머무르지 않게, 각 항목 빈칸을 채우는 시간은 3분으로 미리 지정되어 있다.

역동

신경 쓰이는 역동을 쭉 적는다. 해당 관계에서 특히 불편하다고 느끼는 측면에 집중하자. 당신 신경에 거슬리는 것이면 무엇이든 상관없다. 여기에는 다음과 같은 것들이 포함된다.

- 상대방의 행동이나 말
- 상대가 행동하는 방식이나 말투
- 반복되는 말다툼
- 패턴화된 습관이나 버릇

감정

당신이 느끼는 감정을 적는다. 이번에는 앞서 적은 역동 하나하나가 어떤 감정을 불러일으키는지 떠올려 보자. 상대방을 향한 비난은 접어 두고, 자기 느낌에 집중한다. 다 쓰고 나면 다음 단계로 넘어가기 전에 1분간 휴식을 취하자.

행위/반응

까다로운 역동에 대처할 때 자신이 어떻게 행동하고 반응하는지 적어 보자. 여기가 진정으로 당신 내면을 들여다보기 시작하는 지점이다. 속상함의 원인이 된 역동을 겪는 동안, 또는 겪은 뒤에 자신이 하는 행동에 초점을 맞춘다. 잘 기억나지 않는다면 스스로 다음 질문을 해 보는 것도 좋다.

- 방어적으로 행동했는가?
- 신체적 동요를 느꼈는가?
- 상대방이 말하는 동안 휴대전화를 들여다봤는가?

- 감정을 얼굴에 드러내서 갈등을 부채질했는가?
- 상대방의 관점을 반박하거나 무시했는가?
- 성급하게 결론을 내렸는가?
- 이미 해결된 과거 문제를 다시 언급했는가?
- 이 일과 관계없는 갈등을 끌어들였는가?
- 언성이 높아지거나 신체 동작이 커졌는가?
- 냉소적이거나 표독스러운 말투로 대답했는가?
- 상대가 하는 말을 귀담아듣기보다는 내가 할 대답을 마음속으로 연습했는가?

어떤 역동에 신경이 쓰이는가? 그걸 먼저 적어 보자. 그때 기분이 어떤지도 함께 쓰자('감정' 칸에서와 똑같이 비난은 자제한다). 이 까다로운 역동에 대처할 때 자신이 어떻게 행동하고 반응하는지 생각해 보자.

다 끝냈으면 이번에는 2분간 이 상호 작용에서 상대방이 어떻게 행동하는지 떠올린다. 원한다면 적어도 좋지만, 이 수련의 목적은 당신의 행동이 상대에게 미치는 영향을 떠올리고 곱씹는 것임을 기억하자.

반추

마지막으로 문제 있는 역동에 대처할 때 자기 행동과 반응을 바꿔서 긍정적이거나 중립적인, 아니면 최소한 덜 부정적인 반응을 끌어낼 대안을 떠올려 적어 보자.

작은 것이든 큰 것이든 내키는 대로 써도 괜찮다. 꼭 지금 적은 내용을 다음번에 실천할 필요도 전혀 없다. 이 단계의 목적은 단순히 당신이 미처 생각지 못했던, 특히 갈등이 한창일 때는 떠올릴 수 없었던 대안을 탐색해 보자는 것뿐이다.

이 연습이 처음이라면 너무 사적이지 않은 관계를 고르는 편이 수월하다. 이를테면 아주 가깝지는 않은 동료나 친구가 적당하겠다. 상대방 또는 상황에 감정적으로 깊이 얽혀 있으면 객관적으로 보기가 어렵다.[5] 따라서 무작정 뛰어들기보다 어느 정도 거리를 둘 수 있는 관계로 연습의 첫발을 떼는 편이 좋다.

이 수련은 차분하고 침착한 상태에서 해야 가장 효과가 좋다. 마음이 평화로워야 더 객관적으로 자기 행동을 떠올리고 검토할 수 있기 때문이다.[6] 하지만 앞으로 나올 내용을 배우면서 과열된 대화를 잠시 멈춰야 할 때 이 수련법을 쓰는 것도 좋은 방법이다.

까다로운 갈등 상황에 대처하는 자기 행동과 반응에 변화를 주어 긍정적, 중립적, 또는 덜 부정적인 반응을 끌어낼 대안을 생각해 보자.

그리고 마지막으로, 말도 안 된다고 여길지는 몰라도 관계 역동에서 자기 역할을 스스로 인정하면서 앞으로 나아가다 보면 창의력이 자극되어 생각보다 더 좋은 결과를 얻을 수도 있다.

요점 정리

◆ 의식적으로든 무의식적으로든 내가 갈등에 기여하고 있음을 스스로 진지하게 받아들이는 것이야말로 관계를 개선하는 첫 번째 단계다. 우리는 갈등 해결을 위해 노력할 뿐만 아니라 의도치 않게 불에 기름을 부어 상황을 악화하지 말아야 한다.

◆ 눈앞의 갈등은 잠시 제쳐 두고, 각 관계가 나에게 얼마나 중요한지 생각해 봐야 한다. 갈등에서 우리가 하는 역할은 상대방이 낯선 사람인지, 친구인지, 부모인지, 배우자인지에 따라 필연적으로 달라진다. 각 관계의 중요도를 이해하는 것은 개인의 우선순위와 목표에 영향을 미치며, 이는 갈등을 현명하고 요령 있게 헤쳐 나가는 열쇠다.

◆ 다른 사람의 관점에서 보면 당신은 '껄끄러운 사람'일까? 내가 민감한 주제를 건드리거나, 지레짐작하거나, 불필요하게 사람들을 잘라내거나, 부드럽지 못한 방식으로 대화하지는 않는지 점검해 보자.

2장

작은 습관의 나비 효과

마음가짐을 바꾸기엔 늦은 때란 없다

어엿한 두 아이의 엄마이자 매력적인 여성인 낸시는 남들이 항상 사교 모임에 자신을 끼워 주지 않는다는 느낌을 받았다. 결혼식에 초대받은 횟수는 한 손으로 꼽을 정도였고, 자기 이름이 손님 명단에 오르지 않은 행사는 수없이 많았기에 몹시 울적했다. 대체 뭘 잘못했는지 알 수가 없었다. 아무리 생각해도 자신은 손님 대접을 잘하는 사람이고, 몇 년 동안 열심히 자기 친구들을 서로 소개해 주기도 했기 때문이었다. 설상가상으로 이렇게 소개해 준 친구들끼리 너무 친해진 나머지 만찬 모임에서 낸시를 빼고 그 자리에

새 친구를 초대하는 일도 적지 않았다. 한번은 낸시의 소개로 만난 친구들이 낸시에게는 권하지도 않고 자기들끼리 국내 여행을 떠나기까지 했다. 낸시는 왜 이런 일이 일어나는지 영문을 알 수 없었다. 스스로는 자신이 좋은 친구이며 따돌림당할 이유가 전혀 없다고 생각했다. 자기가 뭘 잘못하고 있는지, 왜 아무도 자신과의 우정을 소중히 여기지 않는 것인지 알아낼 도리가 없었다.

낸시가 그저 인복이 없거나 친구 보는 눈이 없었을 수도 있지만, 이 친구들 가운데 상당수가 자기들끼리는 오랫동안 잘 지낸다는 점을 생각하면 그럴 가능성은 적었다. 스스로 피해자라고 여기는 낸시의 사연은 만찬 식탁에서 끝나지 않았고, 직장 생활에까지 이어졌다. 낸시는 승진에서 몇 번이나 밀려났고, 직장에서 중요한 위원회의 일원으로 뽑힌 적도 거의 없었다. 그래서 자기가 대인관계 문제에서 지속적으로 오해받고 부당하게 대우받는다는 느낌에서 벗어나지 못했다.

사람이나 상황을 대하는 마음가짐, 사고방식은 우리가 어떤 식으로 생각하고 느끼고 행동하는지를 결정하는 핵심 요인이다. 사람이 특정 자극원에 일정 시간 노출되면 그에 관한 의견과 평가가 생겨나고, 이윽고 자신의 습관적 사고에 영향을 미치는 마음가짐이 형성된다. 이 마음가짐은 긍정적일 수도, 부정적이거나 중립적일 수도 있다. 우리는 주변 세상에서 자신이 드러낸 마음가짐에 따른 피드백을 받는다. 그리고 마음가짐과 생각은 다시 우리 태도와 행동에 영향을 미친다. 그러므로 자기 사고방식을 살피는 것은 행동 방식을 확인하는 것과 똑같이 중요하다. 마음가짐에 따라 스스로 인식하는 자기 이미지, 그리고 타인과의 관계에서 자신을 바라보는 방식이 달라지기 때문이다.

자신을 어떻게 평가하는지, 타인과 어떻게 상호 작용하는지, 전화를 갑자기 뚝 끊어 버리진 않는지, 운동을 열심히 하는지, 건강한 식습관을 지키는지는 죄다 무의식적으로 나오는 습관적 행동에 좌우된다. 매일 우리가 하는 행동 가운데 거의 40퍼센트는 잘 생각해서 내리는 결정이 아니라 습관의 산물이다.[1] 습관을 바꾸려면 장시간에 걸친 지속적이며 의도적인 노력이 필요하다. 이러한 의지력, 또는 자기 주도적 신경망 재구성이 변화를 가능케 한다는 뜻이다. 우리가 하는 행동 가운데 상당수는 전적으로 반복 연습 덕분에 이루어지는 것이다.

자신이 '하찮게' 대우받을 팔자라는 생각을 품었기에 낸시는 자연스레 불안정하고 나약한 분위기 또는 태도를 드러냈을지도 모른다. 그런 마음가짐을 유지하는 한 아무것도 바뀌지 않을 터였다. 낸시의 이야기에서 가장 놀라운 점은 이미 중년에 이른 낸시가 더는 자기 회의에 빠져 살지 않기로 마음먹었다는 사실이다. 낸시는 늦었다 생각하지 않고, 자기 자신과 인생을 대하는 마음가짐을 바꿔 나가기 시작했다. 우선 일종의 인생 조언자인 '라이프 코치'의 도움을 받아 자신은 좋은 사람이며 존중과 사랑, 심지어 경애를 받을 자격이 있다고 스스로 말하는 습관을 들였다. 처음에는 가짜처럼 느껴졌지만, 점차 주변 세상에 더 많은 것을 기대하게 되었다. 낸시의 말에는 점점 더 강하고 자신감 있는 에너지가 실렸다. 나이 마흔에 낸시는 옛 친구들과 다시 연락을 주고받고, 데면데면했던 동료들과 새로 친해졌다. 자신을 바라보는 시선도 훨씬 긍정적으로 바뀌었다. 낸시를 멀리하던 옛 친구 몇몇은 채 1년도 지나지 않아 재미난 일이 생기면 낸시를 종종 초대했다. 직장에서도 낸시는 주변 동료들에게 새로운 삶의 태도에 걸맞은 존중을 얻으며 차츰 성공을 거둬 나갔다.

은퇴한 뒤 낸시는 사랑하는 이들에게 둘러싸여 여생을 보냈다. 자신이 어떤 식으로 대우받게 되어 있다는 습관적 사고 또는 마음가짐을 바꿈으로써 갈등을 해소하고 개인적으로나 사회적으로나 성공을 거두게 된 것이다. 자신과 세상의 관계를 바라보는 사고방식을 바꾸면서 낸시의 삶 자체가 개선되었다. 이렇듯 작은 변화가 우리 주변에 막대한 변화를 일으킨다. 그런 척하다 보면 진짜가 되기도 하는 법이다.

생각의 습관 재조정하기

생각을 조금이라도 바꾸고 싶다면 당신이 세상을 바라보고 세상과 상호 작용하는 방식, 반대로 세상이 당신을 바라보고 당신과 상호 작용하는 방식을 아우르는 패러다임의 변화를 받아들여야 한다. 로스쿨 시절, 한 친구는 내가 고지식하게 굴 때마다 "뇌를 느슨하게" 풀라고 말하곤 했다. 우리가 함께 공부한 지 스무 해가 넘게 지났지만, 나는 지금도 나 또는 내 말에 반대하는 상대방이 융통성을 좀 발휘해야겠다 싶을 때면 자주 그 말을 떠올린다. 조금만 신경 쓰고 주의를 기울이면 우리는 생각을 재조정할 수 있다.

특정한 감정을 불러일으키는 계기인 트리거에 반응해서 행동이나 사고 패턴을 반복할 때마다 그 상황과 우리 행동 또는 사고 사이의 연관성은 점점 강화된다. 정말로 크고 오래가는 변화를 일으키고 싶다면 먼저 일상 행동에 작고 수많은 변화를 일으켜야 한다. 행동은 의식적, 무의식적인 모든 습관의 총합이기 때문이다.

습관이란 생각보다 훨씬 깊이 뿌리박혀 있다. 이불을 정돈하고, 치실을 사용하고, 손을 씻는 생활 습관보다 훨씬 범위가 넓다. 당신에게 자신의 '나쁜' 습관을 생각해 보라고 하면 아마도 전등 끄기를 잊거나, 정리 정돈을 하지 않거나, 식기세척기에 그릇을 '잘못된' 방식으로 넣는 것 등 뭔가 구체적인 버릇을 떠올릴 것이다. 하지만 습관은 머릿속, 특히 우리가 주변 세상을 인식하고 해석하는 방식에도 숨어 있다. 전문가들은 이 인식 습관의 뿌리가 하도 깊어서 개인의 생활 체계와 세상을 바라보는 틀을 좌우할 정도라는 사실을 밝혀냈다.[2] 습관이 다 그렇듯 이 무의식적 사고방식 또한 우리에게 도움이 되기도, 해가 되기도 한다. 사람이 타고난 기질을 완전히 뒤바꿀 수는 없겠지만, 시간이 지나며 생겨난 습관을 조금씩 고쳐 나갈 능력은 누구에게나 있다.

생각을 바꾸는 3단계

흔들림 없고 오래가는 방식으로 습관을 바꾸고 싶다면 먼저 자신의 습관적 태도와 사고 패턴부터 손봐야 한다. 그에 앞서 생각을 바꾸는 3단계를 기억하자.

- 1단계: 내 생각과 행동 알아차리기
- 2단계: 그에 따른 결과 또는 관계 목표 고려하기
- 3단계: 달라지고 싶다면 생각과 행동 재조정하기

앞의 두 단계는 이미 1장에서 다룬 바 있다. 1단계에서는 내 생각과 행동 인식의 중요성을 강조한다. 내적 갈등이든 외적 갈등이든 갈등에서 내 역할을 인식하고 받아들인 뒤에야 다른 결과를 얻고 싶은지 아닌지 마음을 정할 수 있음을 기억하자. 갈등에 갇힌 기분이 든다면 내가 어떤 역할을 하고 있는지 자문해 볼 때다.

2단계에서는 내 생각과 행동에 따르는 결과에 스스로 만족하는지 확인해야 한다. 당신의 사고 또는 행동 방식이 평온함 또는 내적 평화에 도움을 주는가? 특정 관계에서 당신이 바라는 관계 목표를 이루게 해 주는가? 당신의 핵심적 가치관과 일맥상통하는가? 만약 그렇다면 아무것도 바꿀 필요가 없다. 하지만 내 언행 탓에 삶에 어긋난 부분이 생겼음을 깨달았다면 해당 언행을 내가 얻어 내고 싶은 결과에 걸맞은 무언가로 대체할 필요가 있다.

이번 장에서는 3단계를 다룬다. 여기서 우리는 자신에게 도움이 되지 않는 언행을 문자 그대로 더 생산적인 무언가로 대체해서 목표에 긍정적 영향을 줄 새 신경 회로와 습관을 만들어 내는 법을 배운다. 예를 들어 손톱을 물어뜯는 사람이 그 버릇을 고치고 싶다면 손톱을 깨물고 싶은 충동이 들 때마다 손으로 다른 행동, 이를테면 손가락을 깍지 끼는 동작을 하는 것도 괜찮은 방법이다. 마찬가지로 습관적 사고 패턴을 바꾸고 싶다면 이 오래된 패턴을 새롭게 대체할 무언가가 필요하다.

주변 사람들의 행동과 버릇을 바꾸는 것을 '욕망'한다고 해도 당신이 실제로 바꿀 수 있는 것은 자기 대응뿐이다. 목표는 상대방의 짜증 나는 행동에 대응하는 나의 생각, 말, 태도를 그야말로 재구성해서 자신의 심리적 역동을 바꾸는 것이다. 예컨대 남편이 휘발유를 넣어야 하는 당신 차에 깜박하고 경유를 넣는 바람에 차가 견인되고 수백 달러가 깨졌을 때 버럭 화를 내는 대신 잠깐 차분히 앉아서 그런 어처구니없는 실수를 저지른 남편 마음은 어떨지 생각해 보자. 동료가 회의 석상에서 시도 때도 없이 당신 말을 자른다면 따지고 드는 대신 회의실에서 더 강력하게 주장을 펼 방법을 고안해 보자. 거기서부터 문제를 풀어 나가면 된다. 당신이 할 일은 남의 행동이 아니라 자기 대응을 바꾸는 것임을 잊지 말자. 하지만 현명하게 처신한다면 두 가지를 다 해낼 수 있을지도 모른다.

자기 습관이 어떤 식으로 결과에 영향을 미치는지 이해하지 못하면 관계에서 변화를 꾀하기는 지극히 어려워진다. 현재 원만한 관계를 유지하고 있더라도 마찬가지다. 그러다 누군가와 다툼이 벌어지면 크든 작든 내 습관을 알아채기가 훨씬 힘들어진다. 갈등은 불안을 자극하고 마음의 눈을 가려 판단력을 흐리게 하고 우리를 감정적 혼란에 빠뜨려서 상황을 더 나빠지게 한다. 갈등이 일으키는 혼란의 소용돌이에 휩쓸리지 않을 대비책은 마음을 가라앉히는 것이다.

마음은 고요하게
생각은 유연하게

시끄럽게 관심을 요구하거나 흩뜨리는 생각이 들지 않는 정신 상태, 다시 말해 내적으로 굳건하고, 평화롭고, 차분한 상태를 만드는 것을 '내면 가라앉히기'라고 한다.[3] 이렇게 어수선한 생각이

나 활동을 잠재우면 불화를 조화로 바꿀 여유 공간이 생겨난다. 트리거가 건드려졌을 때 내면을 고요하게 하는 비결은 기분이 상한 순간에 자신이 어떤 느낌인지 알아차리는 데 있다. 이런 안정화 과정을 거쳐야만 우리는 진정으로 중요한 문제에 초점을 맞추고 갈등에 현명하게 대처할 수 있게 된다. 이런 알아차림을 위해서는 자기 몸에서 무슨 일이 일어나는지 감지하고 그 반응을 누그러뜨려야 한다. 말도 안 되게 거창한 요구로 들릴지도 모르지만, 사실은 누구나 할 수 있는 일이다. 더불어 자신이 바람직하지 못한 반응을 보이려 할 때 스스로 깨닫고 판도를 완전히 바꿀 수도 있는 방법이다. 내면 가라앉히기에 가장 좋고 손쉬운 방법은 그냥 자리를 잡고 앉아 가볍게 눈을 감고 심호흡을 길게 열 번 하면서 마음이 차분해지도록 간단한 긍정 문장을 되뇌는 것이다.

신경이 예민해졌다 싶으면 나는 이 방법을 쓴다. 자리에 앉아 눈을 감고 천천히 열 번 호흡하면서 공기가 들고 날 때마다 나에게 말한다. "나는 더없이 차분하다." 이런 연습을 한다고 하루아침에 다른 사람으로 변할 수는 없다. 하지만 그 순간의 혼란을 즉시 멈춰 그 자리를 짧고 긍정적인 선언으로 채우는 이 단순한 방법은 마음을 고요하게 하고, 지금 일어나는 일을 다양한 각도에서 바라보는 능력을 비약적으로 발전시켜 준다.

혹시 "나는 더없이 차분하다"라는 말이 마음에 차지 않으면 자신에게 들려주고 싶은 적당한 문장을 찾아보자. 그렇게 연습하다

보면, 적어도 더 나은 선택을 하고 차분히 생각해서 대응할 정신적 여유가 생긴다. 마음을 가라앉힘으로써 당신은 더 나은 결과와 더 깊은 이해를 손에 넣을 기회를 만드는 셈이다.

관점을 바꾸지 않고도 상황을 바꿀 수 있다

사람은 각자 감수성이 다르며, 당연히 서로 잘 맞지 않는 사람도 많다. 남들과 잘 지내고 싶다고 해서 자기 사고방식 전체를 뜯어고 칠 필요는 없다. 하지만 자기 관점과 생각을 명확하게, 심지어 강경하게 드러내면서도 의사소통하는 방식을 아주 살짝 바꾸는 방법이 있다. 대화 습관을 조금만 바꿔도 관계에 큰 변화를 일으킬 수 있다는 뜻이다.

서른여섯인 칼은 스스로 사회주의 성향의 진보파라고 여기는 전문직 남성이다. 한편, 칼의 형 그레그는 사회나 경제 등 기본적으로 정치에 관련된 영역 전반에서 칼의 사고방식이 완전히 잘못되었다고 여겼다. 세 살 터울인 형제는 한 부모인 어머니 슬하에서 함께 자랐다. 어린 시절 항상 칼은 그레그를 우러러봤고, 성격이 아주 다른데도 두 사람은 늘 우애가 깊었다.

한 해에 몇 번씩 그레그네 가족은 칼의 집에 찾아와 함께 주말을 보냈다. 칼과 가족은 이 방문을 기대했지만, 일단 형네 가족이 도착하고 나면 내심 그들이 빨리 돌아가기를 바랐다. 그레그는 칼의 사고방식이 잘못되었음을 똑바로 보여 주는 것이 형의 임무라고 생각했고, 칼의 아이들이 보는 앞에서까지 불편한 정치 논쟁에 칼을 끌어들였다. 칼이 요지부동으로 버티면 그레그는 더 밀어붙이며 인신공격까지 서슴지 않았다. 칼은 형의 말투에 익숙했지만, 식탁에 앉은 다른 가족에게 그 광경은 몹시 불편했다. 하지만 그레그는 자신이 불러일으킨 불편함을 전혀 눈치채지 못하는 듯했고, 그레그의 아내 스테파니와 칼이 입을 모아 언쟁을 그만하자고 부탁해도 소용이 없었다. 결국 식사 초대가 드문드문해졌고, 급기야는 초대를 받은 날도 동생에게 집이 아닌 호텔에 묵어 달라는 이야기를 듣게 되었다.

이렇게 되자 그레그는 혼란스럽고 속이 상했다. 뭐가 잘못되었는지 이해할 수가 없었다. 그는 평생 동생에게 어떤 식으로 생각해야 한다고 습관적으로 말해 왔건만……, 이번에는 동생과 척을 지지 않으려면 어떻게 해야 할지 생각해야 할 판이었다.

고민에 빠졌던 그레그는 칼과 좋은 관계를 유지하려고 자기 정치관을 바꿀 필요가 전혀 없음을 깨달았다. 저녁 식사 자리에서 자기 태도만 바꾸면 될 일이었다. 그래서 그레그는 다들 듣기 싫어하는 공개적 정치 논쟁을 딱 끊고 대화 나누기 좋은 화제가 무엇인지 고민했다. 주제를 제한하면 대화 분위기가 바뀌고, 분위기도 부드러워질 터였다.

　이 불화를 계기로 그레그는 아내와도 대화를 나누기 시작했다. 저녁 식탁에서 벌어지는 정치 논쟁이 싫다고 정색했던 아내와 동생에게 서운하고 감정이 상하기는 했지만, 둘 다 그레그 자신에게 소중한 사람임은 분명했다. 그래서 저녁 식탁에서 꺼내도 좋은 주제 목록을 만들고, 매일 집에서 대화를 연습했다. 칼에게 전화를 걸어 그런 식으로 불편하게 해서 미안하다고 사과도 했다. 다음에 두 가족이 모였을 때 저녁 식탁에서 오간 대화는 훨씬 온화했고, 그 덕분에 다들 기분 좋게 시간을 보내다 헤어질 수 있었다.

'하지 않으려는 힘'을 키울 시간

　오랫동안 그레그는 자기 자신(그리고 남들)에게 "나는 원래 이런 사람이야"라는 말을 반복하며 저녁 식탁에서 논쟁적 화제를 꺼내는 버릇을 고치지 않고 버텼다. 하지만 그레그는 이 버릇을 고치려고 자기 정치관이나 성격을 바꿀 필요가 없었다. 다만 식사 중에 하기 좋은 대화에 관한 생각만 바꾸면 되는 일이었다. 이 사례에서 그레그는 하려는 의지력의 뒷면, 즉 '하지 않으려는 힘'을 활용했다. 자제력은 무언가를 하지 않겠다는, 자신에게 도움이 되지 않는 행동을 참거나 다른 것으로 대체하겠다는 굳은 다짐이다. 특정한 트리거에 반응해서 어떤 행동을 하겠다고, 또는 하지 않겠다고 마음먹는 것은 그리 어렵지 않다. 자극받을 때마다 스스로 하거나 하지 않기로 마음먹은 반응을 떠올리는 것만으로 우리는 단순한 변화에 전념할 수 있다. 의지력이 중요한 것은 누구나 알지만, 자제력의 중요성은 잘 모른다. 자제력을 키운다면 삶이 조금 더 수월해질 수 있다.

그레그가 그저 정치 이야기를 삼가기로 마음먹는 데서 그치지 않았다는 점도 눈여겨볼 가치가 있다. 원만하게 지내기 위한 계획의 일환으로 그레그는 대안이 될 만한 화제 목록을 만들었다. 부정적 행동을 그만두는 것보다 긍정적 행동으로 대체하는 편이 쉬울 때도 적지 않다. 방 안의 코끼리를 생각하지 않으려고 애쓸수록 코끼리밖에 떠오르지 않는다는 이야기가 좋은 예다.

새로운 행동 방식 익히기, 특히 어린 시절부터 몸에 밴 습관을 바꾸기는 까다로울 수도 있다. 예를 들어 당신이 숨 쉬듯 서로 모욕을 주는 집안에서 자라났다고 치자. 그래서인지 아들에게 "계집애처럼 띈다"라고 말하는 나쁜 버릇이 있고, 누군가에게 짜증이 나면 반사적으로 비하적 욕설을 한다면 어떨까? 그런 말을 하면 안 되는 줄은 알지만, 이 나쁜 버릇은 평생에 걸쳐 굳어진 것이다. 당신은 별생각 없이 그런 표현을 매일 입에 달고 살았다. 말버릇을 지적당하면 당신은 방어적으로 굴며 "요즘은 무슨 말도 못 하겠네"라며 투덜거린다. 잘해야 대화가 끊기고 사람들과 소원해지는 데서 끝나고, 최악의 경우 직장에서 잘리거나 사랑하는 이들에게 무시당하게 된다. 그래도 괜찮다면 물론 상스럽고 불쾌한 말을 계속 써도 상관없다. 하지만 모욕과 욕설을 내뱉는 습관이 당신의 핵심 가치와 맞지 않는다면 그런 공격적인 말에 "나쁜 뜻이 없다"라고 우기며 시대에 뒤떨어진 허세를 부리지 말고 이제 변해야 할 때다. 세 살 버릇이 꼭 여든까지 간다는 법은 없다. '하지 않으려는 힘'을 끌어내서 사람이나 상황에 짜증이 나더라도 불쾌하지 않게 감정을 표현할 방식을 찾으면 된다.

짜증이 날 때 모욕적인 말을 하는 대신 말없이 쓴웃음을 짓거나 의도적으로 침묵하는 방법을 써 보자. 입을 다무는 선택 또한 많은 말을 전하는 효과적 대응이다. 특히 상대방이 평소 당신의 까칠한 대화 방식에 진저리가 난 사람이라면 더욱 그렇게 느낄 것이다.

작은 것 하나 바꾸는 것부터

오래된 습관은 무의식에 깊이 뿌리 박혀 있으므로 한 번에 떨쳐 내기가 쉽지 않다. 새로운 습관을 들이려 할 때는 말 그대로 건망증과 싸우는 기분이 들 수도 있다. 이게 바로 조금씩 차근차근 나아가는 것이 중요한 이유다. 습관을 한 번에 하나씩 인식하고, 평가하고, 재조정하는 것이다. 인생에서 갈등이 발생하는 영역마다 작은 습관 변화를 하나씩 반복해서 끼워 넣으면 자기 기분은 물론 타인과 상호 작용하는 방식을 완전히 바꿀 수 있다. 일단 반사적 행동 습관이 나의 안녕에 악영향을 미친다는 사실을 깨닫고 나면 새로운 삶의 방식을 구축하며 나아갈 수 있게 된다.

한 예로 변기 시트를 올린 채로 놔두거나 현관문 잠그는 것을 잊어버리는 등 배우자의 못마땅한 행동을 발견할 때마다 당신에게 어떤 일이 일어나는지 살펴보자. 당신은 배우자가 그렇게 행동할 때마다 그가 배려심이 없거나 무관심해서라고 생각하는 버릇이 있다고 가정하자. 하지만 상대방은 그냥 깜박했거나 잠시 딴생각에 빠졌을 지도 모른다. 그렇다면 그 행동에 적절한 반응은 격렬한 분노보다는 가벼운 짜증 정도일 것이다. 자신이 갈등에 반응하는 습관적 방식을 인식하면 관계를 재조정하고 갈등을 완화해서 판도를 바꿀 수 있다. 이런 사고 습관을 깨닫고 나면 대화 습관까지 바꿀 능력이 생겨난다. 실제로는 아니었을지라도 상대의 거슬리는 행동(또는 비행동inaction)이 우연이었다고 믿고 대응하면 갈등을 미리 방지할 수 있다.

다행인 것은 생각과 행동을 조금만 변화시켜도 습관을 바꾸고 인간관계에 긍정적 영향을 미칠 수 있다는 점이다. 행동과 대답, 대응을 바꿈으로써 우리는 타인과 주변 환경에 영향을 미치게 된다. 우선 특정 상황에 반응하는 생각과 그에 따르는 행동을 파악하는 것이다. 자기 발목을 잡는 버릇을 알아차리고 나면 이제 그 습관을 바꿀 수 있다. 습관은 오랜 시간에 걸쳐 자라난 무의식적 사고와 행동이며 원래 고치기 어려운(하지만 불가능하지는 않은) 법이다.

도움이 되지 않는 습관을 인식하고 나면 특정 상황에 대한 최적의 대응을 상상하고 한 번에 하나씩 작은 변화를 일으켜 습관을 바꿀 수 있다. 예컨대 배우자의 행동으로 짜증의 악순환에 빠졌다면 순환 고리의 구성 요소를 한 번에 하나씩 손봐서 관계를 개선하는 것이다. 순서는 다음과 같다.

1 자신에게 도움이 되지 않는 반응 습관을 인식한다(화가 나서 다음에 남편 얼굴을 보자마자 폭발함).

2 목표로 삼을 대응을 정한다(침착한 대응 또는 무반응).

3 자기 대응을 재조정한다.

예를 들어 버럭 화를 낸 다음 일종의 보복 행동에 나서기보다는 남편이 저지른 위반 사항의 상대적 중요성과 비교해서 당신의 감정적 반응이 적절한지 검토하면 된다.

먼저 내면 가라앉히기를 한 다음, 해당 행동에 대한 사고 습관을 바꾼다. 그리고 마지막으로 자신의 대응 행동을 바꾼다. 원만하게 지내는 것을 목표로 삼았다면 자기 관점을 바꾸려고 시도해 보자. 말다툼의 불씨가 되는 감정적 반응을 그대로 놔두느니 당신이 문제 삼는 행동에 대한 집착을 버리는, 다시 말해 사고 습관을 바꾸는 편이 나을 수도 있다. 아니면 상대방이 못마땅해하는 당신의 습관을 하나 고치기로 합의해서 더 부드러운 방식으로 당신이 원하는 결과를 얻어낼 수도 있다. 즉 당신의 의사소통 또는 행동 습관을 바꾸는 것이다. 이를테면 남편은 변기 시트를 내리고, 당신은 방에서 나갈 때 불을 끄기로 한다. 당신이 먼저 두어 주 동안 불을 잘 끈 다음 남편에게 변기 시트를 내려 달라고 온화하게 말해 보자. 아니면 말다툼할 가치가 없다 싶으면 그냥 당신이 둘 다 해도 된다. 그러면 문제 해결이다. 이 연습의 목적은 당신 또한 차분히 앉아서 자기 상황에 가장 잘 맞는 대안 목록을 작성할 수 있음을 보여 주는 것이다.

몸에 밴 행동을 바꾼다는 개념이 비현실적으로 들릴지 모르지만, 이번 장에서 알려 주는 단계대로 따라가면 사실 그리 어렵지 않다. 기억해야 할 핵심은 조금씩 차근차근 나아가는 것이다. 커다란 변화도 점진적으로 일어나기 마련이며, 이런 변화는 상당 부분이 내면에서 진행된 뒤에야 겉으로 드러나게 되어 있다. 내적 변화가 무엇보다 중요하다는 뜻이다. 습관을 조정하는 목적은 자기 반응을 바꾸는 것이지 타인의 행동을 통제하는 것이 아님을 기억하자.

힐러리가 자기 습관을 인식했더라면

힐러리는 자신이 남의 기분을 우선시하는 사람임을 알고 있었다. 스스로 자세히 분석해 본 적은 없었지만, 진심이 아닐 때조차도 반사적으로 남의 말에 동의하는 버릇이 있다는 건 알았다. 하지만 그런 습관이 시몬과의 관계는 물론 자신을 돌봐야 마땅한 삶의 균형에 장기적으로 악영향을 미친다는 점을 간과했다. 인정하기는 어려웠겠지만, 끊임없이 남을 만족시키려는 욕구 탓에 힐러리는 타인과의 관계에서 늘 자신이 한 단계 아래인 듯한 느낌을 받았다.

힐러리가 자기 습관을 구체적으로 인식했더라면, 나아가 이 습관을 고치기 위해 새로운 행동 패턴을 활용해서 작은 변화를 시도했더라면 어땠을까. 실제로는 내키지 않는데도 "그래"라는 대답이 튀어나오려 할 때마다 "좀 생각해 볼게" "나한테 잘 맞을지 모르겠네" 같은 표현을 대신 쓰는 것이다.

먼저 작은 변화 하나를 일으킨다는 이 개념은 자신과의 관계에도 적용된다. 순수하게 내적인 갈등도 있다. 우리는 삶을 더 낫게, 평온하게, 신나게 할 방법을 두고 자기 자신과 논쟁을 벌인다. 실패했다고 생각되면 자신을 비판하기도 한다. 큰 결정을 내릴 때마다 자신을 의심한다. 물론 타인이 불러일으키는 갈등도 많지만, 그럴 때도 우리는 항상 대립을 줄이는 방향으로 역동을 바꿀 능력이 있다. 비결은 우리에게 주어지는 모든 상황에 대응할 행동 및 사고방식을 새롭게 구축하는 것이다. 삶에서 일어나는 갈등에 자신이 어떤 식으로 기여하는지 깨닫고 나면 우선 반사적 감정 반응을 가라앉히고 습관 형성으로 지속적 변화를 일으키는 데 필요한 절차를 밟을 수 있다.

한 번에 하나씩 차근차근

인간관계에 관련된 습관과 태도를 바꾸는 것은 대체로 복잡하고 한 번에 끝나지 않는다. 상황이 너무 부담스러울 때는 한 번에 하나씩만 해결하기로 해도 괜찮다.

미치와 나는 아이들에게 악기를 가르칠 때 내가 고집을 부려서 꽤 많이 다퉜다. 첫째가 막 바이올린을 배우기 시작했을 때 남편은 왜 매일 연습을 시켜야 하는지 이해하지 못했다. 그러잖아도 바쁜 일상에 일일 연습은 부담스럽다는 이유였다. 그 뒤로 우리는 연습을 두고 계속 불편하게 대립했다.

엎친 데 덮친 격으로 몇 달, 아니 1년이 가깝도록 더듬더듬 켜는 기초 연습곡을 제외하면 매번 아들이 배우는 것이라고는 새끼손가락과 엄지손가락 위치 잡기뿐이었다. 다른 바이올린 선생님 같으면 손가락 위치를 먼저 잡지 않고 진도를 나가게 해 줬겠지만, 에밀리는 달랐다. 에밀리는 누가 봐도 최고라는 평을 듣는 선생님이었다. 학생들에게 매우 엄격했고, 기대치도 매우 높았다. 무엇보다 앞으로 오랫동안 도움이 될 습관이나 규칙이 몸에 배게 하는 데 많은 시간과 힘을 쏟았다.

나는 에밀리가 약간 힘을 빼고 더 많은 곡을 가르쳐 줬으면 했다. 그리고 연습 시간 절반 정도는 남편이 감독을 맡아 주기를 바랐다. 하지만 미치는 전혀 관여하지 않으려 했다. 나는 이 상황 전체가 너무 답답해서 마음속으로 최악의 시나리오를 쓰기 시작했다. 그러다 불현듯 깨달음이 찾아왔다. 나는 에밀리나 미치를 바꿀 수 없었다.

대신 나는 내 사고방식을 바꾸기로 했다. 우선은 미치에게 바이올린 연습을 도우라고 요구하거나 그러기를 기대하는 버릇에서 벗어나야 했다. 도와달라고 하고 싶은 충동이 들 때마다 나는 미치에게 짜증과 분노를 느끼는 습관을 반복하는 대신 다음과 같은 긍정적 문장을 되뇌었다. "나는 아들이 집중력과 연주 능력을 기르는 모습을 지켜보면서 깊은 만족감을 느낀다." 이후로 미치와 나는 연습을 두고 싸우지 않았고, 둘 다 아들의 연주를 즐기게 되었다.

다음으로 나는 에밀리가 진도를 빨리 나갔으면 좋겠다고 바라는 것을 그만둘 필요가 있었다. 에밀리는 작은 변화를 일으켜 궁극적으로 아들이 더 뛰어난 연주자가 되게 해 줄 사소한 습관 쌓기의 가치를 가르치고 있었다. 에밀리의 교육관은 확고했고, 나는 그걸 알면서도 괜히 안달하고 있을 뿐이었다. 진도가 빨랐으면 좋겠다는 바람은 내 문제일 뿐, 에밀리 문제가 아니었다. 나는 선생님이 내준 연습 과제를 거부하고 싶은 충동이 들 때마다 앞서와 똑같이 긍정 선언문("나는 에밀리의 교수법을 믿어")을 반복하는 방법을 썼다. 몇 년에 걸쳐 아들과 나는 선생님의 요구대로 자잘한 세부 기법들을 연습했고, 그 결과 아들은 이제 어려운 곡도 금방 연주할 수 있게 되었다. 시간을 들여 작은 변화에 집중하는 에밀리를 보고 나는 작은 변화가 차곡차곡 쌓인다는 중요한 교훈을 배웠다. 에밀리는 토대를 마련해 준 것이다.

"이제 남편과 싸우지 않을 거야"라고 말하는 대신 "남편이 이런 말, 저런 말(보통은 내가 듣고 발칵 화를 내지만, 그리 중요하지 않은 것들)을 해도 반박하지 않을 거야"라고 말하기로 마음먹는 것도 이런 식의 변화에 속한다. 자기 역동에서 부정적인 부분을 덜어내면 긍정적 추진력을 얻기 쉬워진다.

의도적으로 자신에게 긍정적 문장을 반복해서 들려준다는 작은 변화가 쌓여 훗날 아들의 성공을 뒷받침하는 토대가 되었다.

연습 2

하나씩 쌓아 올리기

1 개선하고 싶은 관계 역동을 떠올린 다음 고치고 싶은 '나쁜' 습관이나 행동을 하나 정한다.

2 먼저 이 '나쁜' 버릇을 자극하는 트리거를 적는다.
   예) "직장에서 승진 대상으로 뽑히지 못하면 괜히 피해자가 된 기분이 든다."

3 그런 다음 이 트리거에 스스로 어떻게 반응하는지 쓴다. 이 행동이 바로 당신이 바꾸길 원하는 습관이다.

예) "이런 상황이 되면 나는 우울해져서 극도로 부정적인 자기비판을 시작한다."

4 이제 달라지고 싶은 방식으로 행동을 조정할 차례다. 이럴 때 어떻게 대응하거나 행동하고 싶은지를 적는다.

예) "부정적 악순환에 빠지는 대신 나는 참을성 있게 내 장점을 떠올리고, 자아 존중감을 올려 주는 활동에 참여할 것이다."

구체적 목표의 힘

오래가는 습관을 들이려면 구체적 목표를 세워야 한다. 두루뭉술한 결심은 실질적 목표 성취로 이어질 가능성이 별로 없다.

수년간 나는 1월만 되면 연중 어느 때보다도 체육관 주차장이 가득 차는 바람에 주차하는 데 애를 먹었다. 물론 원흉은 새해 다짐의 단골 메뉴인 '살 빼기'나 '몸매 가꾸기'다. 이런 새내기 운동인들에게 잠시 짜증이 나지만, 두어 주만 지나면 다시 주차가 쉬워질 것을 알기에 금세 괜찮아진다. 새해 다짐 중 약 80퍼센트는 실패하기 때문이다.[4] 대체로 자세한 세부 계획을 세우지 않고 지나치게 광범위하고 포괄적인 행동 변화를 꾀한다는 게 문제다. '살 빼기'나 '몸매 가꾸기'는 웬만한 강단으로는 단기간에 실현될 결심이 아니며, 따라서 잘 세운 목표라고 보기 어렵다. 이를 실제로 이루려면 내적 인식을 하루아침에 통째로 바꿔야 할 판이다. 습관으로 만들어진 자신의 안전지대에서 대폭 벗어난 상태를 오랜 기간 유지하는 것은 불가능에 가깝다.

지금과는 다른 사람(더 행복하거나, 건강하거나, 강하거나, 부유한 사람)이 되겠다는 막연한 소망을 새해 다짐으로 삼으면 실패는 불 보듯 뻔한 일이다. 의도를 구체적으로 명확히 정해 두지 않으면 결과를 운에 맡기는 것과 별반 다르지 않다. 게다가 구체적 목표가 없으면 더 쉽게 다짐을 지키고 있는 듯한 기분이 들지는 모르지만, 무엇을 성취하든 제대로 된 보람을 느끼기 어렵다.[5] 무엇을 바꾸거나 해내고 싶은지 명확히 정해 두어야 실제로 목표를 달성할 수 있다. 반대로 기준을 모호하게 잡으면 딱히 아무것도 성취하지 못하는 길로 접어드는 셈이다. 명확한 목적지가 없으므로 성취하고자 하는 애매한 목표를 이루려는 의지 자체가 오락가락할 가능성이 크다. 자신에게 한 가지 구체적인 목표만을 요구해야 변하겠다는 의지를 유지하기 쉬워진다. 시간이 지나면 처음과는 달리 이 구체적이고 명확한 행동 변화가 힘들거나 귀찮게 느껴지지 않는다. 무의식적 행동, 즉 습관이 된다는 뜻이다.

비결은 구체적이고 명확한 다짐을 정하는 것이다. '살 빼기'나 '몸매 가꾸기' 같은 전반적 변화를 바라지 말고 훨씬 구체적인 무언가를 다짐하자. 이를테면 '달콤한 간식은 일주일에 두 번 이하로' '하루에 삼십 분 이상 걷기' 같은 다짐은 오래가는 행동 변화로 이어질 확률이 높다. 구체적인 다짐은 자기 정체성을 완전히 버리라고 스스로 요구하지 않는다. 대신 한 번에 명확히 정의된 변화 하나를 받아들이는 것이다. 이 새로운 행동이 습관에 통합된 뒤 사소한 두 번째, 세 번째 목표를 하나씩 추가하면 된다. 이렇게 시간이 흐르면 결국 '건강해지기'라는 포괄적 목표까지 이루어진다.

중재인으로 일하면서 나는 수년간 사무실을 운영하는 가장 좋은 방안을 두고 고민했다. 내 업무를 상당 부분 맡아 줄 팀을 꾸리면 일이 훨씬 효율적으로 돌아가리라는 점은 알고 있었다. 다만 직원들을 고용하고 교육할 생각만 해도('관리자 되기'라는 구체적이지 못한 목표) 막막해서 한동안 아무것도 할 엄두를 내지 못했다. 그러던 어느 날 갑자기 팀을 한 번에 뚝딱 꾸릴 필요는 없다는 생각이 들었다. 우선 시간제 직원 한 명을 고용하는 것부터 시작해서 팀을 만들어 나가도 될 일이었다.

처음에는 무작정 시도하기가 겁이 났지만, 직원 채용에 들어간 비용은 내 평생 가장 잘 쓴 돈이었다. 너무 오랫동안 혼자서 모든 일을 처리했기에 초반에는 내가 과연 효율적으로 업무를 위임할 수 있을지, 남을 믿고 일을 맡길 수 있을지 의심스러웠다. 하지만 일단 시간제 직원 한 명을 고용하고 나서는 놀라울 만큼 단시간에 능력 있고 믿음직한 소규모 팀을 꾸렸고, 내 부담을 덜고 사무실의 격을 한 단계 높이는 데 성공했다. 이 경험은 특정 트리거에 대한 반응에 구체적 변화를 심어서 갈등을 가라앉히고 자기 기분을 바꿀 수 있음을 증명하는 좋은 예다.

연습이 지속을 낳는다

좋든 나쁘든 습관은 모두 반복에서 생겨난다. 무언가를 특정 방식으로 반복할수록 그 행동은 점점 쉬워지고 자동화된다. 잘못된 방식으로 반복했을 때도 마찬가지다.

내가 뉴욕에 있을 때 한번은 두 친구에게 소개팅을 주선한 적이 있다. 남자 쪽인 존은 쾌활한 사람이며 전문직 부모님을 둔, 아이비리그 의대를 나온 의사였다. 여자 쪽인 케이틀린은 은행원이었다. 둘은 맨해튼에 있는 고급 식당에서 만났고, 소개팅이 끝난 뒤 나는 양쪽에서 간단한 후기를 들었다. 존은 연애로 발전할 것 같지는 않았어도 케이틀린과 보낸 시간이 즐거웠다고 했다. 케이틀린은 전반적으로 존이 좋은 사람 같기는 했는데, 식사를 마친 뒤 존이 접시를 집어 들더니 핥아서 놀랐다고 말했다. 내 귀가 의심될 지경이었다. 나중에 존과 대화를 나누며 나는 식사 예절이 왜 그 모양이

냐고 따졌고, 존은 믿을 수 없다는 듯이 웃음을 터뜨리며 바로 그 행동 때문에 어머니에게 늘 꾸중을 들었다고 털어놓았다. 행동이 몸에 너무 깊이 밴 나머지 존은 자기가 그런 행동을 했다는 것조차 인지하지 못한 것이다. 오래된 버릇은 고치기가 참 힘든 법이다.

사람과의 관계에서도 똑같은 일이 일어난다. 일을 하면서 마감 날짜를 지키지 못해 번번이 문제가 생긴다면, 막연히 다음에는 더 나은 결과가 나오기를 바라지 말고 우선 마감에 방해가 되는 행동 한 가지를 찾아내자. 그다음 자신이 할 수 있는 작은 행동 하나를 골라서 매일 반복하자. 가령 원래는 좋은 사람인 동료와 정치 문제로 자꾸 무의미한 언쟁을 벌이게 된다면 그런 쪽의 대화를 자제하고 덜 민감한 주제로 이야기를 나눠 보는 것이다. 서로 기분이 상하거나 짜증 내지 않고 대화를 할 수 있으면 의외로 둘 다 요리나 스포츠를 좋아한다는 사실을 알게 될지도 모른다. 무의미한 논쟁의 악순환에서 빠져나오는 법을 훈련하고 받아들이기 쉬운 이야기를 꺼내려고 노력하자. 이를 하루도 빠짐없이 반복하다 보면, 갈등을 부르는 토론을 이어 가려는 충동이 차츰 잦아들게 된다.

연습하다 보면 더 잘하게 되기 마련이며, 연습이 규칙적이라면 효과는 극대화된다. 그렇기에 무언가를 어떤 '방식'으로 반복할지를 잘 결정해야 한다. 특정 방식으로 무언가를 하는 방법을 익히게끔 뇌를 훈련해야 한다는 뜻이다.

결국 중요한 것은 우리가 일상적으로 하는 행동이다. 나는 지금

십 대인 우리 아들들에게도 이 교훈을 심어 주려고 노력한다. "연습은 정말로 지속을 낳는다."

요점 정리

◆ 갈등에서 우리가 하는 역할은 태도와 사고방식, 행동을 포함하는 습관에서 드러난다. 이런 습관은 갈등을 부채질하는 무의식적 행동(또는 비행동)을 낳는다.

◆ 자기 습관을 분명히 알면 인간관계를 대폭 개선할 수 있다. 습관적 생각, 행동, 반응을 알아차리기만 해도 자신을 더 깊이 인식할 수 있고, 습관을 바꿀 여유가 생겨난다. 도움이 되지 않는 습관을 바꾸기 시작하면서 갈등을 적극적으로 줄여 나갈 수 있게 된다.

◆ 내면을 가라앉히고 열린 태도로 대화 습관을 들여다보면, 자신을 자극하는 트리거를 확인하고 자기 반응을 관찰하는 데 도움이 된다. 습관적 사고를 간단히 재조정하는 3단계는 다음과 같다.

◆ **1단계: 내 생각과 행동 알아차리기**

- 2단계: 그에 따른 결과 또는 관계 목표 고려하기
- 3단계: 달라지고 싶다면 생각과 행동 재조정하기

◆ 하려는 의지력만큼이나 하지 않으려는 자제력을 활용하면 생각이나 행동 패턴을 한 번에 하나씩 차근차근 바꿔 나갈 수 있다. 사고와 행동을 조정하는 데는 대개 시간이 걸리므로 연습이 지속을 낳는다는 점을 기억하며 조금씩 나아가자.

2부

삐걱거림의 심연

들여다보기

3장

중립은
가능성으로 가는 문

투쟁이나 도피 대신 여유 공간에 있기

어릴 때 우리 아이들은 한시도 가만히 있지 않았다. 나는 아이들이 찻길로 뛰어들거나 온종일 몸싸움을 벌이다가 다치는 일이 없게끔 막느라 초주검이 되기 일쑤였다. 장기 출장이 잦은 미치가 집을 비운 동안에는 공동육아 증원군이 곧 오리라는 환상에 취했다. 남편이 멋지게 나타나서 눈코 뜰 새 없던 내 부담을 덜어 주고, 나는 잠시 쉴 수 있으리라고 상상했다. 하지만 실제로는 남편이 집에와도 상황은 별반 나아지지 않았다. 출장에서 돌아오면 미치는 피곤해했고, 몸을 추스를 시간이 필요했다. 남편이 내 상상대로 나를 듬직하게 떠받쳐 주기는커녕 내 요구에 느릿느릿 반응해서 나는 속이 탔다. 정작 남편이 아이들과 놀아줄 때면 나와 다른 그의 육아 방식이 못마땅하게 느껴졌다.

끊임없는 육아 부담을 잠깐이라도 내려놓기를 꿈꿨건만, 실제 내게 돌아오는 것은 더 큰 난장판, 그리고 '부모 노릇'을 더 잘해야 한다는 책망뿐이라는 생각이 들었다. 우리는 손발이 전혀 맞지 않았다. 삐거덕거리는 상호 작용 탓에 육아가 더 힘들어졌고 불화가 생겨나 켜켜이 쌓였다. 우리 둘 다 아이들을 여기서 저기까지 데리고 가려고 무진 애를 쓰면서도 서로 손가락질하느라 바빴고, 동시에 말썽꾸러기 아들들을 통제하는 데 처절하게 실패했다는 기분까지 맛봐야 했다.

우리가 이런 역동을 넘어설 수 있었던 것은 왜 이런 감정을 느끼게 되었는지 서로 귀 기울이기 시작하면서부터였다. 미치는 아이들이 말썽을 부린다는 사실에 조바심과 당혹감을 느껴서 예민해졌다. 한편, 나는 집에 없는 시간이 더 많은 애들 아빠가 부당하게 나를 공격한다고 느껴서 짜증이 났다. 내가 예민했던 원인은 방어 본능, 그리고 내가 모든 일을 "딱 알맞게" 해내지 못하고 있을지도 모른다는 불안감이었다. 각자 자기 감정을 인정하면서 우리는 서로 부당한 공격이라 느꼈던 것을 개인적인 비난으로 받아들이지 않게 되었다. 나중에야 각자 한 걸음 물러서서 상대방의 상황을 이해해야만 둘이 함께 공동육아를 정상 궤도에 올릴 수 있음을 깨달은 것이다. 이제 우리 부부는 비슷한 문제가 생겨도 좀 더 세심하게 대처할 줄 안다. 나는 내 기대치를 미리 명확하게 밝혀서 남편이 그 요구를 소화할 시간을 주고, 남편은 상황이 나빠지기 전에 좀 더 터놓고 이야기하게 되었다.

이렇게 자신이 문제의 일부임을 머리로 이해하는 것은 그나마 쉬운 부분에 해당한다. 특정 생각과 행동이 갈등을 조장한다는 사실을 알아내고 이를 해결할 대책을 세우는 것은 또 다른 이야기다. 우리가 차분하고 이성적일 때는 간단하지만, 갈등의 한복판에서는 분석이 어려울 수밖에 없다. 한창 흥분했을 때 사람은 명료하게 생각하지 못한다. 더불어 스스로 알아차리든 아니든 감정에 휩쓸리거나 압도된 나머지 갈등에서 자기가 하는 역할을 제대로 보지 못하는 경향이 있다. 이런 방어 상태가 되면 우리는 본능적으로 투쟁 또는 도피 모드에 들어가는데, 양쪽 모두 문제를 다루거나 내면을 다스리는 데는 도움이 되지 않는다. 따라서 우리는 문제를 찬찬히 생각하고 차분히 대응할 수 있게끔 조절할 물리적, 감정적 공간을 마련해야 한다. 자기를 조절하는 법과 상황이 과열되었을 때 더 천천히 대응하는 법을 배우면 언제 다가가야 하고 언제 거리를 둬야 할지 구별하기 쉬워진다. 그러면 갈등의 외부 요인에만 집중하는 함정에 빠지지 않을 수 있다. 상대방 탓으로 돌리면 그 순간에는 승리감을 맛볼 수도 있겠지만, 이는 갈등을 완화하는 데는 전혀 도움이 되지 않는다. 오히려 스스로 좌절과 무력감을 느끼게 할 뿐이다. 자신이 점점 흥분하기 시작한다는 느낌이 들 때 여유를 창출해서 신경계를 진정시키고, 민감도를 낮추고, 상대방에게 속내를 드러낼 기회를 제공하는 대응법을 활용해 보자.

벌컥 화를 내는 대신 시도해 볼 만한 대응 방법

- 지금은 내가 자꾸 당신 탓을 하게 되네. 좀 생각해 본 다음에 다시 돌아올게.

- 우리 관점이 서로 다르다는 건 이해했어요. 둘 다 마음을 좀 가라앉힌 다음에 다시 대화하면 어떨까요?

- 내가 당신 이야기를 제대로 안 듣고 있다는 건 나도 알아. 우리 번갈아 서로 이야기를 들어 주면 어떨까?

- 당신 이야기는 잘 들었어. 좀 생각해 볼게.

- 내 말이 다 옳지는 않다는 걸 나도 알아요. 이 문제를 인사과/중재인/상담사와 함께 얘기해 보기로 하죠.

- 당신이 답답하다는/화가 났다는/짜증 났다는 건 알겠어(상대방의 관점 알아주기).

이렇게 대화법을 살짝 바꾸는 것만으로도 관계에 커다란 변화를 불러올 수 있다.

갈등의 모든 측면을 살펴보려면 중립을 유지하며 귀 기울일 필요가 있다. 여기서 '중립'이란 어느 한쪽의 관점이나 처지에 치우치지 않는 마음가짐을 말한다. 우리가 중립에 도달하면 우리 반응 체계(또는 감정적 사고)의 경계가 풀려서 이성적 사고가 제대로 일할 수 있게 된다. 중립성은 우리가 모든 가능성에 귀를 열고, 상대방에게 호기심을 품을 수 있게 도와준다. 호기심과 열린 마음이 있으면 타인에게 차분히 귀 기울인 다음 반사적으로 반응하지 않고 의도적으로 대응할 수 있게 하는 여유 공간이 생겨난다. 이곳이야말로 갈등에 관한 접근 방식을 바꾸고 예전에는 풀리지 않았던 문제에서 벗어나기 위해 우리가 머물러야 할 장소다.

상태가 최악이었을 때 나는 남편의 의사소통 방식에 예민하게 반응했다. 행동, 비행동, 어조, 대화 속도(매우 느림)까지 하나하나 거슬렸다. 그가 하거나 하지 않는 사소한 행동 중에 내 기대치에 딱 들어맞지 않는 것은 모두 나에 대한 모욕으로 느껴졌다. 그가 의도적으로 나를 적대한 것이 아님을 진심으로 이해하기까지는 꽤 오래 걸렸다. 당시 나는 감정에 휩쓸려서 남편이 일부러 공격적으로 군다고 여겼다. 그래서 어떻게든 도움이 되는 방향으로 내 생각과 감정을 조절할 수가 없었다. 도리어 무시해도 될 만한 상황에는 앞으로 나서고, 얼른 대처해야 할 문제는 무시하면서 문제를 키우기도 했다.

오랫동안 서투르고 고통스러운 상호 작용을 거치고 나서야 나는 남편이 나와는 다른 방식으로 대화하는 사람이라는 것을 깨달았다. 내가 아무리 용을 써도 남편이 나와 같은 속도로 움직이게 할 수는 없었다. 이 점을 받아들이고 나서 나는 남편과의 대화에 따르는 고통을 줄이기 위해 속도를 늦추고, 심호흡으로 마음을 가라앉히고, 귀를 더 기울이자는 새로운 목표를 세웠다. 이렇게 중립 공간을 마련하자 한층 객관적인 시선으로 상황을 바라볼 수 있었다. 더불어 감정이 상황을 지배하는 사태를 막는 열쇠는 자기가 버티고 선 자리에서 잠시 벗어나서(말다툼이 한창일 때는 특히 어렵기는 하지만) 생각과 반응을 조절해 좀 더 객관적인 관점에서 상황을 관찰하는 것임을 알게 되었다.

갈등에서 감정적 자유를 획득하려면 말로 표현된 것만이 아니라 표현되지 않은 것까지 듣는 능력이 필수적이다. 여기에는 발화 패턴, 몸짓 언어, 어조 등이 포함된다. 이런 비언어적 의사소통 신호에 관심을 쏟는 것은 꽤 간단해 보일지 모르지만, 중립적 관찰은 자칫하면 적개심 어린 예민함과 혼동되기 쉽다. 두 가지 모두 표현된 것과 그렇지 않은 것에 깊은 관심을 쏟는다는 점에서는 같지만, 마음가짐에 차이가 있다. 대화에서 드러난 것 이외에 숨은 의도까지 감지하기 위해서는 중립적 마음가짐이 필요하다. 목표는 앞서 발생한 문제 상황을 해결하기 위해 먼저 중립적 관점을 활용해서 자신의 감정 상태와 상대방의 의도를 구별하고, 이를 토대로 이성적이고 객관적인 행동을 취하는 것이다.

이번 장에서는 이질적인 두 마음 또는 관점에 귀 기울이고, 그 사이에 있는 중립 공간에 도달하는 법을 배운다. 그러고 나면 능숙하게 갈등을 헤쳐 나가며 빠르게 기분을 전환하는 자기 모습을 발견하게 될 것이다.

흥미롭게도 아주 첨예한 갈등이 벌어졌을 때 직접 만나는 것보다 온라인에서 불화를 해결하는 편이 수월할 때도 있다. 내가 보기에 이는 몸짓이나 표정을 인지할 수 없기 때문이 아닌가 한다. 즉, 감정을 동요시키는 경향이 있는 미묘한 적대적 요소 대신 말 자체나 의도에만 집중하게 된다는 뜻이다. 이렇듯 언어로만 이루어진 단순한 의사소통이 실제로 더 효과적인 갈등 해결로 이어지기도 한다.

걱정을 문제로 키우지 않는 법

론다와 빌은 17년간의 결혼 생활 끝에 갈라섰다. 론다는 빌이 느리고 비효율적이라 짜증스러웠고, 빌은 론다가 항상 자기 고집대로만 행동한다고 비난했다. 사실 둘 다 어느 정도는 옳았다. 론다는 자기주장이 강했고, 쉽게 동의하는 성격인 빌은 나중에 론다가 밀어붙이는 바람에 등을 떠밀렸다며 자기 선택을 후회할 때가 많았다. 다행히도 둘은 중재를 통해 이견을 조율할 수 있었지만, 아직 어린 두 아이를 함께 키울 일이 남아 있었다. 작은 동네에 사는 만큼 둘 다 상대방이 자기 평판에 먹칠하지 않기를 바랐다.

서로 거리를 두고 지내면서 론다는 자신이 높이 평가했던 빌의 장점인 상식적 현실 감각, 믿음직함, 아이들을 아끼는 마음을 새삼 깨달았다. 강력히 이혼을 원하기는 했지만, 이제 와 돌아보니 빌이 자신에게 딱 맞는 짝은 아니었더라도 좋은 사람이었다는 생각이 들었다.

한편 이제 혼자 알아서 모든 것을 결정하게 된 빌은 자신이 엄두도 내지 못했을 방식으로 론다가 그의 삶에 모험과 기회를 더해 주었음을 깨달았다. 덧붙여 론다가 할 때는 아주 쉬워 보였던 육아와 일의 병행이 만만치 않다는 것도 알게 되었다.

다소 역설적이고 어쩌면 조금 안타깝게도, 빌과 론다는 결혼 생활 내내 서로 탓하며 오랜 세월을 보냈고 이혼을 거치면서 드디어 중립적으로 생각하는 법을 배웠다. 갈등 상황에서 한 걸음 물러서는 데 필요했던 물리적, 시간적 여유가 떨어져 지내면서 생겨났고, 이혼 조정 과정에서 두 사람의 태도도 달라졌다. 빌과 론다는 둘 다 만족할 만한 유일한 길로 나아가려면 상대방을 성격까지 포함해 있는 그대로 인정할 필요가 있음을 명확히 깨달았다. 마침내 중립성을 온전히 받아들이게 된 것이다.

아마도 헤어지기 전에 상대방과의 차이를 받아들일 마음의 여유가 있었다면 둘의 관계가 그렇게 나빠지지는 않았으리라. 결국 이혼으로 끝나기는 했지만, 그 과정에서 얻은 게 있었기에 두 사람은 자신의 결혼 생활과 가정이 평생 가지 못했다고 해서 실패했다는 뜻은 아니라고 여기게 되었다.

모든 이에게 호감을 살 생각은 없다고 해도 사람들은 대부분 타인과 두루 원만하게 지내며 조화 속에 살아가고 싶어 한다.[1] 잠자리에 들 때면 오늘 사람들과 잘 지냈다고, 아니면 적어도 주변 사람들의 기분을 망치지 않았다고 생각할 수 있기를 바란다. 더불어 빌처럼 남에게 휘둘리기 싫어하고, 론다처럼 자기가 분명히 표현한 합리적 욕구가 존중되기를 원한다. 중재인으로 20년 넘게 일하며 나는 우리가 원하는 것을 실제로 더 많이 얻을 수 있고, 그러려면 귀를 기울일 줄 알아야 한다는 점을 배웠다. 상대방과 차이를 조율할 때는 자기 쪽으로 치우치기 쉽다. 스스로 원하는 것에만 초점을 맞추면 더 넓은 범위에서 좋은 결과나 해결책을 찾을 가능성이 제한된다. 중립성 확보란 감정이 자극되었을 때 빠지기 쉬운, 긍정 또는 부정이나 옳고 그름을 따지는 흑백 논리에 매달리는 대신 폭넓은 가능성을 고려한다는 뜻이다.

나는 종종 할머니께 전화를 걸어 안부를 묻곤 했는데, 그럴 때마다 할머니는 이런 대답을 자주 하셨다. "알다시피 늘 똑같지. 걱정은 많은데, 문제는 없단다." 할머니 말씀은 많은 것을 시사한다. 특정한 문제나 걱정거리에 집착하다 보면 최악의 상황을 상상하기 쉽다. 반면 중립성을 확보하면 왔다가 사라지는 불안(미래에 대한 막연한 걱정)과 당장 관심을 쏟고 행동에 나서야 하는 진짜 문제를 구별할 여유가 생겨난다. 중립적 관점에서 걱정거리를 살펴보면 무작정 최악의 상황을 상상하는 사태를 피할 수 있다.

중립이 어떤 것인지 더 구체적으로 이해하고 싶다면 어린 시절 자신이 사물을 어떤 식으로 바라봤는지 떠올려 보자. 〈브레인 게임〉[2](아홉 살짜리 아들 덕분에 내가 지겹도록 봤던 TV 프로그램)을 보면 이 점을 완벽하게 보여 주는 좋은 게임이 나온다. 이 게임에서는 어른과 어린이 여러 명에게 잉크 얼룩 심리 테스트 같은 무정형 이미지를 제시하고 무엇이 보이는지 묻는다. 거의 예외 없이 어른들은 모두 판에 박힌 대답을 했다. 이와 대조적으로 어린이들은 열린 마음과 창의성을 타고난 존재답게 갖가지 대답을 내놓았다. 아이들의 답을 듣고 난 뒤 어른들은 다른 이미지를 보고 다시 대답해 보라는 부탁을 받았다. 두 번째 시도에서 참가자들은 자신의 아이 같은 자유분방한 면에 관심을 쏟아 보라는, 또는 "귀 기울여 보라"는 조언을 들었다. 이렇게 해서 나온 대답은 다양할 뿐 아니라 심지어 재미있었다. '정답'을 찾으려는 경직된 사고에서 벗어나 폭넓은 가능성을 받아들여도 된다는 격려를 받은 어른들은 갈등을 헤쳐 나갈 때도 큰 도움이 되는 중립 공간에 도달하는 법을 깨우친 것이다.

먼저 감정을 다스려야 한다

제러미 샤피로Jeremy Shapiro 같은 심리학자들은 이분법적 사고의 대안에 '골디락스 원칙'이라는 이름을 붙였다.[3] 자신을 다스리며 '딱 알맞은' 길을 찾는 가장 좋은 방법은 중립으로 돌아가는 것이다. 중립성을 확보하려면 말하기, 글쓰기, 맞대응을 잠시 멈추고 생각과 마음을 연 다음 상대방이 하려는 말에 귀 기울여야 한다. 자기주장에만 매달리는 옹고집쟁이를 뺀 거의 모든 사람은 이런 유형의 중립적 사고를 활용해 덜 적대적인 방식으로 상황을 볼 공간을 만들어 나갈 수 있다.

가끔은 상대의 말을 들을 때 떠오르는 자기 생각을 가만히 관찰해서 거기 담긴 메시지에 주의를 기울여야 할 때도 있다. 예를 들어 당신 어머니가 몇 번이고 잇달아 전화를 걸어 사소한 걱정거리를 줄줄 늘어놓는다고 치자. 아마도 당신은 전화를 무시하거나, 차단하거나, 소리를 지르고 싶어질 테고, 어쩌면 더는 견딜 수 없어서 울고 싶어 질지도 모른다.

감정이 자극되면 사람은 스트레스에 영향받은 결정을 내린다.[4] 아무리 마음이 넓은 사람이라도 속상할 때는 극단적으로 변하는 경향이 있다. 그러다 보면 이분법적 패러다임에 갇혀 유대를 맺고, 성장하고, 대화를 나눌 중요한 기회를 놓치고 만다. 우리 앞에 놓인 수많은 가능성을 보지 못하는 것이다.

다음번에 또 어머니가 걱정거리를 잔뜩 모아서 전화를 걸어 오면 당신은 어머니가 뭐라고 운을 떼기도 전에 말을 잘라서 상호 작용을 아예 피하려 할지도 모른다. 아니면 어머니 말을 너무 받아주다가 지쳐서 기분이 상한 채로 전화를 끊고 또다시 다음 대화를 두려워하게 될 수도 있다.

하지만 다른 선택지도 있다. 선택의 폭을 넓히려면 우선 상대방의 욕구를 알아차려야 한다. 어머니는 자기 걱정거리를 털어놓고 싶은 욕구가, 당신은 어머니의 걱정에 끊임없이 폭격당하고 싶지 않은 욕구가 있다. 두 사람의 욕구를 모두 충족하면서 마음의 상처와 불안을 피할 방법은 분명히 존재한다. 욕구를 파악하기 위해 공격(또는 폭격)당한다는 감정 상태에서 한 걸음 물러나 지금 당신이 어떤 상태인지 자문해 보자. 어머니가 당신을 믿지 못하거나 간섭한다고 느끼거나, 아니면 그냥 짜증이 날 수도 있다. 그런 다음 어머니에게도 따로 욕구(자식에게 필요한 사람이 되고 싶은 마음!)가 있음을 인정하면 요령 있게 두 사람의 욕구를 모두 채울 방안을 마련할 수 있다.

이 사례에서는 다음에 어머니에게 전화가 오기 전에 사려 깊은 대화를 준비해서 선제공격에 나서는 것도 좋은 방법이다. 어머니가 전화할 때까지 기다리지 말고 당신이 먼저 전화를 건 다음, 어머니가 일주일 치 걱정거리를 모아서 전화 한 통으로 합쳐 주면 당신이 한 시간 동안 귀 기울여 듣겠다고 약속하자. 그러면 당신에게 끊임없이 쏟아지는 어머니의 강박적 불안을 줄이는 데 도움이 된다. 덧붙여 어머니가 계셔서 얼마나 감사한지, 얼마나 사랑하는지도 전해 두자. (운이 좋다면 우리 모녀가 그랬듯 이 방법으로 효과를 볼 것이다!)

지금 겪는 갈등이 인간관계 문제든 내적 고민이든, 그 어떤 유형이든 우리는 딱 알맞은 선택지를 찾아야 하며 그러려면 먼저 감정을 다스려야 한다. 감정을 조절하면 경청과 의사소통 능력이 향상된다. 다시 말해 몸짓 언어, 숨은 의미, 화자의 의도, 뒷배경을 세세히 살펴서 자기 자신과 상대방을 더 깊이 이해할 수 있게 된다는 뜻이다.

연습 3

'딱 알맞은' 해결책 찾기

딱 알맞은 선택지를 찾아내는 좋은 방법은 문제가 되는 상황에서 당신이 진심으로 원하는 것이 무엇인지 적어 보는 것이다. 빈 종이나 수첩에 다음 사항을 쭉 적는다.

1 현재 내가 신경 쓰는 상황

2   그 상황에 대한 나의 감정

3   내가 생각하는 이상적 해결책

이제 당신의 '이상적 해결책'을 분석할 차례다. 아래에 빈칸을
두 개 그린다.

통제할 수 없는 요소

통제할 수 있는 요소

첫 번째 칸에는 그 이상적 해결책에서 당신이 통제할 수 없는
요소를 쓰자. 상상력을 발휘해서 생각해 낼 수 있는 외부 요소를
전부 적는다. 내가 바꿀 수 없는 것을 인정하면 상당히 후련한 느
낌이 들기도 한다.

두 번째 칸에는 이상적 해결책에서 당신이 통제할 수 있는 요
소를 적는다. 당신이 바꿀 능력이 있는 것을 전부 나열하면 된다.

여기까지 살펴보고 나면 그리 이상적이지 않은 현재 상황을
타개할 다른 대안을 고려할 차례다. 먼저 첫째 칸을 보면서 스스
로 이렇게 질문해 보자.

• 이 요소가 나의 이상적 해결책에 얼마나 필수적인가?

- 이 요소를 내가 통제하기 위해 시도해 볼 만한 일이 있는가?
- 이 요소를 통제하는 사람이 따로 있다면 기꺼이 돕거나 타협해 줄 만한 사람인가?
- 이 요소의 통제권을 얻을 가능성이 얼마나 되는가?

둘째 칸에서 고려할 것들은 다음과 같다.

- 이 요소가 상황 전체에 어떤 영향을 미치는가?
- 첫째 칸 항목에 의지하지 않고 상황을 개선하는 데 도움이 될 만한 다른 선택지가 있는가?

이 연습을 실제로 어떻게 활용하는지 예시를 통해 살펴보자.

당신이 원래 하던 일을 끝내기도 전에 끊임없이 새로운 업무를 던져 주는 상사 탓에 과중한 부담에 시달리고 있다고 치자. 이 사례에서 가장 문제가 되는 점은 업무 목록이 계속 길어지는 바람에 당신이 맡고 있던 큰 프로젝트에 진전이 없어서 답답하다는 것이다. 그래서 당신은 스스로 통제권을 잃고, 쥐어 짜이고, 스트레스받고, 인정받지 못하고, 산만하다는 느낌을 받는다.

이상적으로는 업무를 더 세분화해서 분담받고, 업무를 하나 끝내고 나면 잘한 일을 인정받으면 좋겠다는 생각이 든다. 어쩌면 상사에게 중요도 순으로 정리된 업무 목록을 요청해 볼 수는 있겠지만, 상사가 일을 넘기는 방식 자체를 당신이 바꿀 가능성은 거의 없다. 하지만 당신이 스스로 업무 관리 체계를 마련해 매일 어느 정도의 성취감을 얻을 수는 있다. 자질구레한 요청을 전부 처리하느라 큰 프로젝트에서 맡은 책임을 소홀히 하는 대신, 어떤 추가 업무가 들어오든 간에 일단 하루에 세 시간을 큰 프로젝트에 배정하고 남은 다섯 시간 동안 당장 닥친 업무와 문제를 처리하자. 이렇게 자신에게 딱 알맞은 환경을 스스로 갖출 방법을 궁리하면 답답함과 부담이 큰 폭으로 줄어든다. 필요하다면 당신이 업무량의 균형을 잡을 최선책을 고민해서 어떤 체계를 마련했는지 상사에게 보고하는 것도 좋다. 상사가 생각하는 업무 우선순위는 좀 다를지도 모르고, 당신이 상황을 충분히 고민했음을 알리면 상사와 더 생산적인 대화를 나눌 수 있다. 덤으로 부하 직원이 업무 효율을 최적화하려고 이리저리 고심했음을 알게 된 상사가 당신을 높이 평가할 가능성도 있다!

기억해야 할 것은 전화기를 놓지 않는 엄마도, 계속 일감을 던지는 상사도 의도적으로 당신에게 짜증이나 울화, 부담감을 안겨주려는 의도는 아닐 가능성이 매우 크다는 점이다. 이들 또한 자기 나름의 방식으로 욕구에, 아니 어쩌면 자신의 강박증과 산만함에 대처하고 있을지도 모른다. 어린 시절부터 형성된 세계관 탓에 스스로 자기 삶의 주도권을 잡을 수 없다고 믿게 되었다고 해도 이제는 이 잘못된 믿음을 바로잡을 때다. 주변 환경과 경험의 주인은 바로 나 자신이다. 그리고 현재 어떤 상황에 놓였든 상관없이 자신에게 딱 알맞은 경험을 끌어내는 것은 당신이 할 일이며, 다른 누구도 대신해 줄 수 없다. 이것이 상상도 할 수 없는 일로 여겨진다면 도움을 받아서라도 당신 발목을 잡는 믿음을 점검해 볼 필요가 있다.

한번은 꽤 어린 시절에 보는 시험에서 몇 점을 받느냐에 따라 사람들의 직업이 정해지는 나라에서 자란 사람의 이야기를 들은 적이 있다. 운명을 점지받을 시간이 왔을 때 젊고, 열심히 노력하고, 고귀하고, 꿈이 있는 청년이었던 그는 마음에 품었던 것과는 동떨어진 직업을 배정받았다. 내가 어떤 사람이며 어떤 일을 하고 싶은지 스스로 정하는 특권을 누린 내 경험에 비추어 볼 때 이 이야기는 매우 충격적이었다. 그는 꿈꿔 왔던 바로 그 직업을 배정받지 못했어도 모든 선택지를 곰곰이 생각해 본 결과 주어진 운명을 흥미롭게 소화할 방법이 있음을 깨달았다고 설명했다. 제한적 환경이라는 선물 덕분에 그는 어린 나이부터 항상 딱 알맞은 시각을 찾는 법을 배우고, 불충분한 조건에서도 위기를 기회로 바꿔 만족스러운 경력을 쌓으면서 실망을 극복한 것이다.

자신이 어려운 환경에서 고생하거나 불쾌한 관계에서 벗어날 수 없다는 생각이 들면 우리는 너무 쉽게 그런 환경을 남의 탓으로 돌린다. 이때 진심이 아닌 말을 하기도 하지만, 그렇다고 우리가 거짓말쟁이라는 뜻은 아니다. 그저 남의 기분을 상하게 하기 싫거나, 잠깐 딴생각을 하거나, 그때는 그 말이 맞는다고 여긴다. 다들 조금 게으르고 허술하다는 말이다. 이런 사소한 것들이 계속 쌓이면 결국 우리는 골치 아픈 인간관계를 잔뜩 떠안게 된다. 하지만 일이 꼭 이렇게 될 필요는 없다. 인간관계나 내면에서 어떤 갈등에 직면했든 감정을 조절하는 데 성공하면 모든 종류의 장애물에 '딱 알맞은' 해결책을 찾아낼 수 있기 때문이다. 감정을 다스림으로써 우리는 속도를 늦추는 능력을 얻고, 의사소통 효율을 높여 더 나은 결과를 얻을 수 있다.

잘 들어 주는 것만큼
적극적인 소통은 없다

다툼의 진짜 원인을 파악해서 갈등을 헤쳐 나가고 극복하는 좋은 방법으로 '적극적 경청' 기법이 있다. 적극적 경청은 문제를 더 깊이 이해하고 갈등을 완화하기 위해 상대와 신뢰 관계를 형성하는 방법이다. 더불어 쟁점에 관한 정보를 얻고 문제를 정확히 파악하는 데도 도움이 된다. 목표는 각자 돌아가며 상대의 말에 귀 기울여 이해의 폭을 넓히고, 상대가 했던 말을 끝없이 반복할 필요성과 자기가 옳다고 증명하고 싶은 욕구를 덜 느끼게 하는 것이다.

갈등 상황에서 적극적 경청을 해내지 못하면 우리는 어설프게 굴고, 상대를 탓하고, 살짝 흥분하기 쉽다. 물론 표현되지 않은 부분에 귀 기울이는 것과 상대방의 속내를 근거 없이 억측하는 것은 다르다. 상대방이 말한 것 이상을 짐작한다는 점에서는 같지만, 적극적 경청은 더 나은 의사소통 기회를 제공한다는 차이가 있다.

내가 정말 잘하는 게 하나 있다면 그건 바로 싸움 말리기다. 나는 내가 평화 유지군 대장쯤 된다고 여기고, 다른 일에는 서투를지라도 중재를 맡아 복잡한 분쟁을 해결하는 실력만큼은 뛰어나다고 자부한다. 그런 나조차 살아가다 보면 어떤 상황에서는 다른 사람들처럼 남의 말을 듣지 않고, 상대방의 말이나 의도를 멋대로 추측해서 반응할 때가 있다.

새내기 법조인 시절 나는 친애하는 동료들이 승자독식 논리와 초토화 전략을 구사하는 모습에 기가 막힌 나머지 불필요한 고민을 사서 했던 적이 있다. 어떤 식으로든 학대(가정폭력 또는 경제적 속박)가 얽히지 않은 이혼 사건을 맡게 되면 나는 어떻게든 상대편이 협상에 나서게 하고 사건을 전체론적 관점에서 보려고 갖은 애를 썼다. 법정에서 이기고 피곤한 일을 피하고 싶을 때조차도 이렇게 행동했다. 아이들에게 부수적 피해가 가지 않게 하는 것이 왜 중요하며 부부가 헤어져도 가족이 왜 여전히 의미 있는지 열변을 토하느라 바빠서 상대 변호사가 하는 말을 제대로 듣지 못했다. "그래요, 함께 문제를 해결해 봅시다"라는 말은 들었지만, 그 말끝에 "우리 쪽이 법적 난관을 다 빠져나간 뒤에……" "우리가 억대 위자료를 청구한 뒤에……" "우리가 판사 앞에서 그럴싸한 연극을 마친 뒤에……" 같은 속뜻이 숨어 있음을 굳이 알려고 하지 않았다.

나는 내 관점이 유일한 관점이라고 혼자 착각했다. 그래서 반대측 변호사의 생각은 다를지도 모른다는 점을 알아채지 못했다. 동료들이 나와는 다른 목적으로 움직인다는 사실을 깨닫고 난 뒤에야 내 좌절감은 차츰 줄어들었다. 결국 내 사건 대다수는 협상 테이블에서 종결되었지만, 거기까지 가는 과정은 필요 이상으로 내 감정을 소모했다. 많은 사건에서 나는 내가 어떤 부분을 해결해야 하는지 안다고 믿었지만, 진정으로 귀 기울이지는 않았다. 양측을 갈등 없이 평화롭게 퇴장시킨다는 계획은 좋았지만, 상대측 변호인을 협상 테이블에 앉히는 데만 골몰한 나머지 더 큰 갈등을 초래한 것이다.

더 잘 듣기 위해서는 '중립성 확보'와 결혼이나 여타 장기적 관계에서 생겨나는 무의식적 편견 또는 패턴을 파악하는 과정이 필요하다.[5] 예를 들어 한쪽이 "난 신경 안 써"라고 말하면 다른 한쪽은 미칠 지경이 되기도 한다. 상황이 이렇게 되면 나중에 '잘못된' 결정을 했다고 비난받을 게 뻔함을 '알기' 때문이다. 마음을 열고 중립을 유지하면 더 넓은 음역의 소리가 들려온다. 나중에 돌아보니 호전적인 상대를 만났다고 생각한 신출내기 법조인이었던 나는 그들이 저돌적인 얼간이라서 사건을 필요 이상으로 까다롭게 한다는 강력한 무의식적 편견을 품었던 게 분명했다. 나이가 들고서야 그게 어처구니없고 단순 무식한 편견이었음을 깨달았다. 사실 소송 변호사들은 대부분 자신이 피해자인 의뢰인을 성심성의껏 대변하고 고객이 손해 보지 않게끔 보호한다고 진심으로 믿으며, 실제로도 그런 사례가 대부분이다.

중립성은 상대의 관점이 보이게끔 마음을 열어 주는 데서 그치지 않고, 갈등을 적절한 관점에서 볼 수 있게 도와준다. 결국 직장에서의 내 사례에서 이런저런 배경은 별로 중요하지 않았다. 이혼을 다루는 방식은 한 가지가 아님을 내가 깨달았다는 점이 중요했다. 어떤 이는 돈이 관건이라고 여긴다. 관계가 핵심이라고 생각하는 사람도 있다. 이 격차를 좁히고 이혼에서 중요한 온갖 요소를 더 깊이 이해하게 되면서 나는 이제 이혼에도 여러 해법이 있을 수 있다고 생각하는 융통성을 갖추게 되었다. 더 중요한 것은 나와 다른 방식으로 사건에 접근하는 동료들을 존중과 감탄을 담은 눈길로 바라보게 되었다는 점이다.

적극적으로 듣는 능력을 익히고 나면 까다로운 상호 작용을 수월하게 하는 데 이 전략을 실제로 활용할 수 있다. 적극적 경청자가 되려면 우선 관심을 기울이고, 판단을 보류하며, 화자의 말을 반영, 명료화, 요약해야 한다. 목표는 청자인 당신이 화자의 관점에 공감한다는 느낌, 다시 말해 당신이 상대의 고충에 귀 기울이고 그의 상황을 이해한다는 느낌을 경험하게 하는 것이다. 화자가 말하는 내용에 굳이 동의할 필요가 전혀 없다는 데 주목하자. 당신은 그저 자기 관점을 내세우며 끼어들지 말고 상대의 시각에서 이야기를 들어 주기만 하면 된다.

하지만 가끔은 목소리의 톤, 상대가 말하는 방식, 몸짓 언어만으로도 부정적 역동이 촉발되기도 한다. 사람들이 자신을 드러내는 방식은 소극적(눈에 띄지 않는 방식)일 때도, 공격적(노골적 방식)일 때도 있다. 또한, 자기 말투를 의식하지 못하기도 하는데, 우리가 쓰는 어조 역시 얼마든지 중립적, 긍정적, 부정적으로 들릴 수 있다. 게다가 우리 모두 타고나거나 교육받은 어조가 각기 다르다는 점이 상황을 더 복잡하게 한다. 사람들은 다양한 어조에 자기 고유의 말투로 반응하며, 말투가 서로 얼마나 잘 맞는지에 따라 상황이 좋아지거나 나빠질 수도 있다. 그러므로 듣는 사람이 누구인지 고려하는 것보다 자기 말투가 어떻게 들릴지 자문해 보는 편이 나을 때도 있다. 의사소통에 왕도는 없지만, 적극적 경청은 대개 좋은 출발점이 된다는 점을 기억하자.

적극적 경청

이 기법을 연습할 때는 두 참여자가 경청과 반영(저자는 상대의 말을 똑같이 반복하기(재진술)와 말에 숨은 감정 읽어 주기(감정 반영) 양쪽을 모두 '반영'으로 지칭함―옮긴이)을 번갈아 가며 시행하는 것이 이상적이다. 자세한 방법은 다음과 같다.

두 사람은 각자 얼마 동안 발언할지 시간을 미리 정한다. 그 시간 동안 지정된 화자는 특정 주제에 관한 자신의 감정을 짧은 문장으로 표현한다. 비아냥거리는 말이 아니라 감정을 나타내는 단어만 사용하는 것이 중요하다. 즉, "난 당신이 재수 없다고 느껴"가 아니라 "나는 존중받지 못한다고 느껴"라고 표현해야 한다. 청자는 차분하게 화자가 한 말을 똑같이 반복한 다음 "뭔가 더 있을까?"라고 묻는다.

가령 양측이 각자 5분씩 말하기로 합의하고 시간이 시작되면 화자는 이렇게 말한다. "당신이 변기 시트를 올려 두면 나는 무시당하는 기분이 들어." 그러면 청자는 이렇게 답한다. "내가 변기 뚜껑을 올려 두면 당신은 무시당하는 기분이 드는구나. 뭔가 더 있을까?"

그러면 화자는 다음 주제로 넘어간다. "당신이 넘겨 준 할 일 목록이 너무 길면 나는 부담감을 느껴." 청자는 이를 받아서 대답한다. "내가 넘겨 준 할 일 목록이 너무 길면 당신은 부담감을 느끼는구나. 뭐가 더 있을까?"

5분이 다 지날 때까지 두 사람은 이렇게 주고받은 다음 역할을 바꾼다. 이 연습의 목표는 까다로운 주제를 다룰 때도 중립적 어조를 유지하고 차분하고 절제된 대화 나누는 법을 익히는 것이다. 이 간단한 기법은 중립적 환경을 조성하고, 더 창의적이며 효과적인 해결책을 끌어낼 대화의 장을 열어 준다.

중립적 관점에서 문제를 다룰 공간을 마련하는 것 외에 이 연습은 우리가 감정을 더 깊이 들여다보고 자신이 자극에 반응하는 방식을 정확히 파악하는 데도 도움이 된다. 다만, 이 연습을 상대에게 직접적 또는 간접적 '공격'을 가할 기회로 여겨서는 안 된다. 화자가 "나는 당신이 제정신이 아니라고/얼빠졌다고/쓸모없다고 느껴"라고 말하거나, 긴 할 일 목록을 "횡설수설한다" 또는 "어처구니없다"라고 표현하지 않았다는 것에 주목하자.

힐러리와 시몬이 중립성을 확보했더라면

힐러리가 두 번째로 미용실 임대 계약을 불발시켰을 때 시몬은 이를 개인적 공격으로 받아들였다. 시몬이 보기에 힐러리는 수동 공격적으로 굴며 좋은 친구라면 해서는 안 되는 행동을 하고 있었다. 그래서 시몬은 힐러리의 관점을 들어 보려 하지 않고 대화를 차단해 버렸다. 뚜렷한 배신 행위는 없었는데도 감정을 소통하는 데 실패하면서 평생에 걸친 우정이 깨지고 만 것이다. 시몬은 자신이 야망 있고 열정적인 사람임을 알고 있었지만, 자기 말투가 생각지도 못하게 힐러리를 입 다물게 했다는 점은 미처 깨닫지 못했다. 더욱이 사업 파트너로서는 결별이 궁극적으로 옳은 선택이었을지도 모르지만, 두 사람이 각자 다음 5년간의 미용실 운영을 어떤 식으로 생각하고 있는지 시간을 들여 서로 소통했더라면 헤어지더라도 친구로 지냈을지도 모른다.

이 일을 계기로 힐러리는 대립을 겁내는 자기 마음을 직면하고, 시몬은 열정과 야망이 큰 자신의 성향이 원래 꿈꿨던 만큼의 경제적 성공이 불가능할지도 모른다는 뿌리 깊은 두려움에서 나왔음을 깨달았을 가능성도 있었다. 그랬다면 상황은 완전히 달라졌으리라.

앞으로의 사업 전망에 대한 감정이 서로 달랐기에 두 사람은 이제 공동 운영이 어려워졌음을 중립적으로 인정하고 이해할 수도 있었을 터였다. 상대가 왜 그렇게 생각하는지까지는 몰라도 서로 상대를 아끼고 존중하는 마음은 알고 있다는 뜻을 내비치기만 했어도 소중한 우정을 지키기에 충분했을 것이다.

감정 어휘 말하기

무슨 일이 일어났을 때 5분만 시간을 내서 지금 기분이 어떤지 말해 보자. 감정만 묘사하면서 5분을 채우는 것이다. 생각보다 감정 단어를 쉽게 떠올리지 못하는 사람이 상당히 많다. 인터넷에서는 잘 정리된 '감정 원판'을 쉽게 찾아볼 수 있다.

감정 원판

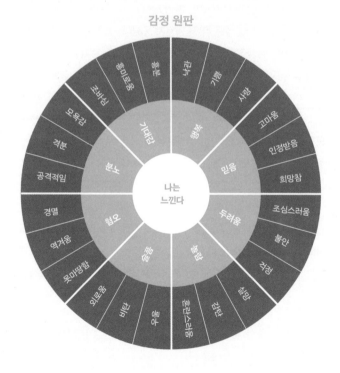

부정적 감정을 표현하는 데 쓰이는 감정 단어의 예시로는 분노, 혼란, 우울, 슬픔, 두려움 등이 있다. 물론 적극적 경청을 활용해서 고마운 감정을 표현해 볼 수도 있다.

예를 들어 당신이 늘 하던 침대 정리를 배우자가 대신해 주었다면 이렇게 말해 보자. "당신이 아침에 침대 정리를 해 주면 나는 존중받는/감사받는/사랑받는 느낌이 들어." 이런 말(모두 감정 단어의 좋은 예)은 한쪽이 무시당하거나, 인정받지 못하거나, 외면받거나, 외롭다고 느끼는 관계에서 특히 효과를 발휘한다. 긍정적 감정 표현에 쓰일 만한 감정 단어 예시로는 기쁨, 행복, 고마움 외에도 차분함, 즐거움, 만족스러움, 감격함, 신남, 소중함 등이 있다.

내가 모르는 이유가
있을지도 모른다

수많은 가능성에 열려 있는 중립 공간을 마련하면 긍정적 상호작용을 방해하던 이분법적 사고는 설 자리를 잃는다. 갈등을 제로섬 게임의 관점에서 바라보지 않고 중립적으로 바라보면 상대편에게도 일리 있는 사정이 있을지 모른다는 생각이 들게 된다. 타인과 마주할 때 이 중립 공간을 마련하는 좋은 방법 또 하나는 스스로 다음 사항을 고려해 보는 것이다.

- 다른 타당한 설명
- 가능성 있는 최선의 결과
- 가능성 있는 최악의 결과

우리는 모두 자신에게 진실로 느껴지는 이야기를 마음속에 품고 있지만, 이 관점은 우리가 상호 작용하는 상대방의 생각과는 완전히 딴판일 수도 있다. 각각의 이야기는 사실을 토대로 삼고 있겠지만, 분위기와 맥락, 관점의 영향도 간과해서는 안 된다. 그러므로 다른 합리적 설명이 있을지도 모른다는 점을 받아들이면 불필요한 상처를 피할 수 있다. 가능성 있는 최선의 결과와 최악의 결과를 염두에 두고 가능한 여러 결과를 검토하다 보면 협상에 나서는 것도 그리 나쁘지 않겠다는 생각이 들게 된다. 실용적 해결책에 도달하기가 더 쉬워진다는 뜻이다.

어떤 부동산 구매에 관심이 생긴 내 친구 타냐는 중개인으로 일하는 친구 남편인 척에게 상담하려 했다. 한 파티에서 타냐가 척에게 다가가 그 화제를 꺼내자 척은 갑자기 말을 뚝 잘라 버렸다. 타냐는 어리둥절하고 기분이 상한 채로 파티장을 떠났다. 척에게 도움을 받을 수 있으리라 확신했건만, 그리 퉁명스럽게 구는 것을 보니 척이 자기 질문을 멍청하다고 여길뿐더러 자신을 싫어하는 게 틀림없다는 생각이 들었다.

나는 타냐에게 척의 행동에 대해 다른 타당한 설명, 특히 타냐 본인과는 아무 관계도 없는 설명을 생각해 보라고 조언했다. 어쩌면 척은 그 주에 사랑하는 지인을 잃어서 파티에서 사교적인 대화를 나눌 기분이 전혀 아니었을 수도 있다. 아니면 파티에서는 일 이야기를 하지 않는다는 주의인지도 모른다. 본인도 해당 부동산 구매에 관심이 있어서 타냐와 상담하기가 껄끄러웠을 수도 있다. 또는 바람을 피우다 걸린 적이 있어서 다른 여성과 사적으로 대화하지 않겠다고 아내에게 맹세했을지도 모르는 일이었다. 그럴싸한 다른 설명을 두루 살펴본 끝에 타냐는 척의 이해할 수 없는 행동 뒤에 숨은 진짜 이유를 자신이 알아낼 가능성이 없음을 알아차리고 고뇌를 그만두기로 했다. 다음과 같이 상황을 중립적으로 바라보는 마음가짐에 도달한 것이다. "척은 나 또는 문의했던 부동산과는 아무 관계 없는 다른 문제를 겪고 있을 거야. 나는 다른 원인이 있을 가능성을 염두에 두고 있고, 그 이유를 내가 알아낼 수 없을지 모른다는 점도 인정해. 척에게 답변이 올 거라는 기대는 내려놓을래."

중립 공간에서 감정 다스리기

감정에 귀 기울여 보기로 했다면 수첩을 꺼내 기록하는 방법을 추천한다. 종이 한쪽 면에 "이런 일이 일어나면……"이나 "내가 이런 일을 할 때……"처럼 감정을 자극하는 트리거를 적는다.

트리거 바로 맞은편에 당신이 느끼는 감정을 적고, 소리 내어 읽어 보자. 그런 다음 그 바로 아래에 해당 트리거와 당신의 감정을 중립적으로 관찰해서 적는다. 이 문장도 찬찬히 읽어 보자. 그러면 그저 자기 경험을 다른 관점에서 바라본 것만으로도 감정을 바꿀 능력이 생겨나기 시작했음을 깨닫게 될 것이다. 딱 1년 전에 나는 이렇게 썼다.

트리거	감정
우리 아들들이 말 같지도 않은 일로 서로 고함을 지르면	나는 폭발할 것 같다.
우리 아들들이 서로 고함을 지르고 있다.	나는 지금 속상함을 느낀다.

그런 다음 나는 내 감정과 판단 속에서 일어난 일과 실제로 일어난 일 사이의 중립 공간에서 감정을 다스렸다. 부정적 판단('말

같지도 않은 일'이라든가)과 감정을 빼고 반응한 덕분에 두 아들의
말에 각각 귀 기울이고 상황을 진정시킬 수 있었다.

최선과 최악의 가능성

갈등을 헤쳐 나가거나 문제 해결 방안을 협상할 때는 항상 여기
에 무엇이 걸려 있는지를 주의 깊게 고려해야 한다. 특히 결정을
내려야 하는 상황에 몰린 기분이 들 때일수록 가능성 있는 모든 결
과를 검토하는 것이 절대적으로 중요하다. 가능성 있는 최선과 최
악의 결과를 고려한 뒤에야 가장 합리적인 결정을 내리고 앞으로
나아갈 길을 고를 수 있기 때문이다. 그래서 타냐는 우선 최선의
결과(하루 이틀 뒤 척이 전화를 걸어 부동산 구매 전망을 상담해 주는 것)
와 최악의 결과(척에게 전화가 오지 않고 그의 아내까지 아무 설명 없
이 타냐에게 쌀쌀맞게 구는 것)를 생각했다. 그리고 최선과 최악 사이
에서 나올 수 있는 결과의 범위를 설정했다. 그러고 나니 척이 자
신의 요청에 어떻게 대응하는지 기다려 보는 것 외에는 할 수 있는
일이 없다는 점이 분명해졌다. 타냐는 그날 저녁을 즐겁게 보내고
다음 며칠도 차분히 보낼 수 있었다. 그리고 척은 나중에 실제로

타냐에게 전화를 걸어 부동산 매매를 중개해 주었다.

내키지 않더라도 가능성을 검토함으로써 우리는 마음을 열고 이 문제와 자기 삶 양쪽의 상황을 정확히 파악할 여유를 확보할 수 있다.

중립을 유지하면 여러 가지 타당한 설명을 폭넓게 살펴보고 양측에게 가능한 최선과 최악의 결과는 무엇인지 검토할 수 있다. 자기 생각을 스스로 깨달으면서 마음속에 여유 공간을 마련하면 공연한 억측을 피하고 열린 태도로 타인의 삶과 사고방식에 귀 기울일 수 있게 된다. 따라서 중립성이 확보되면 타인과의 상호 작용이 더 유연하고 수용적으로 바뀌면서 우리가 최적의 결과를 얻을 가능성 또한 크게 올라간다. 이렇듯 중립성은 모든 가능성에 귀를 열어 둘 여유를 선사한다.

이런 열린 태도를 갖춘 당신은 이제 다른 타당한 설명을 고려하고 다양한 결과(최선과 최악의 가능성)를 폭넓게 살펴볼 수 있게 되었다. 이 연습을 거듭하면 상황을 더 깊이 이해해서 만족할 만한 결과를 얻을 기회를 스스로 만들 수 있다.

요점 정리

• 갈등에서 감정적 자유를 얻으려면 말로 표현된 것뿐 아니라 표현되지 않은 것, 즉 발화 패턴, 습관, 어조 등에도 귀 기울여야 한다. 핵심은 자신의 특정한 생각을 친구나 동료에게 투사하지 말고 속도를 늦춰서 객관적이고 중립적인 관점에서 상황을 관찰하는 것이다.

• 침착한 어조를 유지하고 적극적 경청 기법을 실천해서 차분한 대화를 끌어내고 중립성을 확보하면 갈등을 완화할 수 있다.

• 이분법적 패러다임에 갇히면 균형 잡힌 방식으로 문제를 해결할 기회가 제한된다. 중립 공간에서 감정을 다스리면 우리가 쉽게 빠지는 흑백 논리에서 벗어나 마음을 열고 다양한 선택지를 고려하는 데 도움이 된다.

• 최악의 상황을 상상하기 전에 특정 태도나 행동에 들어맞는 다른 타당한 설명은 없는지 생각해 본다. 똑같이 말이 되면서 덜 불편한 대체 설명 목록을 만들면 자기 생각을 전환하기 쉬워진다. 그러면 자신이 가정했던 설명을 비판 없이 다시 검토할 수 있다. 행동이나 반응에 나서기 전에 적극적 경청을 시도하면서 다음 질문들을 고려하자.

- 내가 생각하는 것 외에 상대의 행동(또는 태도)에 다른 이유가 있을 가능성은?
- 내가 생각하는 해결책에서 나올 수 있는 최선의 결과는?
- 내가 생각하는 해결책에서 나올 수 있는 최악의 결과는?

가능한 최선과 최악의 결과를 탐색하고 나면 가장 적절한 결과를 도출할 범위 또는 영역을 설정할 수 있게 된다.

◆ 모든 갈등에 완벽히 중립적으로 접근하기는 어려울 뿐 아니라 솔직히 불가능하다. 하지만 마음을 열고 여유 공간을 마련하는 데 익숙해질수록 중립, 즉 머리는 맑고 마음은 평온한 상태를 유지하기 쉬워진다.

4장

'무엇' 너머
'왜'를 향해

그 오렌지가 꼭 필요한 이유

시간제한이 있는 요리 경연에 참가한 세 요리사 A, B, C가 있었다. A와 B 모두 오렌지가 필요한 요리를 만들고 있었는데, 시간이 얼마 남지 않은 상황에 문제가 생겼다. 오렌지가 하나뿐이었던 것이다. 타협하기로 한 두 사람은 오렌지를 반씩 나눠 가졌다. A는 오렌지즙이, B는 껍질이 필요했다는 사실은 나중에야 알았다. 오렌지를 반으로 나누는 바람에 둘 다 레시피대로 요리를 완성하지 못했고, 결국 출품작에 레몬을 썼던 C가 경연에서 우승했다. 완벽한 타르트를 만드는 데 필요한 재료를 전부 손에 넣었기 때문이다. A와

B가 자신에게 필요한 재료에만 초점을 맞추지 않고 오렌지가 필요한 이유에 대해 짧고 의미 있는 대화를 나눴더라면 결과는 달라졌을지도 모른다. 이 '오렌지 우화'는 자신이 뭔가를 '왜' 원하는지를 스스로, 그리고 상대방에게 물어야 하는 이유를 명확히 보여 준다.

나는 이혼 법정에서 재판 연구원으로 일하던 시절에 이를 깨달았다. 당시 나는 뿌리 깊은 문제로 첨예한 갈등 상황에 놓인 사건을 해결해서 재판이 정체되는 것을 방지하고 소송 당사자들의 노력과 돈을 아끼게 하는 임무를 맡았다. 일한 지 얼마 안 됐을 때라, 처음에는 이 과정이 헤라클레스의 과업만큼 벅차다고 여겼다. 하지만 대개는 내가 그 공간을 채운 감정에 이름을 붙여 주면(분노, 좌절, 걱정 등) 문제는 눈 녹듯 사라지고, 그러면 사건이 거의 저절로 해결되다시피 한다는 사실을 단기간에 깨우쳤다.

가장 기억에 남는 사건 가운데 의뢰인들이 자녀 양육권과 집의 소유권을 두고 다툰 사례가 있었다. 조와 리타의 이혼 사유 중에는 조가 불륜을 저질렀다는 이유도 있었다. 이 사실은 이혼 결정 자체에서는 중대한 요소였지만, 결과 측면에서 법적으로 중요한 요소는 아니었다. 이혼 소송에서 누가 불륜을 저질렀는지는 재산 분할 비율에 전혀 영향을 미치지 않는다. 상담 도중 조가 바람을 피웠다는 사실이 맥락 없이 계속 튀어나와 대화에 방해가 되자 나는 이 점을 지적했다. 조는 연신 지겹다는 표정을 지으며 건성으로 사과하거나 리타의 주장을 반박했다. 조와 리타는 계속 이런 식으로 법적 관점에서는 결국 이혼 결과에 아무 영향도 미치지 못할 주제를 두고 의미 없는 논쟁을 끊임없이 벌였다.

울면서 신세 한탄을 하는 리타의 말을 한 시간째 듣던 나는 문득 리타가 공감받기를 원한다는 사실을 깨달았다.[1] 대담했던 서른 살의 나는 이 비슷한 말을 했다. "당신 인생이 거짓인 것처럼 느껴지는군요." 그런 다음 리타를 편든다고 오해받지 않게 재빨리 조를 돌아보며 이렇게 진정시켰다. "확실히 해 두자면, 저는 실제로 거짓이었다고 생각지는 않아요. 부인의 감정을 인정해 드리는 것뿐이에요." 그 뒤 리타가 외쳤다. "너무 불공평해요!"

꼭 마법처럼 내가 리타의 감정을 인정해 주자마자 리타는 합의할 준비가 되었다. 이유를 알아내자 사건이 진전되기 시작한 것이다. 리타는 이해받은 기분을 느끼고, 아이들과 집, 재산을 전부 가져야겠다는 자기 욕망 아래 숨은 '왜'에 열린 태도로 귀 기울일 수 있었다. 그렇게 해서 리타는 '남편에게 배신당한 나'라는 악순환의 프레임에서 벗어났다. 리타는 집, 은행 계좌, 단독 양육권까지 모든 것을 욕망want했다. 하지만 실제 욕구need는 안정감과 이해였다. 인생 전체가 거짓이라고 느끼는 감정을 (앞 장에서 다뤘던 대로 적극적 경청을 통해) 내가 읽고 인정해 주자마자 감정적으로 한결 차분해졌다. 그리고 재산 분할에서 자신에게 실제로 필요한 것에 집중할 수 있게 되었다. 거기서부터 일은 수월하게 풀렸다.

이 과정은 상당히 간단해 보인다. 그렇다면 왜 이혼 소송은 대부분, 심지어 자산 공개가 끝난 뒤에도 1년이 넘게 걸릴까? 우리가 이분법적 패러다임에 사로잡혀 자신은 원하는 것을 얻어야 하고 상대방은 아무것도 얻을 자격이 없다는 생각에서 벗어나지 못하기 때문이다.

요점은 리타가 그랬듯 우리가 자기 입장(무엇)에 너무 집착하느라 자신의 진짜 관심사(왜)에 관심을 쏟지 못한다는 데 있다. 예컨대 매주 한 번은 고급 식당에서 저녁을 먹으며 데이트하고 싶다는 주장은 입장, 즉 '무엇'에 해당한다. 이 뒤에는 진짜 관심사, 즉 배우자와 친밀감을 느끼거나, 특별한 느낌을 받거나, 육아 부담에서 잠시 벗어나거나, 기분을 전환하거나, 자기다움을 되찾는 등 자신에게 필요한 '왜'가 숨어 있다.

갈등을 해결하려면 싸워서 얻으려고 하는 것 뒤에 가려진 감정을 살펴봐야 한다. 감정이야말로 거의 모든 것을 움직이는 원동력이기 때문이다. 갈등이 벌어지면 감정적 사고는 이성적 사고를 구석으로 밀어낸다.

감정이 조종간을 차지하면 우리는 자신이 그 문제에 대해 '왜' 그런 식으로 느끼는지는 무시하고 '무엇'에만 매달리며 고집을 부리기 쉬워진다. 여기서 '무엇'이란 자신이 원하는 것을 가리키며, 대체로 이는 제대로 검토되지 않은 반사적 요구다. 해결에 이르기 위해서는 욕망보다 욕구를 우선시해야 한다. 예전에 내가 맡았던 이혼 사례 가운데 아빠 집에서 딸이 자고 오는 것을 엄마가 반대하는 경우가 있었다. 아빠가 아이 머리를 빗기는 솜씨가 서투르다는 게 이유였다. 딸의 머리는 꽤 중요할지도 모르지만, 딸에게 혼자 머리 빗는 법을 가르친다든가 하는 다른 방법으로도 얼마든지 해결할 수 있는 문제였다. 하지만 이 사례의 진짜 문제는 딸이 아빠와 함께 긴 시간을 보내는 동안 엄마가 딸을 너무 보고 싶어 한다는 것이었다. 우리가 긴 대화를 나눈 뒤에야 엄마는 자기 입장 뒤에 숨은 감정을 알아차렸고, 그때부터 우리는 갈등을 뒤로 하고 모두가 만족하는 육아 계획을 세울 수 있었다.

삼백만 달러가 든 통장이 당신의 욕망이지만, 진짜 욕구는 아이의 대학 등록금을 낼 자금일지도 모른다. 갑자기 등록금 액수만큼이 든 통장을 건네받는다면 당신의 욕구(등록금 마련에 안달하지 않고 싶다는 감정)가 충족되어 전반적 행복감이 개선될 가능성이 크다. 여전히 삼백만 달러를 욕망할지도 모르지만, 이미 욕구가 충족되었기에 전처럼 다른 것은 눈에 들어오지 않을 정도로 간절하게 삼백만 달러를 손에 넣어야겠다는 생각은 들지 않을 것이다.

흥미롭게도 욕구를 충족하면 욕망까지 채워질 때도 있다. 예를 들어 당신은 아이들을 위해 애쓰는 당신의 노력에 아이들이 감사를 표하기를 욕망하지만, 실제 욕구는 아이들이 예의 바르게 행동하는 것이다. 아이들이 공손하게 행동하기 시작하면 당신은 욕망이 채워진 만족감을 느낄 확률이 높다. 이 중요한 차이를 내면화하면 어떤 상황에서든 최선의 결과를 기대할 수 있다. 문제를 두고 협상할 때는 이 점을 이해하는 것이 더없이 중요하다. 자신이 원하는 대상(욕망)을 다루기 전에 원하는 이유(욕구)를 먼저 이해해야 한다. 이 차이를 명확히 파악한다면 당신은 예전에는 상상도 하지 못했을 만큼 능숙하게 모든 문제에 대처할 수 있게 될 것이다.

대상과 이유를 한데 뒤섞으면 심각한 결과가 따르는데도 우리는 일상적으로 그렇게 행동한다. 내가 그것을 원하는 이유를 깊이 생각지도 않은 채로 원하는 것을 말하고, 생각하고, 요구한다. '왜' 라는 이유에 답해야 자신의 욕구가 보이고, 그런 뒤에야 자유롭게 합의에 이르게 된다. 나의 감정, 그리고 상대방의 감정에 귀 기울임으로써 자기 입장만 고집하던 상태에서 벗어나 쌍방의 '왜' 사이에서 공통점을 찾을 수 있게 되기 때문이다. 자신을 움직이는 원동력을 더 깊이 이해할수록 지금 겪는 갈등의 상당수가 불필요하게 여겨질 것이다. 의미 없는 다툼이 사라지면 인간관계도 훨씬 쉬워진다.

내가 뭔가를 원하는 이유를 알면 더 효율적인 방법으로 원하는 바를 요청할 수 있으며, 그렇게 하면 갈등을 불러일으킬 확률은 내려가고 보상과 만족을 얻을 확률은 올라간다. 이럴 때는 상대에게 자신의 감정이나 욕구(두려움 또는 평온함을 바라는 마음), 즉 취약한 부분을 드러내는 경향이 있으므로 상대방 또한 방어적으로 행동할 필요가 없어진다. 그래서 당신이 욕구를 충족하도록 상대방이 융통성 있게 당신을 도울 가능성이 커진다. 상대방 또한 '투쟁' 모드

대신 '문제 해결' 모드에 들어간다는 뜻이다. 이와는 반대로 자기 견해만 고수하는 싸움에 갇힌 두 사람은 각자 자기 자리에 버티고 서서 합리적 협상으로 가는 기회의 싹을 잘라 버린다. 끝없이 순환하는 다툼의 뿌리에 진짜 관심사가 숨어 있음을 이해한다면 타인은 물론 자기 자신과도 더 효과적인 대화를 나눌 수 있다.

단순하고 강력한 사고 전환법

주로 직장이나 집에서 갈등이 생기겠다는 느낌이 들 때 사용하는 나만의 방법이 있다. "내가 신경 쓰는 이유는?" 질문법을 활용하는 것이다. 단순하면서도 놀랄 만큼 강력한 이 사고 전환법은 쓸데없이 반복되는 말다툼으로 시간 낭비하지 않고 집중해서 현재 상황의 뿌리에 접근할 수 있게 도와준다. 자신의 '왜'를 알아내고 효과적으로 표현하는 방향으로 초점을 옮길 수 있다.

한때 내 고객이었던 제임스와 낸시 부부는 아들 카일의 담임 교사가 카일을 마음에 들어 하지 않고, 학급에서 훈육이 필요할 때 카일을 불공평하게 대한다고 여겼다. 처음에 제임스와 낸시는 카일을 다른 학급으로 옮기고 싶어 했다. 하지만 나는 학급 옮기기가 현실적으로 어려울 수도 있고 최적의 해결책도 아니라고 설명했다. 대신 나는 두 사람에게 "내가 신경 쓰는 이유는?" 질문법을 써 보자고 제안했다. 낸시와 제임스는 스스로 왜 신경을 쓰는지 질문했고, 매우 당연하게도 아까와는 다르고 가슴 뭉클한 답이 나왔다. 그들은 카일이 학교에서 배우고, 자라고, 즐겁게 지내기를 바란다고 했다. 따라서 처음에는 담임 교사를 못마땅하게 여긴다는 점이 두 사람의 타당성을 증명한다고 생각했을지 모르지만, 이내 싫다는 이유만으로 무턱대고 행동에 나서면 두 사람의 근본적 관심사, 즉 카일이 학교에서 잘 지내는 것에 도움이 되지 않으리라는 사실을 깨달았다.

이유를 알아내면 우리는 진심으로 문제를 해결할 수 있게 된다. 알 수 없는 결과에 집착하는 대신 자신에게 소중한 것이 무엇인지 자문함으로써 근본적 문제를 해결하는 데 필요한 구체적인 대책이 포함된 합의에 이를 수 있기 때문이다. 더불어 상대방이 문제라고 믿는 대신 상대방에게 해결책의 일부가 되어 달라고 부탁할 수도 있다. 앞의 사례에서 제임스와 낸시는 교사에게 전할 요청 사항 목록을 만들었고, 여기에는 카일이 순서를 지키지 않으면 공개적으로 꾸짖지 말고 어깨를 톡톡 쳐 달라는 부탁 등이 포함되었다.

갈등을 겪을 때 남 탓을 하기보다는 문제를 둘러싼 자신의 감정적 욕구를 확인하고 인정하면 십중팔구 훨씬 나은 반응을 끌어낼 수 있다. 우리는 모두 누군가가 자기 말을 들어 주기를 바라며, 우리에게 반응하는 상대방도 이 점에서는 마찬가지다. 자기 입장, 즉 '무엇'에 갇혀 있다가 스스로 감정을 들여다보게 되었을 때 비로소 자신이 진정으로 갈망하던 감정적 지지를 얻게 된다. 감정을 받아들이는 행위에는 해결책이 드러나게 하는 엄청난 힘이 있다.

중립적 관점에서라도 누가 자기 말을 들어 주면 우리는 감정적으로 매우 후련해진다. 무시당하거나 외면당한다고 느꼈던 사람이라면 이것만으로도 실질적 고통에서 벗어날 수 있다.[2] 당신이 '왜'를 찾아내는 데 애를 먹고 있으며, 이렇게 애쓰는 동안 갈등 관계에 있는 상대방은 당신이 바라는 정서적 만족감을 제공해 주지 않는다면 상담사 또는 기꺼이 귀 기울여 줄 친구에게 속내를 털어놓는 것도 매우 좋은 방법이다.

이혼 변호사로 일하며 나는 상대의 불륜을 이유로 재산 분할에서 이득을 얻을 법적 근거가 전혀 없는데도 사건을 법정까지 끌고 가길 원하는 사람들을 수없이 만났다. 이들은 그렇게 하면 답답한 속이 풀릴 거라고 상상한다. 하지만 재판에서 승소하더라도 감정적 만족은 얻지 못할 때가 많다. 법정은 '왜'가 아니라 '무엇'에 집중하는 곳이기 때문이다. 재판에서 판사는 법률 및 법적으로 유의미한 사실에 기반해서 일종의 수학 방정식을 풀어낸다. 당신의 감정이나 배우자의 불륜 여부는 궁극적으로 재산 분할 비율에 거의 영향을 미치지 못한다. 받아들이기 어려운 진실이지만, 현실은 그렇게 돌아간다. 물리적, 경제적, 논리적으로 원하던 것을 얻었는데도 감정적으로는 만족하지 못한 채 돌아서는 의뢰인이 많은 이유가 바로 여기에 있다. 수많은 다툼의 뿌리에는 누가 자신의 감정을 알아주기를 바라는 인간적 욕구가 있는 것이다.

"내가 신경 쓰는 이유는?" 질문법은 자신이 추구하는 해결책 아래에 숨은 근본 동기를 파악해서 궁극적으로 더 만족스러운 대안을 찾게끔 도와준다. 또한 이 방법은 감정, 재정, 영혼, 신체 등 다양한 영역에서 우리가 특정 상황을 불편하게 느끼는 근본 원인을 이해하기 위해 자기 내면을 깊이 들여다볼 때도 매우 유용하다.

'왜'를 탐색하는 것이 마법의 비결이다. 여기를 기점으로 우정이 쌓이고, 합리적 해결책이 생겨난다. 자신과 타인에게 귀 기울이고 "내가 신경 쓰는 이유는?"이라고 질문할 때, 우리는 무수한 감정적 이득을 얻는다.

'왜'를 따라가면 해결책이 보인다

당신이 원하는 무언가를 왜 원하는지 알아내는 좋은 방법은 바람이 좌절되었을 때 놓치게 될 것 같은 요소들을 목록으로 만드는 것이다. 중립 공간에서 이 목록을 검토하면 무엇이 나의 욕망을 움직이게 만드는지 수수께끼를 풀 수 있다.

도시의 삶을 떠나 어린 아들들에게 매인 기분을 느끼면서 나는 수년간 내가 온갖 것을 놓쳤다며 계속 불평했다. 여행의 짜릿함, 뉴욕의 활기, 다양성, 예술, 향상심, 익명성을 갈망했다. 친구와 일

가친척으로 가득했던 내 인간관계도 그리웠다. 나는 불만스러웠지만, 그렇다고 삶을 다시 통째로 뒤엎고 싶지는 않았다. 조류 생물학자인 남편이 도시 한가운데에서 괜찮은 직장을 얻을 가능성은 거의 없었다. 게다가 우리 가족이 도시로 이주해서 잘 버틸 수 있을지도 의문이었다. 시골에서 내가 일군 단순한 삶에 비해 도시에서 가족으로 사는 삶은 훨씬 돈이 많이 들고 복잡할 터였다. 그럼에도 나는 도시 생활을 간절히 원했다. 앞으로 나아갈 이렇다 할 방법도 없이 완전히 갇힌 기분이었다.

바로 그때 진심으로 자신을 들여다보고, 내가 늘 하는 조언대로 나의 '왜'를 파악해 보자는 생각이 들었다. 이 작업을 마치고 나서야 나는 당시 내 존재에서 빠져 있던 퍼즐 조각을 다시 찾아낼 수 있었다.

실제 과정은 다음과 같았다. 우선 나는 내가 누리지 못하는 것들을 목록으로 만들었다.

- 여행
- 다양성
- 예술

- 익명성
- 가족과 옛 친구들
- 패기 있는 활력

그런 다음 이런 요소를 얻지 못해서 내가 놓치고 있다고 느끼는 가치의 목록을 만들었다.

- 여행 = 세상 경험
- 다양성 = 풍부함
- 예술 = 아름다움, 영감

- 익명성 = 자유
- 가족과 옛 친구들 = 유대감
- 패기 있는 활력 = 자발적 의욕

그리고 가만히 앉아 내 이유에 귀를 기울였다. 내게 들려온 것은 이 새로운 정착지에서 갑갑하고 숨 막히는 기분이 든다는 감정이었다. 나는 심각한 소외 불안 증후군(남들이 누리는 기회를 놓칠까 봐 불안해하는 증상—옮긴이)이었다. 하지만 도시로 돌아가는 것만이 해결책은 아니었다. 나는 계속 이분법적 사고에 갇혀 있었더라면 엄두도 내지 못했을 방식으로 유연한 사고와 창의력을 발휘하여 당면한 환경을 바꿔 나가기 시작했다. 우선 다른 나라 출신 육아 도우미를 고용해서 타국의 요리와 문화를 접하며 세상 경험을 하고 싶은 내 욕구를 어느 정도 채웠다. 지역 예술 공동체 모임에 더 많은 시간과 노력을 투자해서 아름다움과 영감을 느끼고 싶은 욕구를 충족했다. 멀리 떨어져 사는 친구와 친척들을 부지런히 찾아다니며 내 삶에서 중요한 사람들과의 유대감을 탄탄히 다졌다. 아이들이 좀 더 큰 뒤에는 꿈꿔 왔던 책 쓰기에 도전해서 새로운 모험의 장을 열었고, 그 덕분에 뉴욕에 정기적으로 오가면서 내가 사랑하는 도시 문화를 간간이 누릴 수 있게 되었다.

'왜'의 탐색이 창의적인 해결책의 발견으로 이어진다는 것이 참으로 놀랍다. 다시 말하지만, 직접 수첩 한 권을 마련해서 꾸준히 생각을 기록해 보기를 권한다. 몇 년간 꾸준히 쓴 글을 읽으며 자신의 발전과 개선된 인간관계를 돌아보는 것도 보람 있는 일이다.

'무엇'의 뒷면 들여다보기

가끔은 우리가 자신의 '왜'를 탐색한 뒤에도 갈등의 상대방이 여전히 자기 입장, 즉 '무엇'에 갇혀 있을 때도 있다. 이럴 때는 3장에서 다룬 경청 기술을 활용해서 상대의 주장 뒤에 있는 타당한 설명(근본 동기 또는 '왜')을 살펴보아야 한다.

상대방이 진정으로 원하는 것 뒤에 숨은 '왜'를 밝혀내려면 상대의 요청, 또는 '무엇'의 뒷면을 들여다보아야 한다. 예를 들어 당신의 부하 직원이 새로운 직함을 받고 싶다고 강력히 요구한다고 하자. 하지만 당신 회사에서는 이를 통과시키려면 어마어마한 서류 작업과 요식적 절차가 필요하고, 당신이 보기에 이 직함은 명목상의 변화일 뿐 실속은 전혀 없다.

당신이 이 직원을 아낀다면 요청을 무시하기보다는 '왜' 새 직함을 원하는지 부드럽게 물어보는 방법을 고려할 필요가 있다. 왜는 무엇 또는 욕망 뒤에 숨은 욕구임을 기억하자. 따라서 부하 직원에게 존중과 인정, 또는 다른 무형의 가치를 얻고 싶었다는 말을 듣게 될 가능성이 크다. 만약 그렇다면 그 직원의 공을 기리는 자리를 마련하거나, 상패를 제작해서 전달하는 등 현실적으로 가능한 방식 선에서 그에게 필요한 존중을 보여 줄 수도 있다.

배우자, 친한 친구 관계처럼 중요한 인간관계에서는 상대방에게 '무엇'과 '왜'의 차이를 이해시키려고 시도해 볼 수 있다. 하지만 설득하는 것 자체가 현실적이지 않을 때도 적지 않다. 이럴 때 제일 나은 방법은 다른 타당한 설명을 신중히 가늠한 다음 왜 지금 같은 상황이 벌어졌는지 더 깊이 이해하기 위해 최대한 긍정적인 방향으로 해석하는 것이다. 그렇게 하면 우리는 상대방의 숨은 욕구를 채워 주는 방향으로 반응하기 쉬워지고, 평화로운 결과를 얻을 기회를 마련할 수 있다.

힐러리와 시몬이 근본 동기를 파악했더라면

힐러리와 시몬이 '왜'를 찾으려 했다면 서로 이해하는 데 큰 도움이 되었을 것이다. 시몬은 힐러리가 자신을 기만한다고 생각해서 화가 났다. 하지만 왜 힐러리가 속내를 털어놓지 않고 임대 계약서 서명을 미뤘는지 시간을 들여 생각해 봤다면 시몬은 힐러리가 남의 기분을 살피는 사람이라 친구인 자신을 실망하게 하고 싶지 않았음을 깨달았을지도 모른다. 마찬가지로 힐러리도 어머니를 모시고 사는 시몬이 불확실한 재정적 미래에 불안을 느끼고 마음이 조급해졌음을 알아차렸을 수도 있다. 그런 뒤 시몬의 목표가 무엇이며 왜 미용실을 옮기고 싶은지에 귀 기울이고, 그 계획에서 자신에게 맞거나 맞지 않는 부분에 관해 이야기를 나눌 수도 있었으리라. 한편으로 시몬은 임대 계약을 놓친다는 이야기를 잠시 보류해서 태도를 바꾼 다음 각자의 더 큰 목표를 위해 서로 어떻게 도우면 좋을까 하는 화제로 전환할 수도 있었다. 그랬다면 힐러리가 시몬의 주도적 태도에 휘둘리는 느낌을 받거나 시몬이 힐러리의 회피에 답답함을 느끼는 대신 둘 다 서로 더 깊이 이해하고 한층 사려 깊은 대화를 나눌 기회를 얻을 수도 있었을 것이다.

유연한 생각이 가능성의 문을 연다

나이가 들면 누구나 사고방식이 경직되기 쉽다. 하지만 우리는 언제든 자기 생각을 바꿀 수 있다. 물론 주변 세상 속에서 자신을 인식하는 방식을 하루아침에 바꿀 수는 없는 노릇이겠지만, 새로운 사고 습관을 들이면 나이가 든 뒤에도 얼마든지 달라질 수 있다. 한 가지 사고방식을 고집하거나 꼭 특정 방식으로 일을 처리할 필요가 없다는 점을 기억하는 것은 매우 중요하다. 경직된 사고는 신중하고 합리적인 의사 결정 능력을 저해한다. 따라서 나이를 먹을수록 유연하게 생각하려는 의식적 노력이 필요하다.[3] 실제로 굳

어진 사고 습관 탓에 논리 정연한 결정을 내리지 못하는 일이 생각보다 무척 자주 일어난다.[4]

마음가짐은 우리 생각에 큰 영향을 미치고, 새로운 방식을 시도하는 능력을 좌우한다. 자기 자신, 즉 자신의 근본 동기, 이유, 갈등에서 하는 역할에 관해 알고자 하는 자발성과 통찰력은 마음가짐에 따라 달라진다. 예를 하나 들어 보자. 요즘은 예전과 비교할 수 없을 만큼 성 유동성(성별이 확정되지 않거나 상황에 따라 달라진다는 뜻—옮긴이)이라는 말이 자주 들린다. 아이들을 키우다 보면 남성과 여성을 구분하는 내 사고의 한계를 넓혀야 한다고 금세 깨닫게 되는, 의미 있고 때로는 고통스러운 가르침의 순간이 종종 찾아온다. 원래 나는 경직된 관습적 사고에 토대를 둔 완벽한 이분법적 사고방식에 따라 움직였다. 하지만 시간이 지나면서 내가 성별을 이해하던 방식은 '올바른' 것이 아니라 검증되지 않은 채 몸에 배었을 뿐이라는 것을 깨달았고, 그래서 내 관점을 재조정할 수 있었다. 지금은 내가 매우 편협한 관점으로 세상을 바라봤음을 이해한다.

마음가짐을 바꿔서 습관을 바꾸는 것 또한 행동을 통한 배움에 속한다. 새로운 기술을 배우는 가장 좋은 방법이 반복이듯 습관을 바꾸고 관점을 전환할 때도 마찬가지다. 변화는 하루아침에 일어나지 않으며, 우리가 예전과는 다른 방식으로 행동하기를 선택할 때마다 조금씩 조금씩 일어난다. 처음에는 의식적인 노력이 필요하다. 하지만 계속 반복하다 보면 새로운 생각과 행동이 내면화되어 기본 반응으로 자리 잡을 때가 온다. 배움은 원하던 행동을 배우면 끝나는 선형 과정이 아니라 우리가 삶과 인간관계에서 앞으로 나아갈 때 계속 반복되는 순환 과정이다. 자기 자신과 주변 사람들, 그들과의 인간관계에 관해 더 많이 배울수록 생각과 태도, 관심사도 변해 간다. 이와 더불어 행동거지와 마음가짐도 그런 성장과 변화를 반영해 더욱 발전한다.

캐럴 드웩의 책 《마인드셋: 스탠퍼드 인간 성장 프로젝트》[5]가 특히 설득력 있는 이유는 행동을 촉구하는 단어인 배움을 강조하기 때문이다. 드웩은 우리가 자기도 모르게 특정한 방식으로 사고하고, 반응하고, 행동한다고 상정한다. 우리는 이미 자기 습관과 생각, 행동 방식을 바꿀 수 있음을 배웠고, 드웩의 말대로라면 근본적 마음가짐, 즉 마인드셋까지 바꿀 수 있다.

나는 미치와 결혼하고 몇 년 뒤 "나는 도시에 살아야 해" "나는 도시가 체질이야"라는 맹목적 욕구와 정체성을 "나는 다양성과 익명성, 모험, 유대감, 영감이 필요한 사람이야"라는 쪽으로 바꾸기로 마음먹었다. 이 과정을 통해서 도시로 이사하고 싶다는 집착을 버릴 수 있었고, 내 가족과 인간관계를 뒤흔들지 않고도 실행 가능한 선택지를 찾아냈다. 삶에서, 또는 괴로운 인간관계에서 당신이 고수하는 견해를 다른 관점에서 바라보는 방법을 탐색해 보자. 나의 '왜'를 이해하게 된다면 '무엇'도 다시 생각할 수 있게 될 것이다.

당신을 움직이는 동기를 정확히 파악하면 완전히 새롭고 다양한 가능성이 열린다.

가능성 있는 결과 고려하기

적극적 경청과 마찬가지로 이분법적 패러다임에 갇혔을 때 특히 유용한 방법이다. 먼저 수첩에 빈칸을 세 개 그린다. 첫째 칸에는 지금 벌어지는 갈등의 원인을 쓴다. 둘째 칸에는 당신이 바라는 이상적 결과를 쓴다. 마지막으로 셋째 칸에는 그 결과를 바라는 이유를 적는다. 이 연습은 다양한 가능성을 여는 여유 공간을 마련해 줄 것이다.

지금 벌어지는 갈등의 원인	내가 바라는 이상적 결과	그 결과를 바라는 이유
나는 본가에서 크리스마스를 보내고 싶은데, 배우자는 집에 있고 싶어 한다(아이들과 우리끼리만).	우리 모두 본가에서 크리스마스를 보내고, 배우자도 이 결과에 만족한다.	나는 외로움을 느낀다. 가족들과 관계가 소원해질까 봐 걱정스럽다. 나는 가족과의 관계가 소속감, 공동체 의식, 사회적 행복감에 필수적이라고 생각한다.

결혼하면서 당신은 배우자의 직장 문제로 고향에서 멀리 떨어진 곳으로 이사하게 되었다고 생각해 보자. 매년 당신은 본가로 돌아가서 가족들과 함께 크리스마스를 보내기를 간절히 원한다. 하지만 배우자는 집에서 조용하게 크리스마스 아침을 보내고 싶다고 한다. 당신은 대개 융통성 있는 편이지만, 이번 언쟁에서는 절대로 물러서고 싶지 않다. 배우자가 그저 반대를 위한 반대를 하고 있다는 느낌이 들기 때문이다. 배우자가 자기 가족을 보러 가겠다고 하는 것도 아닐뿐더러, 당신에게는 집에서 보내는 크리스마스가 형벌처럼 느껴진다. 이 말다툼은 두 사람뿐 아니라 아이들의 크리스마스까지 망치는 극단적 대화로 흐를 가능성이 크다. 이럴 때 대화 아래에서 실제로 무슨 일이 일어나고 있는지 알아볼 여유를 마련할 필요가 있다. 그러면 중립 공간이 생겨나고 가능성의 문이 열리는 것을 알아채게 될 것이다.

이 연습을 혼자 완료하는 것도 유용하지만, 가능하다면 배우자에게도 권해 보자. 이 세 가지 질문은 당신이 배우자의 생각에 귀 기울이고 나아가 이해를 시도하는 데 큰 도움이 될 수 있다. 예를 들어 배우자가 공연히 싸움을 걸며 맞받아친다고 단정하는 대신 다른 타당한 이유가 있는지 생각해 보자. 어쩌면 배우자는 그저 어린 시절에 품었던 꿈을 실현하고 싶은 건지도 모른다. 어렸을 적에 가족끼리 오붓하게 보내는 크리스마스를 간절히 원했지만, 형제자매가 협조하지 않았거나 술에 취한 친척이 소란을 피웠을 수도 있다. 그렇다면 집에 있고 싶다는 배우자의 소망은 당신이 원하는 것과 상관없이 배우자 자신의 핵심 욕구에서 나왔다는 뜻이다. 다음으로 당신이 매번 크리스마스를 본가에서 가족들과 함께 보내고 절대 집에서 보내지 않겠다고 고집했을 때 나올 수 있는 최선의 결과와 최악의 결과를 살펴보자. 최선의 결과는 아마 배우자가 당신 뜻에 맞춰 주고, 당신은 행복한 분위기에서 사랑하는 사람들에게 둘러싸여 완벽한 크리스마스를 보내는 것일 터이다. 최악의 결과는 배우자가 당신을 자기만 아는 무신경한 사람으로 판단해서 더는 같이 살지 못하겠다고 선언하고, 둘이 헤어진 뒤 당신은 크리스마스 연휴의 절반 동안만 아이들과 함께 지내게 되는 것이다.

요점 정리

◆ 갈등은 대부분 우리가 자기 입장을 고집해서(자기 욕망, 또는 '무엇'에 집착해서) 생겨난다. 입장 뒤에 숨은 진짜 관심사에 귀 기울이면(욕구 또는 '왜' 찾아내기) 해결책이 보이기 시작한다.

◆ "내가 신경 쓰는 이유" 수첩을 마련해서 스스로 원하는 것을 왜 원하는지 쭉 기록하고 다음과 같은 질문을 검토해 보자. 내 삶은 어떻게 달라질까? 바라던 결과를 얻는다는 것은 나에게 어떤 의미일까? 내가 바라는 결과는 무엇이며, 내가 고수하는 관점은 그 결과에 어떤 도움이 될까?

◆ 고정 마인드셋이 아닌 유연한(또는 성장) 마인드셋을 갖추는 방법을 생각해 보자. 이는 특히 대화와 역동에서 자신의 동기를 이해할 새로운 방식을 찾아낼 때 도움이 된다.

◆ 가능성 있는 결과를 고려하는 연습을 통해 자신의 신념, 욕망, 욕구, 의도를 명확히 이해하고, 원하는 것을 얻지 못했을 때의 결과가 어떨지 생각해 보자.

5장

내면 서사
다시 쓰기

나에게 들려주는 이야기의 근원

당신이 갈등에서 자기 역할을 알아차리는 것이 얼마나 중요한지 이해하고 새로 찾은 경청 기술을 활용하기 시작했으니, 이제 우리는 더 깊이 들어가 당신의 내면 서사를 살펴볼 수 있다.

나와 처음 만났을 때 피오나와 소피아는 둘 다 여섯 살이었다. 피오나는 책 읽기, 글쓰기, 침대 정리를 좋아하는 아이였다. 네 살에 글을 깨친 뒤로는 계속 일기를 썼다. 관찰력이 좋았고, 주관도 뚜렷해서 어른이 되면 "의사 선생님 같은 높은 사람"이 되고 싶다고 말했다. 친척 집이나 부모님 친구 집을 방문하면 부모님은 모든 사람에게 포옹이나 키스로 인사하라고 피오나에게 말했고, 좀 더 자란 뒤에는 외모가 매력적인 '눈에 띄는' 아이들과 어울려야 한다고 강조했다. 덧붙여 피오나가 책을 너무 많이 읽는다고 나무랐고, 선물로는 책 대신 옷이나 장난감을 권했다. 피오나는 학교 성적도 좋았지만, 독서에 시간을 너무 쏟는다며 부모님은 못마땅한 시선을 보냈다.

꼬마 예술가인 소피아는 잘 웃고 엉뚱한 아이였다. 장난과 놀이를 좋아하고 다른 아이들과 사이좋게 지냈다. 친구들도 소피아가 독특하고 흥미롭다는 반응을 보였다. 그래서 소피아는 자기가 원하는 것을 거리낌 없이 표현했고, 남의 눈치를 보지 않았다. 피오나와 소피아는 가끔 만나면 떨어질 줄을 몰랐다. 집에 가야 할 때까지 몇 시간이고 킥킥대며 함께 노느라 정신이 없었다. 둘이 함께 노는 모습을 보면 나는 가정에서 이 아이들이 받는 메시지가 장기적으로 자아상과 세계관에 미칠 영향을 생각하지 않을 수 없었다. 가정 환경과 주변에서 받는 메시지가 이들의 내면 서사에 어떤 영향을 미칠지 궁금해진 것이다.

내면 서사는 개인 전용 메시지 서비스와도 같다.[1] 당신이 관찰하고, 듣고, 보고, 생각하는 모든 것에 관한 정보를 제공한다. 더불어 당신이 내리는 결정에 영향을 미치며[2] 여기에는 단기적, 장기적 결정이 모두 포함된다.[3] 이 두 가지 의사 결정은 내면 서사를 토대로 이루어지며 신속한 판단은 특히 내면 서사에 강력한 영향을 받아서 거의 무의식적으로 완료된다. 다시 말해 내면 서사는 당신이 자신을 바라보고 주변 세상과 상호 작용하는 방식을 대부분 결정하는 틀이다.

아마도 "자기 생각을 전부 믿지는 마라"라는 말을 들어 보았으리라. 내면 메시지에 귀 기울여서 그 메시지가 어떤 식으로 당신을 돕고 어떤 지점에서 당신의 행복을 방해하는지 정확히 알아내는 법을 배울 필요가 있다. 더불어 내면 메시지와 서사를 파악하면 자기 삶의 경로를 좌우하는 큰 틀뿐만 아니라 습관을 바꿔 나가면서 인간관계를 개선할 수 있다.

내면 서사는 평생에 걸쳐 형성되며 우리가 주위에서 어떤 일이 일어나는지 인식하는 순간부터 효력을 발휘한다. 무의식적으로 내면 서사를 형성하게 되는 원인은 다양하다. 우리가 처한 상황을 가치중립적이고 편견 없는 방식으로 설명하는 내면 서사도 있다. 때로는 너무 강한 부정적 감정에서 우리를 보호하려고 생겨나기도 한다. 당신이 자신에게 들려주는 이야기는 당신이라는 사람의 현재 모습에 전반적 영향을 미친다. 하지만 마음을 다스리며 자신의 진짜 모습을 이해하면 대개는 자기 자신과 주변 환경을 새로운 시각에서 바라볼 수 있게 된다.

내면 서사 이해하기는 타인과 원만하게 지내려면 꼭 거쳐야 할 과정이다. 중립을 유지하면서 스스로 들려주는 이야기에 귀 기울여 보자. 그러면 자신의 근본 동기를 명확히 이해하고 성장 마인드셋을 활용해서 내면 서사를 더 나은 것, 즉 당신의 목표와 소망에 걸맞은 것으로 바꿀 수 있다.

맬컴 글래드웰의 《아웃라이어》에 따르자면 환경은 우리가 나중에 무엇을 성취하느냐에 막대한 영향을 끼친다.[4] 더불어 《다윗과 골리앗》[5]에서 글래드웰은 장애물과 약점을 나쁜 것으로만 여기는 일반적 시각을 뒤엎는다.[6] 어린 시절 부모에게, 나중에는 또래에게서 받는 메시지는 우리가 주변과의 관계에서 자신을 어떤 식으로 바라보는지에 크나큰 영향을 준다. 소피아는 어려서부터 능력 있다는 말을 계속 들었고, 자기 마음을 솔직히 드러내도 된다고 격려받았다. 피오나는 지적 탐색과 자기표현을 줄이고 예쁜 외모와 타인과의 원만한 관계에 집중하라고 조언받았다. 글래드웰의 이론에 비추어서 두 소녀의 내면 서사, 그리고 그 내면 서사에 영향받아 두 소녀가 성취하게 될 미래를 한번 예측해 보자.

강력한 내적 통제 소재(자기 행동과 감정의 원인을 내부에서 찾는 경향성—옮긴이)와 탄탄한 자신감을 갖춘 소피아는 세계 최고의 영화 감독이 되겠다는 꿈에 매진할지도 모른다. 피오나는 편집자로 성공할지도 모르지만, 자주 자신감을 잃고 외모와 인기에 연연할 가능성이 상당히 크다. 마음 깊이 뿌리 내린 내면 서사는 우리가 자신을 바라보는 방식에 영향을 미치고, 이 자아상은 다시 우리가 주변 세상과 상호 작용하는 방식에 영향을 미치면서 순환 구조가 생겨난다.

피오나와 소피아의 사례에서 알 수 있듯 내면 서사는 아주 어린 시절부터 부모, 형제자매, 친구, 선생님에게 영향받아 형성되기 시작한다. 그런 식으로 현재 우리가 타인과 상호 작용하는 방식이 내면 서사를 강화하고, 결국은 우리 삶 자체가 내면 서사나 마찬가지가 된다. 이런 피드백 순환 구조가 실망스럽게 느껴질지 모르지만, 다행히도 우리에게는 인생의 어느 시점에서든 자기 내면 서사를 바꿀 엄청난 능력이 있다.[7] 심지어 지금 당장도 가능하다.

서로의 이야기가 충돌할 때

내 남편 미치는 네 형제 중 막내다. 그래서 어린 시절 귀여움을 독차지했지만, 형들에게 명령받는 기분을 느낄 때도 많았다. 이렇게 휘둘리는 느낌이 마음에 들지 않았던 미치는 시간이 지나면서 조금이라도 명령조로 느껴지는 말을 들으면 반사적으로 차단하게 되었다.

여기서 내가 등장한다. 결혼한 뒤 나는 미치에게 어린 시절 내가 남동생과 했던 놀이 이야기를 들려주었다. 다른 집 남매와 함께했던 이 놀이 이름은 '여왕과 하인'이었다. 다른 집 누나와 내가 여왕 노릇을 했고, 두 남동생은 하인 역할이었다. 간단히 말하자면 그 이후 미치는 내가 명령조로 말한다는 느낌을 받으면 곧장 자신은 하인이 아니고 나는 여왕이 아니라고 지적했다. 내 어린 시절 이야기가 휘둘리고 싶지 않다는 미치의 내면 서사를 정면으로 거스른 것이다.[8] 더욱 골치 아픈 것은 내게는 일이 처리되기를 바라면 기다리거나 잔소리하느니 직접 주도권을 잡고 해결하는 편이 낫다는 내면 서사가 있다는 점이었다. 이렇게 내면 서사가 충돌하면…… 쾅! 폭발이 일어난다.

보통 사람들은 삶에 대해 생각할 때 자기가 사는 곳, 하는 일, 아는 지식, 가진 물건 등 외적 요소에 초점을 맞춘다. 이런 요소도 긍정적 또는 부정적 자아 존중감과 느슨하게 연결될 수는 있지만, 가장 근본적인 수준에서 내가 나를 바라보는 방식을 진짜로 정의하는 것은 외적 요소가 아니다. 우리가 갈등을 인식하는 방식을 결정하는 것은 바로 내면 서사다.

미치는 꼬맹이였고, 형들은 십 대였으므로 형들은 매우 합리적인 이유에서 미치에게 이것저것 지시했는지도 모른다. 하지만 이 경험은 어른이 된 미치의 성격에 큰 영향을 끼쳤다. 나는 이러한 사정을 알고 있었기에 원래부터 단호한 내 성격을 바꾸지는 못하더라도 늘 최선을 다해 의사 결정 과정에 미치를 포함하는 방법을 금세 터득했다. 사실 우리는 매일 자신에게 어떤 메시지를 전하고 있는지 신경 쓰지 않고 일상생활을 하고, 상호 작용을 거치고, 삶을 헤쳐 나간다. 하지만 우리 이야기는 우리가 타인에게 반응하고 대응하는 방식을 좌우한다.

세상 속에서 내가 누구인지를 설명하는 내면 서사는 나의 모든 행동, 즉 어떤 물건을 사고, 누구에게 투표하고, 시간과 비용을 어떻게 쓰는지에 일일이 영향을 미친다. 오늘날의 정치적 상황에서 우리는 비난받는다고 느낄 때가 많다. 더불어 자기 의견을 피력하고 있을 뿐인 우리 또한 인정하기 싫을지라도 남들에게는 누군가를 비난하는 것으로 보이기도 한다. 그렇기에 관점이 다른 사람들과의 관계를 개선하고 싶다면 먼저 내가 남의 눈에 어떻게 비치는지 이해할 필요가 있다. 이런 이해를 위해서는 나의 내면 서사가 의식적, 무의식적으로 주변 세상에 어떻게 드러나는지 분석하는 과정이 필수적이다.

나에게 들려주는 이야기에 신중히 귀 기울이면 갈등을 넘어설 수 있는 엄청난 힘이 생긴다. 물론 인간의 행동 방식 중에는 유전자에 새겨져 있어서 우리가 어찌할 수 있는 범위를 넘어서는 부분도 있다.[9] 유전과 학습 중 무엇이 더 중요한가 하는 논쟁은 복잡할 뿐더러 오늘날까지도 완전히 결론 나지 않았다. 하지만 과학자들이 인간 유전자의 작용을 더 깊이 이해하려 애쓰는 만큼 언젠가는 실제로 어떤 특성이 생물학적으로 정해지는 건지 명확히 밝혀지리라 본다.

어쨌거나 설명의 편의를 위해 일반적으로 행동이란 대부분 학습을 통해 습득되는 것이며 그렇기에 앞서 다뤘던 전략들을 신중하고 의도적으로 적용해서 바꿀 수 있다고 가정하자. 일반적으로,

아니면 최소한 갈등을 넘어서고 타인과 원만하게 지내고 싶을 때 유용한 것이 이런 섬세한 조율 능력이다. 타인과의 원만한 관계 유지는 항상 중요하다. 상황이 만족스러워지고 인생이 부드럽게 흘러가는 길이기 때문이다.

내면 서사가 작용하는 방식

내 친구 매디의 이야기를 잠깐 해 보자. 매디와 엘라는 명망 있는 건축 사무소의 같은 팀에서 일했다. 외부 지표로는 어느 모로 보나 두 사람 다 회사에서 똑같이 성공한 직원이었다. 하지만 매디는 엘라와의 업무 관계가 껄끄럽다고 여겼고, 엘라가 "감정을 건드리는" 것이 원인이라고 생각했다.

나와 대화를 나누며 매디가 가장 먼저 꺼낸 말은 엘라가 비싼 루부탱 구두를 신고 "사무실을 제 안방처럼" 휘젓고 다닌다는 이야기였다. 매디는 자신이 더 나은 실적과 결과물을 내는데도 엘라가 디자이너 패션과 햄프턴(뉴욕 근교의 유명 휴양지—옮긴이) 해변의 별장을 내세워 경영진의 관심을 독차지하는 것 같아서 견딜 수가 없다고 했다. 매디는 자기도 모르게 엘라에 비해 "뒤떨어지는" 기분이 들고, 엘라의 "허세"를 비난하고 싶은 충동을 느꼈다. 심지어 엘라가 실제로는 자신을 살갑고 밝게 대한다는 점을 인정하면서도 매디는 한 번도 사적인 약속에 엘라를 초대하지 않았다.

객관적으로 매디는 두 사람이 직위도 연봉도 같다는 사실을 알고 있었다. 그런데도 엘라 옆에만 서면 화가 나고 자신이 없어졌다. 하지만 둘의 역동에서 일어나는 일은 사실 엘라와는 별 관계가 없다는 점이 내 눈에는 보였다. 이 역동에 자신이 어떤 식으로 기여하는지에 귀 기울이고 관심을 쏟기 시작하면서 매디는 자신감이 떨어질 때마다 자신이 적대적이고 방어적으로 변한다는 사실을 깨달았다.

나는 매디가 경제적 성공을 거두며 나아가는 중인데도 매디 스스로 자신을 경제적으로 넉넉지 못하고 패션에 보수적인 사람으로 여긴다는 점을 알고 있었다. 그래서 매디에게 낮은 자아 존중감과 엘라와의 불편한 상호 작용은 본인의 내면 서사에서 비롯되었음을 이야기해 주었다.

나는 실은 엘라가 그렇게 사교적인 합리적 이유가 남의 비위를 맞추려는 게 아니라 사회적 상호 작용을 즐기기 때문일 수도 있으며, 이는 매디 본인과 매디의 성취를 깎아내리려는 의도가 전혀 없음을 지적했다. 다른 타당한 설명으로는 엘라 또한 내면의 깊은 불안을 보상하려고 나름대로 노력하고 있을 가능성도 있었다.

매디는 자기 비하적 내면 서사를 알아차리고, 자신에게 엘라와의 관계 역동을 완전히 재구성할 능력이 있음을 알게 되었다. 또한 자기가 엘라의 내면 서사에 관해서 전혀 모른다는 것도 깨달았다.

이런 합리적 가능성을 수용해서 엘라에 대한 인식을 수정한 매디는 엘라와 긴밀하게 협업해야 한다는 조건을 자발적으로 받아들이며 흥미로운 프로젝트 하나를 새로 맡기로 했다.

매디가 엘라와의 관계에서 그랬듯 자신의 내면 서사를 인정하고 더 바람직한 방향으로 수정함으로써 우리는 일상적 경험을 극적으로 바꿀 수 있다. 긍정적 내면 서사를 구성하면 타인의 말과 행동에 대한 합리적 가능성을 중립적으로 고려하기가 훨씬 쉬워지며, 그러면 '가능한 최선의 결과'를 현실로 이룰 확률을 높이는 데도 큰 도움이 된다.

삶을 위협하는 트리거 알아채기

서로 내면 서사가 상극이어서 상대방에게 트리거를 자극당하는 일도 적지 않다. 휘둘리기 싫어하는 내 남편 미치의 내면 서사와 주도권을 잡아야 직성이 풀리는 내 내면 서사가 쾅 충돌한 것이 좋은 예다.

이런 상황은 매우 흔히 벌어진다. 어렸을 때 나는 새로 친구를 사귀었는데, 그 애가 나를 자기 친구들에게 소개하지 않으려고 했던 일이 있었다. 그 애는 부유한 동네에 살았고, 나는 어쩌면 우리 집이 그만큼 잘살지 못해서 나를 소개하기 싫은 건지도 모른다고 느꼈다. 당시에도 그 생각이 어처구니없음을 알기는 했지만, 어쨌거나 그게 내가 자신에게 들려줬던 이야기였다. 나중에 알고 보니 그 애는 원래 친했던 친구들이 자기들끼리만 붙어 다니는 바람에 따돌림을 당하고 혼자 남았던 경험이 몇 번이나 있었다고 했다. 나를 다른 친구들에게 소개하고 싶지 않았던 건 사실이었지만, 내가 생각했던 이유 때문은 아니었다. 나에게 친구들을 빼앗길까 봐 겁이 났을 뿐이었다. 그 친구는 자신의 이유 있는 두려움에 근거해서 결정을 내렸지만, 나는 나의 부정적 내면 서사 탓에 다른 고의성이 있다고 착각한 것이다.

자기 내면 서사를 이해하려 할 때는 주변 세상과의 관계에서 당신이 자신을 어떻게 바라보는지 스스로 질문하는 방법이 유용하다. 다음은 내면 서사를 스스로 탐색할 때 생각해 볼 만한 항목들이 담긴 체크리스트다. 항목을 읽어 보고 해당하는 점수에 체크(∨)해 보자.

내면 서사 탐색 체크리스트

(0: 전혀 아니다 1: 아니다 2: 보통이다 3: 그렇다 4: 매우 그렇다)

	항목	0	1	2	3	4
1	나는 합리적이다					
2	나는 호감형이다					
3	나는 좋은 친구다					
4	나는 남의 말에 귀를 기울인다					
5	나는 주변을 세심히 신경 쓴다					
6	나는 일을 맡으면 꼭 끝낸다					
7	나는 아이디어, 사람, 하기로 한 일을 잘 챙긴다					
8	나는 하겠다고 마음먹으면 뭐든지 할 수 있다					
9	나는 활기가 넘친다					
10	나는 정신력이 강하다					
11	나는 몸 쓰는 일을 좋아한다					
12	나는 열정 또는 강한 흥미가 있다					
13	나는 창의적이다					
14	나는 분석적이다					
15	나는 세련되었다					
16	나는 재미있다					
17	나는 믿음직하다					
18	나는 영향력 있다					
19	나는 추진력 있다					
20	나는 건강하다					
21	나는 시간을 잘 지킨다					

특히 스스로 부족하다고 생각하는 부분(0에 가까울수록)이나 긍정적으로 인지하고 있는 부분(4에 가까울수록)을 숫자를 통해 직관적으로 알 수 있다. 다만, 이 목록은 당신이 세상 속의 자기 모습을 어떻게 바라보는지 생각해 볼 수 있게 이끌어 주는 출발점일 뿐이다. 더불어 당신과 상호 작용하는(또는 갈등을 겪는) 상대방이 보는 당신의 모습은 어떻게 다른지, 상대방은 자신을 어떻게 인식하는지도 생각할 필요가 있다. 목표는 단순히 표면적으로 벌어지는 다툼 아래에서 무슨 일이 벌어지고 있는지 상황을 파악해 보자는 것이다.

내면 서사를 분석하려 할 때 먼저 삶의 다양한 영역을 하나씩 들여다보면서 각각을 설명하기 위해 당신이 자신에게 어떤 이야기를 들려주는지 생각해 보면 도움이 된다. 이 방법은 자기 탐색뿐 아니라 특정 인간관계가 특히 힘겹게 느껴지는 이유를 알아내는 데도 효과적이다.

다음 감정 만족도 체크리스트의 스무 개 항목을 보고 각 항목에서 당신이 느끼는 감정을 떠올려 보자. 이 목록은 얼마든지 길어질 수 있지만 여기서는 일단 자기 삶을 어떻게 느끼는지 살펴보는 데 유용한 기본 항목을 추려 두었다. 당신이 각 항목의 관계, 경험, 환경에서 얼마나 행복한지 1에서 10까지 중 해당하는 점수에 체크한다. 7점 이하인 영역은 갈등의 잠재적 트리거일 수도 있으므로 주의를 기울여야 한다.

감정 만족도 체크리스트

항목		1	2	3	4	5	6	7	8	9	10
1	나 자신										
2	배우자 또는 전 배우자										
3	자식 또는 의붓자식										
4	어린 시절										
5	일가친척										
6	동료										
7	친구(또는 친구를 사귀고 유지하는 능력)										
8	경력/직업(그로 인한 영향)										
9	성생활과 신체 접촉										
10	환경(가정 안팎)										
11	돈/경제적 안정성										
12	정신 건강과 안녕										
13	신체 건강 (외형, 식생활, 운동 습관, 수면의 질 등)										
14	영적 평온함/정서적 안정감										
15	시간 관리										
16	물리적 공간/주택 상황/동네										
17	과거나 미래에 관심을 쏟는 정도										
18	융통성 수준(가정과 직장에서)										
19	바꾸고 싶은 자신의 성격 특성 (완화, 강화, 기타 개선점)										
20	공부/사업										

당신이 감정 점수를 7점 이하로 매긴 영역에서는 그런 감정의 근본 원인이 무엇일지 자문해 보자. 우리는 현재가 아니라 과거에서 생겨난 감정에 얽매일 때도 많다. 예를 들어 지금은 형편이 넉넉한데도 성장기에 겪은 경제적 어려움 탓에 여전히 자신이 가난하다고 여기고 이제는 필요치 않은 걱정을 안고 살아가는 사람도 있다. 이런 경우에는 먼저 자기 서사를 알아차린 다음 감정을 내려놓아야 한다. 왜 특정한 감정을 느끼는지 전혀 몰라도 자기 관점을 재조정할 수만 있다면 그것도 괜찮다.

마지막으로 각 항목의 현재 서사나 상황 중에서 마음에 들지 않는 점을 정확히 골라낸 다음 마음에 들게끔 고쳐 써 본다면 어떨지 생각해 보자. 그 영역이 10점이었다면 어떤 모습일까? 당신 삶의 이 영역이 바라는 대로 바뀐다면 어떤 느낌이 들지 상상해 보는 것이다. 삶에서 가장 긴급한 조치가 필요한 영역이 어디인지 찾아낸 다음, 바라는 방향으로 나아가기 위해 당신이 실천할 수 있는 작은 변화로는 무엇이 있을지도 생각해 보자.

완벽한 상태를 상상한다고 해서 정신적 외상이나 고통, 빈곤이 사라지지는 않는다는 점에 주의하자. 삶의 긍정적인 면(당신이 비교적 높은 점수를 준 영역)을 확인하는 것은 도움이 되지만, 당면한 문제를 해결하려면 상담사의 전문적 도움이 필요할 때도 있음을 기억하자. 자신이 만족하는 영역을 찾는 것은 개선의 여지가 있는 영역을 찾는 것만큼, 아니 그보다 더 중요하다. 덧붙여 최적의 상태가 아닌 영역에서는 스스로 작은 변화를 일으킬 수 있는 부분이 어디인지 살펴보자. 습관을 들이면 오랜 시간 꾸준히 쌓인 작은 변화가 우리 생각과 의사 결정, 그리고 궁극적으로 행동에 커다란 변화를 부른다. 사고방식을 바꾸면 삶의 경험도 달라지기 마련이다.

왜 이런 자기 성찰이 필요할까? 일반적으로 사람은 내 삶의 환경에서 편안함을 느낄수록 타인과 원만하게 지내기 쉬워진다. 자기 인식이 편안하고 안정될수록 우리는 상호 작용의 결과에 그리 연연하지 않게 된다. 흥미롭게도 자기 관점이나 시각이 탄탄한 사람일수록 타인의 관점을 들을 때 융통성을 발휘한다고 한다.[10] 사물을 보는 시각이 안정되면 타인의 말을 위협으로 여기지 않고 귀담아들을 수 있게 된다.

긍정 선언

현재 자신의 내면 서사가 무슨 이야기를 하는지 알아내기 어려워서 벽에 부딪힌 느낌이라면 긍정 선언affirmation을 활용해 자기 인식을 중립으로 되돌려 사고의 주도권을 잡는 방법이 효과적이다. 이 방법은 스트레스가 심할 때는 물론 평상시에도 유용하다. 자기 생각을 조절하는 능력을 갖추면 우리는 삶과 인간관계에서 긍정적 방향으로 힘차게 나아갈 수 있다. 긍정 선언은 기분이 나아지게 하고 앞으로 나아갈 힘을 주는 훌륭한 도구다.

선언문을 정할 때는 다음과 같은 조건을 고려해야 한다.

- 긍정성
- 구체성
- 현재 시제로 서술

내면 서사 선언문은 아주 간단해도 상관없다. 가능하다면 온종일 자신에게 반복해서 들려줄 만한 문장이 이상적이다. 활용할 만한 짧은 선언의 예를 몇 가지 살펴보자.

- 나는 자신감 있다.
- 나는 가치 있다.
- 나는 강하다.
- 나는 열심히 일한다.
- 나는 재능 있다.
- 나는 소중하다.

이런 선언문을 반복하다 보면 당신이 내면에서, 그리고 주변 세상과의 상호 작용 속에서 자신을 바라보는 방식을 초기화하고 재구성할 수 있게 된다.

다만, 여기 나오는 수련법이 전문가와의 상담이나 약물 치료를 대체할 수는 없다. 당신이 정신 건강 문제로 인간관계가 더 힘든 것 같다면 전문가와 상담하는 것이 확실한 방법이다.

내 생각이 곧 나 자신이다

문제 있는 역동을 해소하기 위해서 내면 서사를 해체해서 처음부터 다시 구성하는 방법도 있다. 언제든 자신에게 더 나은 이야기, 더 다정하고 짜임새 있는 이야기를 들려줄 수 있음을 기억하자. 살다 보면 도저히 벗어날 수 없는 속상한 상황에 부닥치게 되는 일이 수없이 많을 것이다. 그럴 때 자기 내면의 생각을 파악하는 데 매우 효과적인 방법이 있다. 내가 왜 날카롭게 반응하는지 감을 잡지 못하겠다고 느낄 때 특히 유용하다.

먼저 그 상황이 정확히 어떤 것이며 그때 내 기분은 어떤지 생각해 본 다음, 감정을 묘사하는 단어를 적어도 열 개 이상 찾는다. 그리고 나에게 어떤 이야기를 들려주는지 들어보고 마지막으로 다른 타당한 설명이 있는지 생각해 본다. 상황을 다른 각도에서 바라볼 수 있는지 확인하는 것이다.

가령 당신이 가정 경제를 관리해야 한다고 생각하는 이유를 남편에게 설명하려 하는데, 남편이 당신 말을 오해하고 말을 끊는다 치자. 이때 당신이 느끼는 감정을 전부 적어 본다. 당신은 속상하고, 화가 나고, 답답하고, 불편하고, 막막하고, 불만스럽고, 짜증스럽고, 불안하고, 무시당한 기분이다.

그런 다음 자신의 '표층' 내면 서사를 쓴다. '표층' 내면 서사와 '심층' 내면 서사에는 차이가 있다. 표층 서사는 타인의 눈에도 보이며, 우리가 의식하고 있는 사고다. 한편, 우리 태도(사물을 보는 방식, 습관적 사고)를 좌우하는 것은 심층 내면 서사(세계관, 지금껏 반복해서 자신에게 들려준 이야기)다. 이 예시에서 당신의 표층 내면 서사는 남편의 주의를 끌기가 불가능하다는 것이라고 하자. 이것이 당신의 어린 시절 경험과 쾅 부딪치는 탓에 갈등이 벌어지는지도 모른다. 이를테면 당신은 엄마의 관심을 끌기 어렵다고 느끼며 자랐을 수도 있다. 그랬다면 당신이 사랑하는 사람들은 다른 데 신경을 쓰기 일쑤여서 감정적 접촉이 어렵다는 심층 내면 서사가 형성되었을 가능성이 크다.

이 갈등에서 다른 타당한 설명을 떠올리는 방법을 쓰려면 잠시 내면 서사를 옆으로 밀어 놓고 다른 합리적 관점을 검토해야 한다. 어쩌면 남편이 당신을 무시한 것은 그저 타이밍이 좋지 않았을 뿐일지도 모른다. 업무 마감이 코앞이라 시간 관리를 하느라 고생 중이어서 집중력을 흐트러뜨리고 싶지 않았을 수도 있다. 시비조로 들렸던 남편의 말은 사실 질문을 정확히 확인하려던 것이며 말투가 당신에게 적대적으로 느껴졌을 수도 있다. 자기 내면 서사를 걷어내고 관찰하면 남편이 당신과는 다른 속도로 움직이고, 다른 의사소통 방식을 사용한다는 사실이 보이기 시작한다.

때로는 당신이 남편의 상황 대처 방식을 받아들이기 어려울 수도 있지만, 그렇다고 남편이 당신을 적대하려고 일부러 대답을 늦게 하거나 꼬치꼬치 질문하는 것은 아닐 가능성이 크다. 심호흡을 하고, 참을성 있게 지금 이 순간을 긍정적으로 바라봄으로써 최선의 결과를 얻을 수 있음을 되새기자. 그런 다음 남편의 질문에 차분하게 대답하거나, 이 대화를 나누기에 좋은 시간은 언제일지 남편에게 물어보자. 이렇게 하면 남편과의 갈등을 피할 수 있을 뿐아니라 상호 이해와 적절한 대화에 기반한 관계를 가꿀 수 있다.

박스 호흡

불편한 감정, 또는 대화를 재평가해야 할 때 새로운 방식으로 생각할 여유를 마련하는 것만으로도 상황이 완전히 달라질 수 있다. 호흡은 마음을 가다듬어서 리셋 버튼을 누르고 내면 서사를 바꾸는 데 매우 효과적인 방법이다.

들이쉬기, 잠시 멈추기, 내쉬기의 세 단계로 이루어진 복식 심호흡에서 들숨 뒤뿐 아니라 날숨 뒤에도 멈추기를 추가해 한 걸음 더 나아간 호흡법이 바로 '박스 호흡'이다. 복식 심호흡과 비슷하지만, 다음 주기를 시작하기 전에 두 번째 휴지休止가 추가된다는 점이 다르다. 앉은 자세에서(가능하다면 조명을 어둡게 한 채로) 눈을 감는다. 가만히 앉아 규칙적으로 숨을 쉬며 들숨과 날숨에 따라 배와 가슴이 오르내릴 정도로 깊이 호흡하는 감각에 집중한다.

1 천천히 넷 또는 다섯까지 세면서 코로 넉넉하고 깊게 숨을 들이마신다. 폐에 공기가 채워지는 것을 느껴 보자.

2 다 들이쉰 다음 숨을 멈추고 다섯까지(조금 힘들다면 더 짧게) 센다.

3 가볍게 다문 입술 사이로 조금씩 숨을 뱉으면서 천천히 넷 또는 다섯까지 센다.

4 들숨 뒤와 마찬가지로 날숨 뒤에도 숨을 멈춘다(박스 호흡법에서만 추가되는 휴지 단계).

5 전 과정을 다섯 번 반복한다.

6 천천히 눈을 뜬다.

호흡을 마치면 마음이 좀 더 맑아지고 내면 서사를 떠올리기에 적합한 이상적인 상태가 되었다고 느껴질 것이다. 하지만 우리는 여기서 멈추지 않고 내면 서사를 재조정하기 위해 한 발짝 더 나가서 긍정 선언문을 추가하려 한다. 숨을 들이쉴 때마다 마음속으로 자신의 긍정 선언문("나는 지극히 평온하다")을 반복하고, 내쉴 때마다 그 선언에 반대되는 것(이를테면 '불안')을 떨쳐 낸다. 평온함을 들이쉬고, 불안함을 내쉰다.

긍정 선언과 박스 호흡 같은 연습들이 당신의 내면 서사를 하루 아침에 바꿔 주지는 않겠지만, 며칠, 몇 주, 몇 달, 몇 년을 반복하다 보면 당신의 새로운 이야기가 이제는 도움이 되지 않는 예전 이야기에 덮어 씌워질 날이 온다.

사람들은 자신을 힘겨운 감정에서 지키기 위해 이야기를 만들어 낸다는 점을 기억하자.[11] 예를 들어 당신이 부모에게 버림받은 사람이라면 부모가 나쁜 사람이어서 그렇다고 여길 수 있다. 거기서 더 나아가면 그런 부모의 자식인 자신 또한 그렇게 될 운명이라고 비관하기도 한다. 아니면 오히려 모든 사람의 비위를 맞추려고 애써야 한다고 생각할지도 모른다. 시간이 흐르고 그렇게 성장한 당신은 호흡법에 긍정 선언을 더한 연습을 통해 이런 해로운 서사에서 벗어나서 그 자리에 건설적 서사를 새로 채울 수 있다. 예컨대 자신을 실망시킨 부모를 불완전한 인간으로 여기거나, 잘못을 저지른 친구를 향한 분노를 놓아 보내고 연민 어린 시선으로 바라보는 것이다. 이렇게 하면 과잉 각성 상태에서 벗어나 수용으로 나아갈 수 있다.

자신에게 들려주던 이야기를 스스로 깨닫고 나면 그 서사를 더 나은 것으로 바꿀 능력이 생긴다. 그렇게 되면 당신은 이제 내면 서사를 하나씩 바꿔 나갈 수 있다. 덧붙여 내면 서사는 나와 너, 우리와 함께 살아가는 모든 주변 사람에게 영향을 준다는 점을 기억하자. 그렇기에 우리는 자신에게 들려주는 이야기에 한층 더 깊은 관심을 기울일 필요가 있다.

힐러리와 시몬이 내면 서사를 들여다봤더라면

어려운 형편에서 자란 시몬은 높은 수준의 경제적 성공을 매우 중요시했다. 시몬이 자신의 성취욕을 인식하고 힐러리에게는 그런 욕구가 없음을 이해했다면 두 사람이 온건하게 헤어질 수 있게 속도를 늦출 수도 있었을 것이다. 마찬가지로 힐러리가 자신은 지금 상태에 만족하더라도 성장 배경이 다른 시몬은 그렇지 않다는 사실을 알아차렸다면 둘은 친구로 남았을 수도 있다. 적어도 자신의 감정적 근본 동기와 두려움을 눈치채기만 했더라도 두 사람은 평정심을 되찾고 합의에 이를 여유를 얻을 수 있었을 것이다. 두 사람이 감정을 터놓고 대화하지는 못했더라도 최소한 자기 성찰을 거쳤다면 평생에 걸친 이들의 우정은 망가지지 않았을지도 모른다.

요점 정리

◆ 내면 서사는 당신이 세상을 바라보고 타인과 관계 맺는 방식을 좌우하므로 이 내면 서사를 통제하고 최선의 결과를 얻기 위해 활용할 필요가 있다.

◆ 긍정 선언과 박스 호흡법을 조합하는 방법을 써서 일상과 갈등 상황 양쪽에서 통제권을 되찾아 자기 내면 서사에 중립적으로 접근해 보자.

◆ 내면 서사를 이해하고 바꾸려면 창의력이 필요하다. 내면 서사 탐색 체크리스트의 각 항목에 답하면서 스스로 내면을 탐색해 보자. 자신을 명확히 파악하는 감정 만족도 체크리스트는 자기 삶에서 가장 중요한 측면과 관련해서 내가 나 자신에게 들려주는 다양한 이야기를 심도 있게 들여다보는 데 도움이 된다.

◆ 내면 서사에 귀 기울이고 서사를 통제하는 법을 배움으로써 우리는 사고방식을 바꾸고 타인과 더 원만하게 지낼 수 있다.

3부

일시 정지가
필요한 시간

6장

거리를 두거나
경계선을 긋거나

잠시 치워 두면 된다

　우리 할아버지는 내게 말씀하셨다. "사람 함부로 끊어 내는 거 아니야. 그냥 잠깐 치워 두면 돼." 일시적으로 잘 돌아가지 않는 관계를 잠시 보류하는 것은 불화가 있을 때도 인연을 온전히 유지하는 훌륭한 대처법이다. 관계와 대화를 나중으로 보류하면 상황을 진정시키고 굳이 하지 않아도 될 불필요한 언쟁을 없애는 두 가지 효과가 있다. 가끔은 적을수록 좋다는 말, 치워 두는 편이 나은 관계도 있다는 말이 진리다.

　설령 대학 시절 룸메이트였던 친한 친구가 지나치게 편향된 정치적 견해에 관한 이미지를 SNS에 올린다고 해도 그 친구와 절교까지 할 필요는 없다. 그냥 친구의 게시물을 보지 않거나 만나서 대화할 기회를 줄여 잠시 거리를 두면 된다.

상황이 진정될 때까지 관계를 보류하는 방법이 최선책일 때도 있지만, 일시 정지가 가능하지 않을 때도 있다. 이럴 때는 사람들과 더 긍정적인 관계를 맺기 위한 대안으로 그 관계의 특정 영역에 확실한 경계선을 긋는 방법을 추천한다. 보류는 다양한 기간에 적용될 수 있으며, 감정이 해소되거나 상황이 좋아질 때까지 역동을 유예 상태로 두는 역할을 한다.

회의 도중 동료에게 무시당하는 기분이 들 때 그 순간 반사적으로 반응하지 말고 하루 이틀 푹 자고 난 다음까지 문제를 치워 두자. 짧은 유예를 두면 훨씬 냉정한 판단을 내리게 될 가능성이 크다. 남편이 친구들 앞에서 당신에게 시비를 걸면 거기서 바로 흥분하지 말고 집에 돌아온 뒤까지 보류하자. 더 긍정적인 결과를 얻을 확률이 높아진다.

때로는 수년간 보류해야 하는 관계도 있다. 나는 하루가 멀다고 대화를 나누는 친구가 있었다. 그러다 이십 대 후반에 접어들 무렵 뭔가가 달라졌다. 편안하고 서로 도움이 되던 관계가 피곤하게 느껴지기 시작한 것이다. 그 친구와 대화를 나누고 나면 은근히 오해받은 기분이 들 때가 종종 있었다. 나중에 알고 보니 나와 얘기한 뒤에 그 친구도 느낌이 좋지 않았던 모양이었다. 나는 어느 날 갑

자기 전화를 받을 때까지 친구도 자기 나름의 이유로 나와 비슷한 기분을 느꼈다는 것을 전혀 몰랐다. 친구는 나와 여전히 "친구로 지내고 싶지만" 시간이 좀 필요할 것 같다고 했다. 나는 상처받았지만, 한편으로는 마음이 놓였다. 우리 관계가 엇나가게 된 이유는 한 가지로 콕 집어 말하기 어려웠다. 우리는 가끔 안부만 물으며 지냈고, 십 년이 지나자 좀 더 정기적으로 이야기를 나누기 시작했다. 그렇게 거리를 둔 덕분에 우리는 십 년이 넘도록 관계를 유지할 수 있었다. 그리고 이제는 일상을 함께하지 않아도 가장 중요한 순간에 옆을 지켜 주는 든든한 관계가 되었고, 그 친구는 내게 세상에서 가장 소중한 사람 가운데 한 명으로 남았다.

관계를 보류할 수는 없어도 제한이 필요한 상호 작용에서 만남의 빈도, 특정 상황이나 대화 주제에 경계선을 정할 수 있는 사례도 있다. 우리 삶의 모든 측면에는 경계가 필요하며, 필요할 때 경계선을 긋는 것은 잘못된 행동이 아니다. 예를 들어 젊을 때는 회사 동료들과 일주일에 몇 번씩 어울려서 술을 마시는 일도 흔하다. 하지만 어느 시점이 되면 결혼, 육아, 운동 등 다양한 이유로 욕구와 욕망이 달라질 수도 있다. 회사 동료와 어울리는 것은 여전히 진심으로 즐겁지만, 그럴 때마다 감정적으로 지치는 느낌이 든다면 이제는 달라져야 할 때다. 만나는 횟수나 요일, 귀가 시간에 경계선을 그어 보자. 사내 정치에 관한 개인적인 의견이나 사적 인간관계 등 직장과 관련 없는 친구들과 나누거나 혼자 간직하는 편이 나은 유형의 주제는 회사 동료들과 공유하지 않는 식으로 대화 내용에 제한을 둘 수도 있다. 간단히 말해 관계 역동의 일부분만을 '치워 두는' 것은 진심을 감추거나 가식적으로 행동하지 않고도 관계를 유지하는 데 매우 유용한 방법이다.

아이들이 동갑이어서 당신과 가까워진 사람들, 즉 '또래 엄마'들은 여전히 좋은 사람들이지만, 아이들이 훌쩍 커버려서 이제 공통의 화제가 별로 없을 때처럼 어떤 관계는 예전만큼 즐겁지 않을 수도 있다. 경계선을 명확히 그어서 당신과 그들이 더는 친구가 아니라고 (자기 자신 또는 남들에게) 선언하는 대신, 여전히 유지되는 엄마들 모임을 세 번에 두 번 정도 적당한 핑계를 대고 빠져서 살짝 거리를 두는 방법도 있다. 운이 좋다면 인생은 길 테고, 인생에서 오래가는 인간관계만큼 풍부하고 보람된 것은 거의 없다. 다들 작고 귀여운 아이들 덕분에 더없이 행복한 동시에 기진맥진했던 그때만큼 할 말이 많지는 않겠지만, 그래도 유지할 가치가 있는 인연도 있다.

무언이 최고의 대답일 때도 있다

한때 내 사촌 하나가 SNS에 올리는 농담이 매일 내 피드에 떴던 적이 있었다. 대부분 정치 관련 밈이었던 그 농담들을 사촌은 그냥

'실없는 소리'라고 넘겼지만, 내게는 불편하고 무례하게 느껴졌다. 나는 사촌을 무척 좋아했고 우리 관계를 깨고 싶은 마음은 없었지만……, 그렇다고 아침마다 내가 혐오 발언이라고 여기는 농담을 보며 일어나고 싶지도 않았다.

내가 이 상황을 어떻게 다루었을지 짐작이 가는지? 사촌을 친구 해제했을까? 차단했을까? 전화를 걸어서 불평을 쏟아냈을까?

나는 우리 관계를 끊는 것이 올바른 선택지가 아님을 알고 있었다. 내가 어릴 때는 사촌이 자기 친구들과 함께 나를 영화관에 데려가 주었고, 내가 대학에 들어가자 축하 선물을 보내 주었다. 우리는 같은 조부모의 손녀였고, 크리스마스와 수백 번의 가족 모임을 함께한 사이였다. 사촌이 올린 밈이 내게는 근시안적이고 심지어 혐오적으로 보였지만, 나는 상황을 전체적으로 살펴보고 나서 사촌에게는 내 사고방식이 독선적이고 오만하고 비뚤어진 것으로 보일 수도 있겠다는 점을 인정하기로 했다. 이리저리 고민한 끝에 나는 '숨기기' 버튼을 누르기로 했다. 내가 보기에는 가장 옳은 결정이었다.

하지만 나는 굳이 사촌에게 전화를 걸어 내가 숨기기 버튼을 눌렀다고 알려 주는 어이없는 실수를 저지르고 말았다. 간단히 말해 우리 대화는 순탄히 흘러가지 않았다. 나는 대체 무슨 생각이었을까? 어떻게 반응하는 것이 옳을지 한참 고민해 놓고 쓸데없이 사촌에게 전화를 걸어서 잠시 거리를 두기로 했다고 명랑하게 알려 주

다니. 우리는 서로 멀리 떨어져 살았기에 직접 만나서 얘기할 일은 몇 달에 한 번 정도일 때가 많았다. 다시 생각해도 잠시 쉬어가는 것은 좋은 선택이었지만, 그걸 사촌에게 알릴 필요는 없었다.

다행히도 다음에 직접 만났을 때 우리는 벌어진 관계를 수습하는 대화를 나눴고, 여전히 서로 사랑하며 좋은 관계를 유지하고 싶다는 점을 분명히 했다. 내가 조용히 사촌의 글을 '음 소거'했더라면 사촌은 까맣게 몰랐을 테고, 나는 불쾌한 밈을 보지 않아도 되고, 우리는 무익하고 속만 상하는 대화를 나눌 필요가 없었으리라.

나중에 생각하니 내가 사촌과의 가깝고 풍성하고 다면적인 관계를 우선시했다면 사촌이 SNS에 올린 농담에 대한 불편함을 다른 관점에서 볼 수도 있었겠다는 생각이 들었다. 우리의 의견 차이보다 사촌에 대한 애정을 중요시하는 것이 처음부터 더 나은 선택이었는지도 모른다. 세월이 흐르면서 우리의 정치적 견해차는 사그라들었을 수도 있다. 무의미하게 반복되는 언쟁은 부채질할 것이 아니라 피하는 편이 훨씬 이득이다.

보류는 관계 당사자들을 만족시키면서 장기적으로 유대감을 유지하는 섬세한 기술이다. 관계를 보류할 때는 깔끔하고 상냥한 태도를 유지해야 최선의 결과를 거둘 수 있다. 인간관계나 약속 등을 보류하면서도 상대와 연락을 완전히 끊고 싶지는 않을 때 사용해 볼 만한 예시 문장 몇 가지를 소개한다.

- 나는 너하고 우리 관계를 진심으로 아끼지만, 요즘 우리가 만나서 하는 일이 나한테는 조금 안 맞는 것 같아.

- 이 단체는 제게 정말 중요하고 소중하지만, 지금 당장 제가 이 자리를 감당할 수 있을지 모르겠어요.

- 초대해 줘서 정말 고마운데, 내가 너무 피곤해서 이번에는 빠져야 할 것 같아.

- 당신이 제게 해 준/가르쳐 준/선사해 준 모든 것에 진심으로 감사드리며, 언젠가 저도 보답할 수 있는 날이 오기를 바랍니다.

- 다음에 갈게. 또 연락해!

막막하거나, 벽에 부딪혔거나, 불만스럽다고 느끼는 상황이 있는가? 그렇다면, 거리 두기를 할 사람의 이름을 쓴 다음, 나중을 위해 문을 열어 두면서 관계를 조심스럽게 보류할 방법을 생각해 본다. 진심이 담겨 있으면서 향후 관계를 위해 선택의 여지를 남겨 두는 문장을 고안해 보자.

자유를 선사하는 경계선

교사인 샐리는 모든 사람을 만족시키려고 최선을 다하는 사람이었다. 남편, 아이들, 친구들을 기쁘게 하려고 갖은 애를 썼다. 직장에는 늘 아침에 두 번째나 세 번째로, 그러니까 교장과 관리인 바로 다음으로 일찍 출근했다. 교내의 각종 위원회에서 회장을 맡았고, 친구 모임도 절대 빠지는 법이 없었다. 샐리는 오랫동안 이런 생활에 만족했지만, 언젠가부터 잠이 잘 오지 않고 무기력한 느낌이 든다는 사실을 깨달았다.

덧붙여 샐리는 어린이용 요리책을 쓰겠다는 평생의 꿈이 있었다. 서른다섯이 될 때까지 책을 출간하겠다는 목표를 세웠지만, 바쁜 삶이 자꾸 발목을 잡았다. 자신이 남들을 챙기느라 책을 쓴다는 '환상'을 계속 포기한다는 생각이 들었다. 하지만 가장 큰 문제는 사랑하는 이들에게 점점 더 짜증을 내게 되었다는 점이었다. 남들을 감정적, 물리적, 경제적으로 떠받치면서 평생을 보냈고 이제 더는 그런 방식이 자신에게 도움이 되지 않는데도 샐리는 자기가 얼마나 탈진했는지 명확히 깨닫지 못했다. 너무 많은 타인과 책임에 휩쓸린 나머지 정작 자신을 감정적, 신체적으로 돌보지 못하고 있다는 사실조차 눈치채지 못한 것이다. 여전히 샐리는 잘 차려입었고, 빈틈없어 보였다. 집에는 먼지 한 톨 없었고 일정과 화상 회의는 구글 캘린더 앱으로 칼같이 관리되고 있었지만, 정작 샐리는 자기 삶이 엉망이라고 느꼈다.

점점 아이들과 남편에게 성마르게 굴기 시작한 샐리는 최근에 남편에게 버럭 화를 내고 말았다고 내게 털어놓았다. 몇 번이고 말했는데도 퇴근하고 돌아오니 또 침대가 정돈되어 있지 않아서 남편에게 쏘아붙였다는 것이다. "나는 주고 또 주는데, 당신은 계속 받기만 하네. 이제 도저히 못 견디겠어." 남편은 어리둥절했고, 샐리는 남편이 뭘 잘못했는지 전혀 모른다는 게 어이없었다. 그 일로 둘은 며칠이나 말을 하지 않았다.

하지만 이 모든 위험 신호에도 샐리는 평생 사귄 소중한 친구와 큰 싸움이 날 때까지 뭔가 잘못되었음을 깨닫지 못했다. 서른여덟이 되고서야 난생처음으로 삶을 사는 방식을 어떻게든 바꾸지 않으면 인간관계와 신체 건강, 정신적 안녕이 대가를 치르게 될 것임을 알아차렸다. 휴식이 필요했지만, 샐리는 자신에게 공간을 내주는 법을 몰랐다. 자신을 너무 몰아붙여서 이제는 줄 것이 하나도 남지 않은 상태였다. 항상 좋다고 대답하는 버릇은 일종의 저주가 되고 말았다. 상황을 개선하려면 먼저 자신의 한계와 바람을 인정할 필요가 있었다.

관계에서 자신의 감정적 한계를 파악하고, 특히 활력을 빼앗아 가는 의무와 관계가 어떤 것인지 알아낸다면 우리 삶에서 갈등에 연루된 부분을 훨씬 정확히 짚어 낼 수 있다. 그런 연결 부위를 찾아내면 명확한 경계선을 긋기 쉬워진다. 이 경계선은 우리 삶에서 긍정적인 면을 강조하고 생산적 대화를 나눌 수 있도록 돕는 역할을 한다. 더불어 현재 자기가 맡은 의무와 사랑하는 사람들과의 관계가 부담스럽게 느껴질 때도 한결 평온한 여유 공간을 마련할 수 있게 해 준다.

샐리에게는 넘어야 할 몇 가지 장애물이 있었다. 첫째, 자신이 지나치게 수용적이며, 안 된다고 말하는 것만으로도 삶과 인간관계의 균형을 되찾을 수 있음을 깨달아야 했다.[1] 둘째, 자신에게 안 된다고 말할 힘이 있으며, 자기 시간과 공간을 보호한다고 세상이 무너지지 않는다는 사실을 받아들일 필요가 있었다.[2] 셋째, 마음이 조금 불편하더라도 관계를 망가뜨리거나 과도한 죄책감을 느끼는 일 없이 안 된다고 말하는 방법을 배워야 했다.

당신은 안 된다고 말하지 못하는 사람인가? 당신을 지치게 하는 사람과 어울리거나 피하고 싶은 활동에 억지로 참여할 때가 많은가? 항상 시간이 부족하고, 가슴이 답답하고, 주변 사람이 괘씸하게 느껴지고, 늘 피곤하다면 경계선 조율이 필요하다는 뜻이다. 당신이 지금까지 타인의 계획이나 문제, 일정에 맞춘 삶을 살고 있었다면 처음에는 나만의 경계를 세우는 작업에 죄책감을 느낄지도 모른다. 하지만 자기 자신을 더 잘 챙기게 되면서 죄책감은 점점 사라질 것이다. 거절로 해소되는 갈등보다 새로 생겨나는 갈등이 많을까 봐 걱정될 수도 있지만, 장기적으로 보면 명확한 경계선 긋기는 당신이 감정적으로 안전한 공간에서 진심이 담긴 진짜 관계를 키워 나가게끔 도와준다.

우선 자신의 경계선이 얼마나 튼튼한지 평가하고, 경계 설정과 이를 타인에게 알리는 과정에서 개선이 필요한 부분이 있는지 체크리스트를 통해 확인해 보자.

다음 스물다섯 개 항목 각각에 0~4 중 당신에게 해당하는 점수 칸에 체크해 보고 합산한 점수를 매겨 보자. 점수가 100점에 가까울수록 경계선 재구축으로 큰 효과를 볼 수 있다는 뜻이다.

경계선 체크리스트

(0: 전혀 아니다 1: 아니다 2: 보통이다 3: 그렇다 4: 매우 그렇다)

	항목	0	1	2	3	4
1	남을 돕기 위해서라면 뭐든지 한다					
2	사랑하는 이들에게 이용당하는 기분이다					
3	남의 사정을 내 사정보다 우선시한다					
4	내가 안 된다고 말하면 사람들이 실망할 것이다					
5	내 욕구를 타인의 욕구보다 뒤에 둔다					
6	의견을 당당히 말하지 못해서 나중에 답답할 때가 많다					
7	결정을 내리기가 어렵다					
8	내가 거절하면 사람들은 나를 이기적이라고 생각할 것이다					
9	좋은 사람은 남을 잘 돕는다고 생각한다					
10	관계를 정리하지 못하고 질질 끈다					
11	거절할 때 죄책감을 느낀다					
12	남들이 나를 충분히 존중하지 않아서 조금 짜증이 난다					
13	나만의 시간(그게 대체 뭘까?)을 가질 때는 죄책감이 든다					
14	손해 본다는 기분이 들 때가 많다					
15	다른 사람의 요구에 내 시간을 너무 많이 빼앗기는 것 같다					
16	남들이 나를 어떻게 생각할지 걱정을 많이 한다					
17	남들의 비판이 옳다고 반사적으로 믿는다					

18	실망시키고 싶지 않아서 내키지 않아도 알겠다고 대답한다				
19	사람들이 너무 요구가 많고 배려가 없다고 느껴져 억울하다				
20	다른 사람의 고통에 부담감과 스트레스를 느낄 때가 많다				
21	사람들을 실망시킬까 봐 두렵다				
22	남들을 돕는 것이 내게는 가장 큰 보상이다				
23	운동할 시간이 전혀 없다				
24	갈등이나 비판을 피하려고 하고 싶지 않은 일을 떠맡는다				
25	내가 시간이 없을 때도 남의 부탁을 거절하기가 불편하다				
	합계				

가정, 직장, 온라인에서 건강한 인간관계를 맺으려면 명확한 경계선 설정이 필수 조건이다. 아니라고 말하기, 현재 도움이 되지 않는 관계나 대화 및 활동 보류하는 법, 자기 경계선이 존중받게 해 주는 안전한 은신처 마련하는 법 등 경계선을 긋는 방법은 여러 가지다. 튼튼한 경계를 확보하는 데 실패해서 나쁜 선례를 남긴 경우에도 갈등의 어느 시점에든 역동에 경계선을 새로 그어 관계를 살릴 수 있음을 명심하자.

어려워 보일지라도 관계를 바꾸기에 늦은 시점이란 없다. 변화에는 시간이 걸리며 옛 습관으로 돌아가지 않게 꾸준히 자신을 다잡아야 한다는 점을 염두에 두고, 가망 없다는 느낌이 들 때도 계속 경계선을 세우고 유지하자. 그러다 보면 변화를 알아차리는 사람이 나 혼자뿐이라고 할지라도 어느새 주변과의 관계를 주도적으로 바꾸어 나가는 자신을 발견하게 된다. 당신의 새로운 존재 방식은 주변 사람들에게 전과는 다른, 더 바람직한 대응을 끌어낼 것이다. 다만 경계선 긋기 기술은 성장 곡선에 맞춰 진화하므로 조바심을 내지는 말자.

안 된다고 말하기의 힘

나는 "안 된다"라는 말을 즐겨 쓴다. 이 말을 마음 편하게 쓰는 내가 얼마나 운이 좋은지는 잘 안다. 그 말을 입에 담기는커녕 '생각'하는 것조차 힘겨워하는 이들을 정말 자주 봤기 때문이다. 많은 사람이 어떤 요구를 받든 안 된다고 말하는 것은 이기적이거나 심지어 못된 행동이라고 배우며 자란다. 하지만 항상 좋다고만 했다가는 자신과 인간관계에 악영향을 미치기 쉽다. 특별한 이유가 없다면 늘 승낙만 하는 것은 사람을 지치고 무기력하게 한다. 게다가 최악의 경우 그런 성향 탓에 가식적 관계에 묶여 이용당하는 상황에 놓일 수도 있다.

샐리는 웬만해서는 뭐든 승낙하는 버릇이 있었다. 천성이 온화하고 남을 돕기 좋아하기는 했지만, 얽매이고 싶지 않아서 안 된다고 하고 싶을 때도 워낙 수용적인 탓에 거절하지 못한 적이 많았다. 그러다 보니 반사적으로 동의하는 습관이 들었고, 한동안 이런 성향은 긍정적으로 작용했다. 하지만 이제 이런 수용적인 방식은 샐리의 건강과 인간관계에 악영향을 미치고 있었다.

또한 샐리는 일찍 출근해서 미리 일과를 점검하기 좋아했지만, 이른 출근 탓에 원치 않는 일을 떠맡게 될 때도 적지 않았다. 위원회나 사교 모임 초청은 물론 누가 무슨 일로 뭘 해 달라고 하든 거의 모든 요청을 수락했다. 남들을 만족시키느라 너무 바빠서 감정적, 신체적, 영적으로 자신을 돌볼 여유가 없었다. 운동하고, 책을 읽고, 요리책을 쓰고, 정원을 가꾸고, 명상할 시간이 전혀 없었던 샐리는 점차 고갈되어 갔다. 억울하고 짜증스러운 기분을 느끼면서 인간관계에도 악영향이 미쳤다.

시간과 에너지를 사용하던 방식을 살펴보고 자신이 문제의 일부였다는 사실을 명확히 깨달은 뒤에야 샐리는 자신의 욕구에 귀 기울이기 시작했다. 무언가를 바꿔야 할 때였다. 그렇다고 성격 전체를 바꿀 필요는 없었다. 주변 인간관계를 관리하는 방식에 몇 가지 작은 변화만 주면 그만이었다. 안 된다고 말하기가 첫 번째 단계였다. 두 번째 단계는 집을 깔끔하고 청결하게 유지하고 아이들을 데리러 다니는 일을 무리하게 혼자 도맡는 대신 다른 이들(남편을 포함해서)에게도 일을 나눠 맡기는 것이었다. 자기 관리 시간을 따로 빼 둘 필요가 있었다.

경계선을 좀 더 명확히 그으면서 샐리는 자신의 안녕, 타인과의 관계를 개선할 기회를 얻을 수 있었다. 거절하는 법을 배우면서 자기가 바라는 바를 추구할 시간을 확보했고, 그럼으로써 자신이 정말 중요하게 여기는 사람들과 원하는 목표에 더 많은 에너지를 쏟을 수 있게 되었다. 인간관계에서 갈등에 일조하는 특정 영역 주위에 더 튼튼한 경계를 세워서 '자기 잔을 채우는' 데 필요한 여유를 마련할 수 있게 되었고, 그 덕분에 내줄 것이 남지 않을 만큼 지치고 좌절한 상태에서 벗어나게 된 것이다.

남에게 필요한 사람이 되고 싶다는 자신의 근본 동기를 파악한 뒤 샐리는 자신에게 정말 중요한 사람들과 활동을 우선시할 줄 알게 되었다. 먼저 문제가 없는 부분 주위에 경계선을 긋고, 나머지는 치워 두었다. 안 된다고 말함으로써 경계선을 더 튼튼히 하는 법을 배웠고, 얼마 안 가서 부담감은 상당히 줄어들었다. 우선순위가 떨어지는 위원회 몇 군데에서 발을 빼서 부담스러운 책무를 보류했더니 자기 자신과 타인 양쪽에게 중요한 분야에서 생산성이 올라갔다.

이 과정에서 지금껏 알고 지내고, 함께 일하고, 함께 살았던 사람들, 거의 평생을 함께했던 가족들은 늘 승낙만 하던 샐리의 거절에 기분 나빠하기도 했다. 친구인 태라는 샐리에게 몇 번이나 "무례하게 굴 필요는 없잖아"라며 투덜거렸다. 명절에는 여동생이 샐리를 한쪽으로 불러 요즘 왜 그렇게 이상하게 구는지, 무슨 문제가 있는지 물을 정도였다. 샐리의 태도가 독립적으로, 심지어 도전적으로 바뀌자 주변인들은 혼란스러워했다. 자기 자신과 대화를 나누면서 샐리는 정신적, 물리적으로 '내 시간'을 위한 여유를 확보하려 애쓰다 보니 의도치 않게 사람들의 기분을 상하게 했다는 점을 스스로 깨달았다. 샐리의 목표는 사람들에게서 고립되는 것이 아니라 자기 자신에게 다시 다가가는 것이었다. 자기 삶이 억지로 떠맡겨진 기나긴 의무 목록이 아니라 스스로 고를 수 있는 선택의 연속이기를 바랐다.

샐리는 자신이 관계의 규칙을 도중에 바꾸고 있음을 주변에 알리는 방편으로 경계선 긋는 법을 배워야 했다. 다행히도 말투를 약간 손보고 곧 다루게 될 '긍정적 거절' 방법을 익히면서 샐리는 사람들과 멀어지는 일 없이 경계선을 그을 수 있게 되었다. 남편과는 조정기간까지 거치면서 노력해야 했지만, 시간이 지나면서 부부는 안 된다고 말함으로써 자신을 보호하는 이 새로운 방식에 적응했다.

튼튼한 경계를 세우는 것은 관계를 개선하는 데 가장 효과적인 방법에 속한다. 숨을 쉬려면 산소가 필요하듯 인간관계가 풍성해지려면 여유 공간이 필요하며, 숨 쉴 틈이 조금만 더 있어도 문제 있는 관계가 회복될 때도 적지 않다. 경계선을 그으면 갈등이 해소될 때까지 인간관계에서 숨통을 틀 공간이 생긴다.

샐리가 겪은 고난이 남의 일 같지 않다면 당신은 혼자가 아니다. 우리는 샐리와 마찬가지로 상냥하거나 공동체를 위하는 사람으로 보이기를 원하기도 한다. 아끼는 사람을 진심으로 도와주고 싶어서 친구의 부탁이라면 뭐든 들어주는 사람도 있겠지만, 어떤 이들은 거절은 위험하다고 말하는 사회적, 정치적, 문화적 메시지를 계속해서 받거나 모임에 참석하지 않으면 결국 소외될지 모른다는 소외 불안 증후군에 시달리고 있을 수도 있다. '얼굴을 비추지 않는' 것은 '나쁜' 행동이므로 '착한' 또는 '좋은' 사람이 되고 싶은 마음에 싫어도 좋다고 말하는 것일지도 모른다.

물론 내키지 않더라도 가끔은 부탁을 승낙하거나, 불편한 대화를 피하지 않거나, '얼굴을 비추는' 것도 필요하다. 하지만 주의를 기울이지 않으면 빈틈투성이인 경계선을 통해 우리 에너지가 순식간에 새어나가서 억울하고, 이용당하고, 착취당했다는 기분이 들 위험이 있다.[3] 때로는 나에게 여유를 주기 위해 타인을 거절해야 할 때도 있는 법이다.

수용적 태도도 좋지만, 자기 한계를 알지 못하면 무기력하고, 고갈되고, 억울한 상태에 빠질 수도 있다. 예를 들면 자기가 맡은 일을 처리해야 할 시간을 남에게 자발적으로 내주다가는 마감을 놓쳐서 책임감 없는 사람이 될 위험을 무릅쓰는 셈이다. 자기 삶을 남의 일정에 맞춰 사는 듯한 느낌에 짜증이 나고 답답해질 수도 있다. 지칠 대로 지쳐 곤경에 빠지고 개인적 목표에는 손도 대지 못할 우려도 있다. 자기가 감당하지 못할 물건을 덜컥 계약하면 대금을 치르지 못할(그리고 신용 등급이 떨어질) 위험이 있는 것과 마찬가지다!

자기 잔 채우기

내 경계선이 건강한지, 아니면 조율이 좀 필요한지 잘 모르겠
다면 자기 잔에 에너지를 채워서 자신을 돌보기 딱 좋은 때다.

먼저 당신이 함께 있으면 즐거운 사람, 그리고 시간을 들여 함
께 하고 싶은 일을 전부 적은 목록을 만든다. 적어도 열 사람과
할 일 열 가지를 채우되, 그보다 길어지는 것은 상관없다.

	함께 있으면 즐거운 사람	시간을 들여 함께 하고 싶은 일
1		
2		
3		
4		
5		
6		
7		
8		
9		
10		

당신이 지금 시간을 어떻게 쓰고 있는지 적은 두 번째 목록을 만든다. 지금 맡은 일을 적고, 그중에서 당신의 에너지를 충전해 주는 것과 소모시키는 것을 구분해서 해당하는 칸에 체크해 보자.

	지금 맡은 일	에너지 충전	에너지 소모
1			
2			
3			
4			
5			
6			
7			
8			
9			
10			

함께 있으면 즐거운 사람 한 명과 매일 시간을 보낼 수 있게 노력한다. 그리고 매일 최소한 한 시간씩 일정을 비워서 에너지

를 채워 주는 일 열 가지 가운데 하나를 실천할 시간을 마련한다. 그리고 자신과 한 이 약속을 지키는 것을 다른 일보다 우선시하자. 필수적이지 않으면서 스트레스가 되는 일, 또는 당신에게 긍정적 에너지를 주지 않는 일을 일정에서 빼면 필요한 시간을 확보할 수 있다.

그런 다음 하루에 두세 번씩 자기 기분이나 상태가 어떤지 관찰한다. 지금 누구와 있으며 어떤 일이 일어나는지, 기분이 좋은 쪽 또는 나쁜 쪽으로 바뀌는지 수첩에 기록하자. 일정 간격을 두고 몇 주간 꾸준히 기록하는 방법이 가장 좋다. 특정 조건에서 자신이 느끼는 감정 패턴을 확인할 수 있기 때문이다. 어떤 친구와 함께 있을 때 불안해진다는 사실을 깨달았다면 그 친구와 보내는 시간을 줄이고 다른 친구와, 또는 혼자 보내는 시간을 늘리면 된다.

이 연습의 목표는 자기 배터리를 건강하게 재충전할 방법을 찾는 것이다. 당신이 무척 아끼고 사랑하지만, 잠깐씩 만나는 편이 나은 사람이 있을 수도 있다. 그럴 때는 그 사람과 일주일간 휴가를 함께 보내기보다는 저녁만 같이 먹거나 1박만 하는 방법을 고려해 보자. 경계선 긋기의 이점을 온전히 누리기 위해서 꼭 사람을 잘라내거나 활동을 그만둘 필요는 없다. 그냥 당신을 지치게 하는 사람, 또는 썩 내키지 않는 활동에 쏟는 시간을 줄이기만 해도 긍정적 변화가 일어난다.

당신 잔을 채워 주는 사람과 활동 목록을 매일 재검토하면서 필요한 만큼 더할 것은 더하고 뺄 것은 뺀다. 매일 이 목록에 있는 항목을 일부라도 반드시 실천하자. 매일 자신이 긍정적, 또는 부정적으로 느끼는 사람과 상황을 꾸준히 기록한다. 긍정적 요소를 골라서 에너지를 채워 주는 사람과 활동 목록에 추가하고, 부정적 상호 작용은 가능한 한 제한한다. 당신을 우울하게 하는 일을 거절하고 그런 일에 노출되는 빈도를 줄이면 긍정적 에너지를 더해 주는 사람이나 상호 작용을 채울 여유 공간이 생긴다. 자기 잔을 넉넉히 채우고 나면 반사적 반응이 아니라 침착한 대응을 하기 쉬워지고, 인간관계에 더 관심을 쏟을 수 있게 된다.

긍정적으로 거절하기

케빈은 인간관계를 쉽게 정리하지 못하는 사람이었다. 세 번의 긴 연애 끝에 케빈은 세 번째 여자친구를 실망시키고 싶지 않아 그녀에게 청혼했다. 그때가 스물일곱이었다. 2년이 지나고 케빈의 아내가 아이를 가지자는 말을 꺼낸 직후 나는 그의 이혼 조정을 맡게 되었다. 상담 과정의 일환으로 우리는 남의 기분을 상하게 하지 않으면서 거절하는 방법에 관해 많은 이야기를 나눴다.

거절하는 법 배우기는 쉽지 않을지 모르지만, 필수적이며 평생 가는 기술이다.[4] 단순히 안 된다고만 해도 충분할 때도 많지만, 당신이 이미 고정된 패턴을 바꾸는 중이거나 다음에 다시 요청해 주기를 진심으로 바라는 상황이라면 설명을 덧붙이는 편이 바람직하다. 긍정적 거절은 연을 끊지 않으면서 명확히 선을 긋는 방법이지만, 다소 연습이 필요하다. 경계선을 긋는 데 익숙하지 않은 사람에게는 거절이 어려울 수 있다. 덧붙여 자칫하면 반대쪽 극단으로 가서 지나치게 벽을 높이 세우기 쉽다. 모 아니면 도 식의 접근법으로 경계선을 긋는 데 골몰하다 보면 자연스레 그렇게 된다. 섬세한 방식으로 경계선을 그을 줄 알게 되면 인간관계도 개선된다. 긍정적 거절은 언젠가 진심을 담아 승낙할 수 있게 길을 닦아 주는 커다란 힘이 있다.[5]

케빈이 관계를 정리하지 못했던 이유 중 하나는 잠수 이별 외에 다른 출구 전략을 떠올릴 수 없었기 때문이었다. 그런 헤어짐은 너무 매몰차다고 여긴 그는 대신 자기 통제 밖의 외부 상황으로 관계가 자연스럽게 끝날 때까지 기다렸다. 고등학교 때 사귄 여자친구와는 각각 미국 양 끝에 있는 대학으로 떠나게 될 때까지 만났다. 대학에서 케빈은 두 번째 여자친구를 만나 사랑에 빠졌다가…… 곧 빠져나왔다. 그래서 그 관계에 더는 미련이 없었음에도 여자친구가 영화 일을 하겠다고 외국으로 나갈 때까지는 계속 사귀었다.

세 번째 여자친구와 만나는 동안에는 자연스레 헤어질 기회가 생기지 않았고, 케빈은 멀쩡한 선택지가 그것밖에 없다고 생각해서 그녀와 결혼하게 되었다. 이혼 과정에서 여러 가지를 배우고 나서야 케빈은 선택지가 청혼과 잠수 이별 두 가지만은 아니었다는 것을 간신히 깨달았다. 통제 불능이 되기 전에 관계를 정리함으로써 사려 깊으면서도 명확한 방식으로 끝을 맺을 수도 있었다는 것을 알게 된 것이다.

마찬가지로 당신도 상냥하게 거절하는 방법 목록을 만들어 볼 필요가 있다. 나에게 진정성 있게 느껴지는 방법을 찾아보자. 케빈은 "나는 지금 당신이 마땅히 받아야 할 관심을 줄 수 있는 상황이 아니야"라든가 "당신은 정말 멋지고 매력적인 사람인데, 나는 당신에게 맞는 사람이 아니라는 걸 알았어"라고 말하는 법을 배웠다. 언뜻 보면 그리 상냥하지 않게 느껴질지 모르지만, 궁극적으로는 진심이 담겨 있으며 케빈과 그의 상심한 연인에게 더 나은 연인을 찾을 기회를 주는 거절 방식이다.

긍정적으로 거절하는 방법

- 나는 정말 도와주고 싶은데, 지금 내 사정상 도저히 그럴 수가 없어.

- 이 문제를 돕는 건 저보다 다른 사람이 훨씬 나을 거예요.

- 네, 그 아이디어도 좋은데, 이런 방법(대안을 제시한다)도 괜찮을 것

같네요.

- 지금 당장은 그렇게 하기 어렵겠어.

창의력을 발휘해서 당신만의 거절법을 만들어 보자. 긍정적 거절은 단호하고 명확하되 긍정적 대안, 설명 또는 차후의 약속(지킬 의향이 있을 때만)을 포함한다는 점을 염두에 둔다. 연습 삼아 친구나 배우자에게 각 문장을 말해 보면서 어떤 느낌이 드는지 확인해 보자. 안 된다는 말이 자연스럽게 입에 밸 때까지 연습하는 습관을 들이면 정말로 내키지 않는데도 승낙해야 한다는 압박감을 느낄 때 훨씬 쉽게 거절하는 말을 꺼낼 수 있다. 이는 건강한 관계를 가꾸는 동시에 자기 기분도 나아지게 하는 효과적인 방법이다. 덧붙여 안 된다고만 말해도 충분할 때가 있음을 기억하자.

안전한 은신처 마련하기

감정 면에서든 다른 면에서든 안전하지 않다고 느껴지는 관계 탓에 불안할 때는 '안전한 은신처 영역'을 마련하면 큰 도움이 된다. 안전한 은신처 영역이란 말 그대로 안전한 공간을 가리킨다. 당신과 배우자가 예민한 이야기까지 나눌 수 있는 대화방, 또는 상황이 통제 불능으로 치닫지 않게끔 문제를 해결할 수 있는 직장 또는 교내의 중재 상담실처럼 내면 에너지의 균형을 잡아 주는 물리적 공간이 이에 속한다. 그뿐 아니라 미리 정해 둔 시간에 나누는 특정 형태의 대화도 여기 포함될 수 있다. 자신을 돌보는 일을 다른 일만큼 중요하게 여기고 일정 관리에서도 우선시하라고 했던 말을 떠올려 보자. 이 자기 관리의 연장선으로 안전한 은신처 대화를 위한 시간을 마련하는 것도 좋은 방법이다.

까다로운 관계에서 특정 주제의 대화는 상담사와 만날 때까지 미뤄 둘 수도 있다. 대하기 불편하고 시비를 잘 거는 동료와 얽힐 일이 있다면 미리 시간을 정하고 푹 쉰 다음 감정적으로나 신체적으로나 잘 충전된 상태에서만 대화를 나누는 것도 방법이다. 당신이 바꿔 보려고 시도 중인 친구 관계가 있다면 당신 마음을 편하게 해 줄 만한 의사소통 방식을 고안해 보자. 타인의 충동, 분노, 불안, 그 외에 당신을 동요시키는 행동이 마음의 평화를 깨뜨리게 놔둬서는 안 된다. 까다롭거나 불편하거나 통제되지 않는 대화를 담아낼 안전한 공간을 스스로 마련하는 것은 갈등에 생산적으로 대처하는 훌륭한 방법이다. 노련한 제삼자가 동석하면 당신이 나중에 후회할 말이나 행동을 하지 않도록 우선순위나 관점을 재조정하게끔 도와줄 수 있다.

스트레스를 받거나 감정에 휩쓸리면 사람들은 반사적으로 말을 뱉기도 한다. 이런 일은 특히 정보를 끊임없이 쏟아 내는 방식으로 의사소통하는 사람과 상대할 때 자주 일어난다. 소송 업무를 볼 때

나는 의뢰인에게서 근무 시간인데 전 배우자에게 이메일이 온다는 불평을 자주 들었다. 그런 대화 시도가 부담스럽고 거슬려서 일에 집중하는 데 방해가 된다고 했다. 내가 알아낸 것은 일과 관련 없는 별도의 이메일 주소나 근무 시간에는 꺼 놓을 수 있는 채팅 앱처럼 좀 더 통제하기 쉬운 의사소통 수단을 택해 이런 대화를 위한 안전한 은신처를 마련하기만 해도 일에 악영향을 미치지 않고 정보를 공유할 수 있다는 사실이었다.

힐러리가 튼튼한 경계선을 갖추었더라면

더 큰 곳으로 가게를 옮기고 사업을 확장하자는 시몬의 제안을 반사적으로 승낙하기 전에 힐러리가 잠시 멈춰서 자신이 진심으로 원하는 게 뭔지 생각해 봤더라면 문제는 큰 폭으로 줄어들었을 것이다. 남을 기쁘게 하려는 습관이 몸에 밴 힐러리는 웬만해서는 거절하지 않았고, 시몬에게는 특히 더 그랬다. 그러다 닭달당하게 되자 힐러리는 자신이 이용당했다고 느꼈고 시몬에게 화가 났다. 너무 빨리 밀어붙이는 불도저처럼 행동하기는 했어도 시몬은 자신이 바라는 바를 분명히 밝혔다. 이 사례에서 경계선 긋기에 관해서만큼은 힐러리의 책임이 컸다. 한편, 오래된 사이인 만큼 힐러리가 내키지 않을 때도 승낙하는 성향이 있음을 시몬이 알아차릴 만도 했다. 그랬다면 시몬은 결국 결실을 거두지 못할 게 뻔한 일에 감정적으로 골몰하기 전에 더 자세히 질문해서 힐러리의 진심을 알아챌 수도 있었다.

요점 정리

◆ 허술함과 튼튼함 사이에서 자기 경계선이 어디에 위치하는지 탐색한다. 경계선을 튼튼하게 강화해서 마음의 안정을 찾는 동시에 관계를 더 원만하고 건강하게 가꿔 보자. 거절하는 법 배우기는 경계선 강화에서 필수적인 과정이다.

◆ 자기 돌보기는 경계선 긋기의 핵심 요소다. 자기 잔 채우기 연습을 활용해서 당신이 정신적, 신체적 자원을 쓰고 싶은 곳과 실제로 쓰고 있는 곳을 확인해 보자.

◆ 인간관계, 대화, 상호 작용을 보류해 두었다가 더 효율적인 시간에 다시 다루는 방법을 익혀 보자.

◆ 시간과 에너지를 충전할 방법을 마련하는 것 또한 개인적 성공으로 가는 길을 닦고, 인간관계에 숨 쉴 여유를 주고, 갈등을 상당 부분 해소하는 데 도움이 된다.

7장

방어는
문제 해결의 적

감정은 상황을 바라보는 눈을 가린다

우리 기분은 항상 내면 서사에 따라 결정된다. 매일 우리는 긍정, 부정, 또는 중립적인 수천 가지 생각을 떠올리며, 이런 생각들이 내적 평온함을 좌우한다. 특히 누군가와 갈등을 겪을 때는 부정적인 생각에 빠지기 쉽다. 부정적 사고에 너무 긴 시간을 쏟다 보면 방어적으로 행동하며 내적 평온함이라는 목표에서 멀어지게 된다. 이런 부정적 사고는 우리가 타인과 관계를 맺는 방식, 그리고 타인이 인식하는 우리 모습에 영향을 미친다. 부정적 사고 탓에 스스로 인정받지 못하거나 답답하다고 여기는 상황에 갇히고 마는 일도 있다.

중간 관리직에만 머문 지 오래인 앤지는 재능 있고 열심히 일하는데도 늘 회사에서 남들에게 밀린다는 느낌을 받았다. 가끔은 자신이 곧 해고당할 위기에 처한 것인지 궁금해질 정도였지만, 도무지 이유를 알 수 없었다. 나중에 들어온 직원들 가운데 상당수가 앤지를 추월해 승진했고, 지난 몇 년 동안 앤지의 직급과 연봉은 계속 제자리였다. 게다가 앤지는 연차가 높은 축에 속했는데도 집에서 더 가까운 근무지가 아니라 멀리 떨어져 있어서 출퇴근이 벅찬 근무지에서 일해야만 했다. 자기 업무 평가가 썩 훌륭하지 않다는 사실은 알았지만, 단지 상사인 사라가 "자신을 좋아하지 않아서" 그런 결과가 나온다고 믿었다. 앤지는 사라가 이유도 없이 트집을 잡는다고 느꼈고, 자신이 다른 직장에 이직할 가능성도 전혀 없다고 생각했다.

사라는 앤지가 수준 높은 결과물을 내기는 해도 같이 일하기가 힘들다고 느꼈다. 앤지는 출근이 늦을 때가 많았고, 매우 산만했고, 대개는 마감 기한에서 최소 일주일이 지나서야 결과물을 넘겼다. 사라는 상사에게 보고를 올려야 하는데, 시간 관리를 못 하는 앤지 탓에 점점 더 곤란해지고 있었다. 앤지는 자기 업무 결과물의 수준을 올리는 데만 신경을 쓰고, 제시간에 일을 끝내지 못하는 문제는 전부 주변 동료 탓으로 돌렸다. 결과물의 질은 탁월했지만, 앤지의 업무 지연은 동료들과 사라에게 민폐였다. 게다가 앤지는 인사과를 통해 보조 인력이 제공되어도 활용하지 않으려 했다. 사라는 앤지의 업무 결과물을 높이 평가했고, 그만큼 전문 지식이 있는 직원을 키우려면 몇 년은 걸린다는 사실을 알고 있었다. 하지만 함께 일하면 진이 빠지는 느낌이었고, 앤지의 끊임없는 변명이 지겨웠다. 늘 마감에 늦는 앤지 대신 책임을 지는 것도 더는 참기 어려웠다. 사라가 앤지에게 늦는다고 지적하면 앤지는 방어적으로 돌아섰다. 둘은 몇 년간 이런 악순환을 반복했다.

그러다 팬데믹이 닥치고 사무실이 폐쇄되면서 놀랍게도 상황이 앤지에게 좋은 쪽으로 변하기 시작했다. 매일 통근에 썼던 두 시간이 추가로 생기면서 앤지는 이제 마감에 쫓기는 일이 없어졌고, 사라는 앤지의 업무 성과에 만족을 표했다. 사실 앤지는 그동안 출퇴근에 에너지를 너무 많이 빼앗겼고, 사무실에서 얼굴을 맞대고 일해야 할 때면 주위 동료들이 신경 쓰여 쉽게 산만해졌던 것이었다.

다시 출근해야 했을 때, 사라는 앤지에게 따로 연락해서 재택근무를 계속하는 것이 어떠냐고 제안했다. 앤지는 뛸 듯이 기뻤다. 알고 보니 팬데믹 전에도 재택근무는 가능했지만, 둘의 관계가 워낙 좋지 않았기에 두 사람 모두 그 방법을 언급하거나 고려하지 못했던 것뿐이었다. 사라는 몇 년 전에 자신이 그 방법을 제안했더라면 좋았을 텐데, 진작 떠올리지 못해서 아쉽다고 생각했다.

앤지와 사라는 자신을 방어하는 데 급급한 나머지 문제를 파악해서 해답이나 해결책을 찾을 여유 또는 기회를 얻지 못했다. 앤지는 연차가 높은데도 자신이 가까운 근무지에 배치받지 못한 것이 홀대받는 증거라고 여겨 화가 났고, 사라는 앤지가 시간에 맞춰 업무를 끝내지 못해서 짜증이 났다. 둘 다 상대방의 긍정적 특성이나 자신이 상대에게서 얻을 수 있는 이점은 전혀 고려하지 않았다. 각자 화가 난 채로 자신이 얼마나 무시당하는 느낌인지에만 관심을 쏟았다.

한창 갈등을 겪을 때 과열된 감정은 자기 성찰 능력에 방해가 된다.[1] 자기 관점에서만 상황을 바라보게 된다는 뜻이다. 하지만 갈등을 해결하려면 반드시 중립성을 확보하고 다른 사람의 관점을 고려하려고 노력해야 한다. 그렇게 해야 모든 이의 욕구와 관점을 충족하는 합리적 결과에 도달할 가능성이 커지기 때문이다. 감정에 휩쓸릴수록 우리는 자기주장만을 고집하기 쉬워지고, 똑같은 부정적 패턴을 반복하게 된다. 사라와 앤지는 자연스럽게 반복되는 공격과 방어, 즉 "왜 이걸 망치는지 이해가 안 가"와 "당신은 나쁜 상사야"의 악순환에 갇혀 몇 년을 허비했다. 이들은 그런 감정적 반응에서 한 걸음 물러나서 다른 방식으로 감정을 소화할 여유를 얻고 나서야 관계를 개선할 수 있었다.

반응하지 말고 대응하기

　자기 인식 능력을 높이고 방어적으로 행동하지 않는 법을 익히기 위해서는 반응과 대응의 차이를 이해하는 것이 중요하다. 반응은 문제에 감정적, 본능적으로 응답하는 것이다. 압박감을 느낄 때 우리가 순식간에 내놓는 반사적 대답이라고 할 수 있다. 가끔은 반사적 대답이 최선의 답일 때도 있지만, 철회하고 싶어지는 답일 때가 훨씬 많다. 문제는 반응이 그 순간의 감정을 근거로 한 충동적 행동이라는 데 있다.

　반사적으로 반응할 때 우리는 관계에 미칠 장기적 영향을 예상하지 못하며, 감정이 북받친 채로 내놓은 답은 돌이킬 수 없는 결과를 부르기도 한다. 반응이 인간관계에 끼치는 해는 한둘이 아니다. 반사적으로 반응할 때는 자신에게도, 인간관계 역동에도 도움이 되지 않는 언행을 하기 쉽다. 예를 들어 기분이 언짢다고 해서 대화를 뚝 잘라 버리면 오히려 상황을 더 악화하고 악감정을 자극할 확률이 높다. 감정에 휩쓸려서 분노에 찬 이메일을 급하게 써서 보내면 나중에 후회할 말을 할 가능성이 크다. 부모나 자녀와 말다툼할 때는 마음에 없는 말이 튀어나오기도 한다. 더 나은 해결책은 감정적으로 동요했을 때 잠시 멈춰서 기분을 추스르고, 생각을 정리하고, 반응 대신 대응할 준비를 하는 것이다.

　반응은 반사적이고 대체로 충동적인 반면, 대응은 이와 대조적으로 장기적 영향까지 차분하고 세심히 고려한 뒤 나오는 주의 깊은 행동이다.

동요했을 때 순간적으로 나오는 반응은 수치심을 감추려는 방어 행동인 경우가 많다. 분노와 비슷하게 방어는 자신의 안녕을 위협한다고 인식되는 정보에서 자신을 보호하려는 자연스러운 본능의 발현이다. 따라서 방어는 최소한 우리가 표면적 자존심을 지키도록 도와주지만, 널리 활용되는 전략인 책임 전가를 시전해서 문제를 남 탓하는 방향으로 우리를 내몰기도 한다. 방어에서 특히 주의해야 할 점은 한창 갈등이 벌어질 때는 자신이 방어적으로 행동하고 있다는 사실조차 눈치채지 못할 때가 많다는 것이다.[2] 하지만 방어는 학습된 행동이기에 학습으로 피할 수 있으니 좌절할 필요는 없다. 자신이 방어적인지 아닌지 확실히 알기 어려울 수도 있다. 다음은 그럴 때 훑어볼 만한 간단한 점검 목록이다. 비난받는다고 느낄 때 당신이 다음과 같이 행동하거나 생각하는지 확인해보자.

- 내 행동을 정당화하려 한다.

- 상대방이 나를 비난하는 문제의 원인을 상대방 탓으로 돌린다.

- 상대방의 말을 더 듣지 않으려 한다.

- 상대방도 나와 똑같이 행동했다고 비난한다.

- 상대방에게 그런 기분을 느끼는 것은 잘못됐다고 말한다.
- 나는 항상 공격받는 것 같다고 느낀다.
- 현재 상황을 논하지 않고 과거의 일을 끄집어낸다.

당신이 방어적이라는 사실을 알게 되었다면 일단 한 걸음 물러난 다음 가시를 바짝 세웠을 때 자신이 감정적으로 어떤 상태였는지 생각해 볼 필요가 있다. 나 자신에게 완전히 솔직해지기란 무척 어려운 일이다. 하지만 수치심 서사, 즉 내가 어떤 부분에서 수치심을 느끼는지를 정확히 알아야 주변 사람들을 대하는 방식을 바꿔 나갈 수 있다.

수치심을 방어하려다 생기는 악순환

인간의 타고난 본능적 방어가 얼마나 교묘하며 갈등 상황에서 어떤 식으로 비난과 수치심의 악순환을 유발하는지 탐색해 보자.

비난과 수치심은 늘 붙어 다닌다. 특정 갈등 상황에서 억지로라도 자신이 연루되었음을 인정하는 대신 남을 비난하면 스스로 피해자가 되어 현재 상황을 자신과 분리할 수 있다. 그렇기에 남 탓하기는 방어의 한 형태다.[3]

이 상황을 잘 보여 주는 예시를 하나 살펴보자. 말라의 남편 프랭크는 부부 상담이 시작되고 3분이 지났는데도 모습을 보이지 않았다. 당황한 말라는 프랭크에게 어디인지 묻는 문자를 보내고, 상담사에게 사과하며 남편이 분명히 오는 중일 거라고 말했다. 문자에 답장이 없자, 말라는 프랭크에게 세 번 연속 전화를 걸었다. 첫두 번은 프랭크가 전화를 받지 않았고, 세 번째에 간신히 전화를 받은 그는 이내 말라가 중요한 업무 전화를 방해했다며 짜증을 냈다. 말라는 상담에 나타나지 않은 것도, 문자를 보지 못한 것도 프랭크인데 왜 자기가 이런 소리를 들어야 하는 건지 마음이 답답했다. 상담사는 프랭크가 상담에 오지 못하고 짜증을 내서 미안하다고 사과할 것 같은지 말라에게 물었다. 말라는 미소를 지으며 우리 집에서는 절대 그런 일이 없다고 말했다. 나중에 프랭크는 하루에 한 번 이상 전화하지 말라고 분명히 말했는데 연속으로 여러 번 전화했다고 말라에게 버럭 화를 냈다. 말라가 보기에 무관심하고, 화를 잘 내고, "툭 하면 상대를 탓하는" 프랭크의 성향은 애초에 이들 부부가 상담받는 이유 중에서 상당한 지분을 차지했다.

다정한 표정으로 자기 행동을 차분히 사과하는 대신 프랭크는 적반하장으로 화를 내며 '다시는' 그러지 말라고 엄하게 주의를 줬고, 말라는 그러지 않겠다고 약속했다. 적어도 그 순간에는 프랭크 뜻대로 된 것처럼 보일지 모르지만, 프랭크는 말라를 감정적으로 밀어낸 셈이며 이는 궁극적으로 누구에게도 이득이 되지 않는다. 이렇듯 방어는 발전을 방해한다.

수치심을 느끼는 사람은 자신에게 일어나는 모든 일을 내면화하고 개인화하는 경향이 있다. 이는 대개 자신을 공격하거나 타인을 공격하는 결과로 이어진다.[4] 프랭크를 나쁜 사람이라고 할 순 없다. 그저 수치심의 서사가 길고 복잡해서 자존심을 고스란히 지키려면 남을 탓해야 하는 사람일지도 모른다.[5] 수치심이라는 내면화된 나쁜 감정을 인식할 때 우리는 고통을 느끼며, 그 고통에서 벗어나려고 뭐든 하게 된다.

프랭크는 상담에 빠지게 되자 약속을 못 지킨 것 같아 자존심이 상했다. 그리고 낮에 아내에게 전화가 오면 너무나 쉽게 집중력을 잃고 마는 자신에게도 화가 났다. 프랭크는 무언가에 집중할 때 쉽게 딴 길로 빠지거나 산만해지는 자신의 뿌리 깊은 경향성을 수치심으로 내면화했다. 그리고 이 고통스러운 수치심 서사를 건드리는 대신 자존심을 보호하고 감정을 밖으로 돌려 말라에게 쏟아부었다. 자신의 결점이나 바람직하지 못한 결과 또는 상황을 남 탓으로 돌리면 일시적 해방감을 얻을 수 있다.[6] 문제는 자기 행동 또는 비행동의 책임을 남에게 떠넘기면 결국 긴장감이 심해지며, 타인과 깊은 관계를 맺거나 긍정적 상호 작용조차 할 수 없게 되어 장기적으로 더 큰 수치심을 느끼게 된다는 것이다.

희망이 없는 것은 아니다. 수치심과 비난의 악순환을 깨뜨릴 간단한 방법들이 있다. 첫 단계는 잠시 멈춰서 현재 상황을 인식하는 것이다. 1장에서 배웠듯 우리는 자기가 겪는 문제에 일조해 놓고 그 사실을 인식하지 못할 때가 많다. 하지만 다행인 점은 과거에 당신에게 문제를 초래할 능력이 있었다면 앞으로 문제를 방지할 능력도 있다는 것이다. 자신이 방어적으로 굴고 있음을 눈치채거든 잠시 멈춰서 지금 공격받는 기분이 드는지 자문해 보자. 당신이 누구에게 공격받는다고 느끼는지 인식했다면 해당 공격자의 '왜'를 곰곰이 생각해 보자.

애거사는 이렇다 할 결혼 계획 없이 남자친구와 동거 중이었다. 매우 고지식한 부모님은 실망하며 딸의 미래를 걱정했다. 오랫동안 같은 갈등이 반복되었고, 애거사는 자기 선택을 정당화하고 부모님께 자신의 논리를 설명하려고 애썼다. 하지만 아무 진전도 없었다. 시간이 지나면서 이 다툼은 점차 관계 자체를 좀먹기 시작했다.

사랑하는 부모님과 멀어지는 기분이 들어 애거사는 몹시 답답해졌다. 하지만 대화를 잠시 보류한 뒤 심호흡을 몇 번 해서 마음을 가라앉히고 나니, 부모님이 수치스럽다고 여기는(부모님의 '왜'는 수치심이었다) 동거를 억지로 인정해 달라는 요구는 자기중심적일지도 모른다는 생각이 들었다. 동시에 애거사는 부모님을 실망시켰다는 내면화된 수치심을 느끼고 있었다. 그래서 그들은 애거사가 물러서기로 마음먹을 때까지 똑같은 다툼을 반복했던 것이다. 잠시 멈춰 곰곰이 생각하고 나서도 애거사는 부모님 뜻에 따라 남자친구와 결혼하기로 마음먹지는 않았다. 대신 스스로 수치심-비난-방어의 악순환에 빠지지 않게 주의하면서 부모님이 걱정을 늘어놓아도 차분히 받아들이기로 했다. 이렇게 한 걸음 물러나서 방어적 반응이 아닌 침착한 대응을 보임으로써 애거사는 갈등을 누그러뜨릴 수 있었다. 부모님의 걱정은 계속됐지만, 애거사가 그런 걱정을 내면화하지 않게 되면서 부모님과의 관계는 조금씩 덜 불편해졌다.

수치심이 작용하고 있음을 깨달았든 아니든 자신이 방어적 악순환에 빠졌음을 알아채면 그 싸움이 관계를 망쳐도 좋을 만큼 가치 있는지 잘 생각해 보자. 어쩌면 이제는 특정 상호 작용에 선을 긋고 정리해야 할 때일지도 모르지만, '끝장을 볼 때까지' 싸울 가치가 없는 일도 많다.

보류: 생각을 관찰하는 획기적 기술

반응이 아닌 대응을 보이기 위해서는 경계선을 긋겠다는 확고한 의지를 품고 한 걸음 물러나 보류하는 방법을 추천한다. 잠깐 대화를 보류해 과열된 상태에서 벗어나 생각과 감정을 가다듬으면 완전히 다른 답을 내놓을 수 있다. 벌컥 화를 내기 전에 보류를 활용해서 반사적이고 방어적인 반응이 아니라 침착한 대응을 하는 데 필요한 짬을 내 보자. 단순해 보일지 모르지만, 보류는 자기 생각을 관찰하고 귀 기울이는 법을 연습하게끔 도와주는 획기적 기

술이다. 더불어 갈등의 온상이 될 게 뻔한 상황을 진정시키는 역할
도 한다. 다시 말해 자기 자신과 눈앞에 닥친 문제를 더 나은 방식
으로 다루기 위해 잠시 쉬었다 가는 과정이다.

대화 보류를 실제로 활용한 예시를 살펴보자. 애리얼과 켄은 학
령기의 두 아들을 둔 부모다. 13년에 걸친 결혼 생활 끝에 이들은
코로나19 격리 기간에 시험 별거에 들어가기로 했고, 중재를 부탁
하러 나를 찾아왔다. 애리얼은 켄이 고압적이며 말이 통하지 않는
다고 생각했다. 반대로 켄은 애리얼이 고집 세고 화를 잘 낸다고
느꼈다. 평소 같으면 나는 양측과 주거 문제, 양육 계획, 재산 분배
를 협의하면서 재판까지 가지 않게 최선을 다했을 것이다. 하지만
팬데믹 때문에 부부 중 어느 한쪽이 집을 나가서 주거를 분리할 수
있는 상황이 아니었다. 그래서 이들이 유예 기간을 평화롭게 지낼
수 있도록 창의적 전략을 짜내야 했다.

켄과 애리얼의 경우 아무렇지 않다가 상황이 삽시간에 엉망진
창이 될 때가 많았다. 보류 전략을 쓰면서 이들은 대화를 일시 정
지해서 마음을 가라앉히고, 한 걸음 물러서서 자기가 하려고 했던
행동이나 말이 과연 생산적일지 고민할 시간을 얻게 되었다. 우리
는 가정에서의 새로운 대화 규칙을 정했고, 두 사람 다 지키겠다
고 동의했다. 첫 번째로 애리얼은 켄이 자신에게 고압적으로 군다
고 느낄 때 즉각 반응하는 대신 십 분짜리 타임아웃을 요청해서 대
화를 보류하기로 했다. 그런 다음 십 분이 지나면 켄에게 차분하게

대응하든지 아니면 십 분 타임아웃을 다시 추가한다. 두 번째는 애리얼이 공간이 필요하다고 하면 켄이 뒤로 물러서는 것이었다. 그리고 마지막으로 둘은 생산적 방식으로 다룰 수 없는 문제는 일단 보류하고 일주일에 한 번 상담사를 만나기로 동의했다. 안전한 은신처 역할인 상담사는 일시 정지나 타임아웃만으로는 부족할 때 문제 파악에 힘을 보태 줄 터였다.

6개월간 부부는 우리가 함께 정한 규칙을 꾸준히 실천했다. 이 사례에서는 둘 다 상호 작용을 부드럽게 할 방법을 찾고 있었으므로 이 전략은 큰 효과를 거두었다. 하지만 상대방의 동의를 얻을 수 없을 때는 어떻게 할까? 그래도 괜찮다. 상호 작용이라는 방정식에서 한쪽만 조정해도 얼마나 많은 것이 달라지는지 알면 놀랄지도 모른다. 켄이 그냥 뒤로 물러서거나 애리얼이 잠깐 나가서 동네 한 바퀴만 돌고 왔더라도 이들 부부는 아마 대화 규칙을 따를 때와 마찬가지로 비슷한 행동 변화를 기대할 수 있었으리라.

심호흡 두어 번을 하고 나면 갈등에 차분히 대응할 수 있을 때도 있지만, 웬만한 경우 우선 해당 인물이나 상황과 시간적 또는 물리적 거리를 두는 것이 바람직한 대처 방안이다.[7] 이런 일시 정지는 까다로운 역동 속에서도 우리가 감정적 자유를 찾게 해 준다. 자신을 위한 타임아웃을 선언할 때 당신은 자기 몸과 마음에 열을 식힐 기회를 주는 셈이다.[8]

대화를 잠깐 보류하는 또 다른 방식으로는 점잖게 양해를 구하는 방법도 있다. 예를 들어 당신이 직장에서 일하는 도중에 자녀나 부모, 친한 친구와 문자로 말다툼하게 되었다고 하자. 냅다 화를 내거나 무시하는 대신 이런 내용의 문자를 보내 보자.

"그래, 네 말 잘 들었어. 우리가 서로 의견이 다르다고 해도 나는 여전히 너를 존중해. 하지만 지금 이런 기분으로 대화를 계속하면 서로에게 안 좋을 것 같아서 각자 생각해 볼 시간이 필요할 것 같아. '두 시간' 정도 있다가 이야기하자."

그런 다음 상황이 허락한다면 두 시간 동안 연락을 하지 않고 일과를 무사히 마친다. 대화를 재개하기 전에 자기 상태를 확인하고, 여의찮으면 다시 점잖게 퇴장할 준비를 한다.

지금까지 우리가 살펴본 몇몇 예시를 떠올려 보자. 애거사는 심호흡 몇 번만으로 마음을 가라앉히고 방어적 상태에서 벗어날 수 있었다. 애리얼과 켄은 짧은 시간 동안 대화를 보류하는 법을 익혀서 훨씬 매끄럽고 생산적인 별거 과정을 거치게 되었다. 싸움이 격해질 때 15분 정도 혼자 있거나 동네를 한 바퀴 걷고 오면 다시 돌아와서 훨씬 높은 수준의 대화를 나눌 수도 있다.

자신에게 잠깐의 시간을 허락하면 감정적 자아가 진정되고, 이성적 사고가 다시 움직이기 시작한다. 차분해진 상태에서는 더 나은 결정을 내리고 불필요한 갈등을 피할 수 있다.[9] 반사적 반응을 가라앉히고 갈등에 차분히 대응하기 위해 타임아웃을 선언하고 중립 공간 또는 분리된 공간(정신적으로든 물리적으로든)으로 가는 것은 보편적으로 이로운 결과를 낳는다.

이렇게 유예된 시간 동안 당신은 특정 대화를 꼭 나눌 필요가 있는지, 이 불화에 얼마나 깊게 관여할 것인지 정할 수 있다. 어쩌면 차분해지기 위해 마련한 이 시간 동안 해당 문제가 실은 자신에게 그리 중요하지 않다는 사실을 깨닫게 될지도 모른다. '나만의' 시간과 심호흡이 기적을 일으키기도 한다. 불과 몇 분 만에 반응하기 쉬운 상태에서 대응할 수 있는 상태로 변하는 것이다. 그리고 침착한 대응은 꼬일 대로 꼬인 상황에서도 최선의 결과를 끌어낸다.

보류는 당신이 주워 담을 수 없는 말과 거둬들일 수 없는 행동을 하지 않게 즉석에서 막는 용도로 손쉽게 활용할 수 있는 기술이다. 이런 일시 정지 덕분에 우리는 상대방의 관점 또는 이야기에 더 관심을 기울일 수 있게 된다. 여유가 있으면 방어 태세에서 벗어나서 평정심을 되찾아 상황을 바라볼 능력이 생겨나기 때문이다. 이렇게 해서 자기가 방어적으로 행동하는 순간을 알아차리면(또는 누군가가 그 점을 지적해 주면) 부정적 패턴을 깨뜨릴 수 있다. 덧붙여 보류된 시간을 활용해서 지금 상황이 어떤지 상대방의 관점에서 생각하다 보면 언제 자신이 방어적으로 구는지 알아차리기 쉬워진다. 그렇게 되면 우리는 자기 행동을 최적화하고 관계 역동을 불화에서 평온으로 바꿀 수단을 손에 넣는 셈이다. 특정 대화에, 심지어 결과에 집착하지 않게 되면 매일 느끼는 행복감이 완전히 달라질 수도 있다.

수치심을 물리치는 긍정 선언

대화나 관계를 보류한 뒤에도 갈등 도중이나 이후에 올라오는 수치심을 다스리기는 쉽지 않을 수 있다. 이에 대처하려면 먼저 결점과 단점을 포함해서 자신의 인간적인 면을 받아들여야 한다. 사람은 자신의 단점이 타인에게, 때로는 자기 자신에게 노출되었을 때 수치심을 느낀다. 수치심은 인정받지 못하고, 거부당하고, 이용당하고, 쓸모없고, 무기력하고, 존중받지 못하는 느낌 등 수많은 불편한 감정을 데리고 다니므로 우리는 속이 상하고 비난당한 기분을 느낀다. 이런 불편한 기분을 떨치려고 감정을 외면화해서 타인을 공격하거나 탓할 때도 많다. 수치심은 인간으로서 당연히 느끼는 감정이지만, 그렇다고 꼭 방어나 책임 전가로 도피할 필요는 없다. 자기 단점을 인정하고 받아들임으로써 우리는 비난-수치심의 악순환에 빠지지 않기 위한 첫걸음을 내디딜 수 있다.

자신의 불완전함을 인식하는 일은 두려울 수도 있지만, 이 과정에는 커다란 보상이 따른다. 부족한 점까지 모두 아우르는 진정한 삶을 누리게 될 뿐만 아니라 주변 사람들과 더 정직하고, 열정적이고, 사랑 넘치는 관계를 맺을 수 있다는 뜻이다.

사람들은 대개 수치심에 다치지 않으려고 강력한 감정적 갑옷을 갖춘다. 과도한 감정 분출은 수치심-비난 악순환의 도화선이 되며, 이는 다시 방어로 이어져 대화를 방해한다.

상황이 진행되는 순서는 다음과 같다.

1 기분이 나빠진다(수치심).

2 나빠진 기분을 밖으로 돌린다(비난).

3 방어적으로 행동한다.

4 합의나 이해에 이르지 못한다.

5 기분이 더욱 나빠진다.

기분이 상하는 이유는 우리가 마음에 들지 않는 과거 사건에 초점을 맞추거나 미래에 펼쳐질 못마땅한 상황을 걱정하기 때문일 것이다. 반면, 지금 이 순간을 인식하는 데 집중하면 과거의 후회나 미래의 걱정에 마음 쓰지 않고 상황을 있는 그대로 받아들일 힘이 생긴다. 명상은 우리가 어느 순간에 어떤 감정의 소용돌이를 경험하든 내면 깊숙이 들어가 마음을 가다듬을 수 있게 해 주는 간단한 수련법이다. 더불어 우리가 지금 이 순간을 인식하게끔 돕는 역할을 한다. 원치 않는 부정적 사고나 감정의 흐름을 늦추면 자신을 성찰하고, 가능한 다른 결과를 생각하고, 덜 방어적인 화법을 사용할 수 있게 된다. 이렇듯 현재에 집중하는 인식은 우리가 손쉽고 익숙한 방식으로 상대를 공격하는 대신 마음을 열고 자기 욕구의 근본 동기를 들여다보는 데 꼭 필요한 여유 공간을 마련해 준다.

호흡에 집중하면서 수치심을 물리칠 긍정 선언을 덧붙이면 마음을 건강하게 가꾸는 데 큰 효과가 있다. 숨을 들이쉴 때마다 다섯까지 세면서 선언문을 마음속으로 반복하기만 하면 된다. 의도를 담은 이 문장이 천천히 마음에 스며들게 하자. 이 방법은 당신이 다음번에 크게 동요할 때 자신을 진정시키는 기술을 갖추고 긍정적 방향으로 나아갈 수 있게 이끌어 준다. 의도적 호흡은 심신에 차분한 느낌을 전달한다는 점을 기억하자. 상황이 평온할 때 매일 반복해 두면 예민해졌을 때도 훨씬 자연스럽게 이 방법을 쓸 수 있을 것이다. 당신이 이런 수련을 그리 즐기지 않는 사람이라면 처음 며칠간은 다소 이상하게 느껴지겠지만, 여기 숨은 이득에는 어색함을 무릅쓸 가치가 있다.

이혼 중재를 하며 나는 수치심에 짓눌리고 '남에게 뒤떨어진다'는 감정에 사로잡힌 사람들을 익히 보아 왔다. 엄밀히 말해 법적으로 필요한 일은 아니지만, 나는 의뢰인들에게 수치심을 물리치기 위해 일상생활에 긍정 선언을 접목해서 삶의 긍정적 측면을 강조해 보라고 자주 권했다. 자신에게 정기적으로 긍정적 메시지를 보내면 마음을 가다듬어 더 명료하게 생각할 수 있기 때문이다. 결혼

여부와 관계없이 이는 평범하게 살아가는 우리 모두에게 적용되는 진리다.

예컨대 배우자가 당신의 '잘못된 점'이라고 여기는 부분, 이를테면 항상 냉정하다거나 너무 시끄럽다거나 어떤 식으로든 불완전한 점을 지적한다고 상상해 보자. 이런 일이 일어날 때 자연스러운 반응은 방어에 나서서 상대의 잘못된 점을 역으로 지적하거나, 심지어 자기 행동은 상대방 탓이라고 책임을 전가하는 것이다. 배우자는 방금 당신의 수치심 서사 중 하나의 버튼을 누른 셈이다. 당신은 배우자가 당신의 전부를 사랑해 주지 않는 데 분개하는 동시에 그가 지적한 점이 정말로 자기 성격의 문제인지 고민한다. 어쩌면 상대에게 받아들여질 자격이 없을까 봐 두려워질지도 모른다.

이에 맞서서 자존심을 회복하기 위해 당신이 상대를 너무 예민하거나 자의식이 강하다는 말로 공격한다고 치자. 이런 수치심-비난-방어의 악순환은 당신 자신 또는 관계에 전혀 이롭지 않다. 대신 자신에게 들려주는 이야기를 바꾸는 긍정 선언을 만들어서 자기가 느끼는 감정을 조정하는 방법을 써 보자. 이 예시에서는 "나는 사랑받고 인정받을 자격이 있다" 정도가 적절하겠다. 긍정 선언을 진심으로 믿으면 상대가 불만을 털어놓아도 감정이 자극되는 강도가 낮아지고, 한 걸음 뒤로 물러설 여유가 생긴다. 대화를 보류한 다음 상대가 한 말이 왜 상처가 되는지, 또는 왜 생산적이지 않은지 살펴보고 나면 감정적 반응보다는 차분한 성찰에서 나온 대응을 스스로 선택할 수 있다.

긍정 선언(연습 8)과 박스 호흡(연습 9)을 곁들이는 습관을 들이면 마음을 건강하게 관리하는 데 큰 도움이 된다. 이 방법을 쓰면 무언가에 트리거가 자극되었더라도 중립적, 심지어는 긍정적 관점으로 돌아가기가 쉬워진다. 세상을 바라보는 방식을 완전히 뒤바꾸기란 불가능에 가깝지만, 우리에게는 최소한 자기 자신을 바라보는 방식을 얼마간 바꿀 능력이 있다. 즉, 깊디깊은 우물 같은 수치심에도 맞설 수 있는 새롭고 긍정적인 생각의 씨앗을 뿌릴 능력이 있다는 뜻이다.

5장에서 설명한 대로 긍정 선언이 효과를 거두려면 긍정적이고, 구체적이고, 현재형이어야(지금 일어나고 있는 것처럼) 한다. 나로 말하자면 쉽게 불안해하고 예민해지는 편이다. 이런 경향을 상쇄하고 수치심을 물리치기 위해 내가 만든 긍정 선언은 "나는 강하다"이다. 나는 이 문장을 종일 수시로 되뇐다. 이게 내 명상법이며, 계속 반복하면 스트레스가 심할 때도 쉽게 활용할 수 있다.

이번에는 매일 수치심을 극복하는 데 개인적으로 활용할 만한 긍정 선언 몇 가지를 소개한다. 기분이 좋을 때 긍정 선언을 반복하는 습관을 들여 놓으면 과열된 상황에서 빠르게 꺼내기 쉬워진다.

- 나는 능동적이다.

- 나는 강하다.

- 나는 자격이 있다.

- 나는 힘든 일도 거뜬히 해낸다.

- 나는 있는 그대로 완벽하다.

- 나는 자신감 있다.

- 나는 믿음직하다.

- 나는 똑똑하다.

- 나는 다정하다.

목표는 수치심과 불안한 감정에 대응하기 위해 자신에게 들려줄 새로운 이야기를 엮어 내는 것이다. 당신이 스스로 들려주던 부정적 이야기에 맞서는 긍정 선언문을 만들어 보자. 예를 들어 자신 없게 느껴진다면 "나는 자신감 있다"라고 말해 보자. 불안하다고 느낀다면 "나는 차분하다"라는 선언을 반복하면 된다. 자신을 긍정적으로 바라보게 되면 수치심을 느껴 방어적 행동으로 타인을 공격할 가능성이 줄어든다.

호전적 상태에서 평온한 상태로

내 친구 카산드라는 학교에 자기보다 먼저 들어온 교사가 많은

데도 교장으로 임명되어 일하게 되었다. 카산드라는 업무 지시를 하거나 학교의 일 처리 방식을 바꾸자고 제안할 때마다 경력이 긴 교사들이 점점 방어적인 태도를 보이는 것을 눈치챘다. 처음에는 교사들의 반발을 받아들이기 어려워서 주도권을 지켜야겠다는 생각이 들었지만, 이런 충동을 애써 억누르고 진정하려고 노력했다. 하소연하러 나를 찾아온 카산드라는 교사들이 자신을 대하는 태도에 짜증이 나지만, 한편으론 이런 문제를 해결할 방법에 관해 도움을 받고 싶다고 했다.

나는 그 교사들의 관점에서 한번 생각해 보자고 제안했다. 카산드라는 30년간 교단에 선 뒤 자기보다 수십 살 어린 상사가 나타나서 자신이 교사로서 내내 지켰던 업무처리 방식을 뜯어고치려 한다면 어떤 기분일지 곰곰이 생각했다. 그들의 관점에서 문제를 볼 수 있게 된 카산드라는 자기 생각을 수정하고 교직원들을 대하는 방식을 바꿔 나가기 시작했다. 상대의 관점에서 상황을 바라봤던 시간이 공감을 쌓고 갈등을 해소하는 방향으로 나아갈 커다란 기회를 제공한 셈이다. 카산드라는 교내 정책 변화를 공개하는 방식을 조정해서 더 부드럽고 받아들이기 쉽게 바꾸었다. 보류 덕분에 반발했던 교사들의 사연을 고려할 시간과 여유를 얻어 강한 공감대를 형성할 수 있게 된 것이다.

이 기법은 정치적, 사회적 문제에서 반대편에 서 있는 친구와의 상호 작용, 또는 부모나 자녀와의 관계에도 똑같이 적용된다. 일단 경계선을 긋고 까다로운 대화를 일시적으로 보류하고 나면 우리는 상대방의 관점에서 상황을 바라볼 준비가 된 것이다. 이제 안 된다고 말하는 법, 대화 또는 관계 전체를 보류하는 법을 배웠으니 자신이 수치심을 느끼거나, 방어적으로 굴거나, 남을 탓하는지 아닌지 눈치챌 수 있다. 이 전략들을 활용해서 내면의 변화를 외적 행동에 자신 있게 반영해 보자.

힐러리와 시몬이 방어적으로 행동하지 않았다면

힐러리와 시몬은 까다로운 상황이 닥쳤을 때 속도를 늦추면서 YES 기법의 단계를 거치는 대신 방어적으로 변해 서로 '남 탓'을 했다.

잠시 타임아웃을 두기로 했다면 둘은 상대 탓을 하지 않고도 자기 감정을 다룰 신중하고 생산적인 방법을 떠올렸을지도 모른다. 힐러리가 보류를 택했다면 자신의 부족한 야심은 사실 결점이 아니라 현재의 만족감에서 나온 것임을 깨달았을 수도 있다. 그랬다면 시몬에게 (비판과 방어가 아니라) 더 큰 연민을 보일 수 있었으리라. 마찬가지로 시몬이 자신의 근본 동기를 이해하고 힐러리가 이를 공유하지 않는 이유를 알았더라면 흥분한 상태에서 상처가 될 말을 삼가고 참을성 있게 차근차근 대응할 수도 있었을 것이다.

요점 정리

◆ 방어는 문제 해결의 적이다. 방어 태세에 들어가면 우리는 자기 자리를 고수하려 하므로 상대방의 관점에서 상황을 바라볼 수 없게 된다.

◆ 자신의 핵심 가치를 탐색하고, 자신감을 키우고, 성장 마인드셋을 갖추면 방어적 태도에 점잖게 대응할 수 있다.

◆ 보류는 공감대를 형성하고 갈등을 해소하는 방향으로 나아갈 커다란 기회를 제공한다.

◆ 상호 작용을 최적화할 당신만의 창의적 방법을 찾아 보자. 일시 정지, 명상, 긍정 선언은 첨예한 갈등 상황을 진정시키고 반응이 아닌 대응을 보여 다시 중심을 잡기에 유용한 도구들 가운데 일부일 뿐이다.

4부

관계 면역력
키우기

8장

인간관계의
비밀 무기

기꺼이 취약해질 것

자신을 있는 그대로 드러내는 것, 다시 말해 취약성을 받아들이기는 몹시 겁이 날 수도 있다. 그러려면 자기 약점을 인정하고 두려움을 정면으로 마주해야 하기 때문이다. 이는 불유쾌한 과정일 수도 있지만, 해묵은 갈등을 돌파하려면 이 방법밖에 없다. 인간은 원래 일이 잘못된 근본 원인을 외면화하려는 경향이 있기에 더욱 그렇다. 앞 장에서 언급했듯 수치심은 자신의 불안정함과 내가 남보다 못하다는 감정에서 비롯된다.[1] 내면에서 일어나는 일을 최소한 자기 자신에게라도 인정할 때 우리는 지긋지긋하게 반복되는

다툼으로 허송세월하던 악순환에서 빠져나와 앞으로 나아갈 기회를 얻는다.

1부에서 우리는 갈등에서 자신의 역할, 다시 말해 자기 태도와 습관이 불편한 역동의 원인이 되었을 가능성을 받아들여야 한다는 점을 배웠다. 이 단계를 거치며 당신은 관계에서 자신의 역할과 목표를 확실히 알게 되었다고 생각할 수도 있다. 2부에서는 감정 서사를 이해하는 작업에 뛰어들면서 더 나은 습관을 들이는 법을, 3부에서는 뚜렷한 경계선을 그어서 과열된 대화를 보류하거나 일시 정지하고 상황을 개선하는 기술을 익혔다. 이제 당신은 문제투성이 역동을 개선하기 위한 조치를 전부 취했다고 여길 것이다. 그런데도 이렇다 할 변화가 나타나지 않는, 정말 까다로운 인간관계도 있다. 아니면 스스로 깨닫지 못한 채 예전 패턴으로 돌아가 버려서 다시 궤도로 돌아가려는 노력이 필요할 때도 있다.

우리는 문제에서 자신의 역할을 회피하는 데 익숙해져 있으므로 취약성을 완전히 드러내는 데는 상당한 노력이 필요하다. 앞에서 언급한 대로 사람들은 대개 약점을 노출하느니 남을 공격하는 쪽을 택한다. 자신을 보호하고 방어하는 이 장벽은 대체로 생존을 위해 평생에 걸쳐 만들어지지만, 문제는 필요치 않을 때 이 장벽을 치울 메커니즘이 없다는 것이다. 그래서 시간이 지나며 이 보호벽은 우리를 보호한다기보다 인간관계를 막는 장벽으로 작용한다.

갈등의 악순환은 두 가지 방식으로 검토해야 한다. 첫 번째로 취약함을 드러내지 못하게 방해하는 걸림돌이 무엇인지 알아낼 필요가 있다. 숨기면 병이 된다는 말이 있듯이 자신에게서 비밀을 지키기란 쉬운 일이 아닌데도 우리는 늘 자신을 속인다. 나로 말하자면 만족스러운 경력을 쌓지 못했다는 수치심에서 나 자신을 지키려고 "나는 잘난 사람"이라는 내면 서사를 만들어서 버텼다.

결혼 초기에 나는 좋은 아내이자 엄마가 되려고 지나치게 노력한 나머지 내 삶의 나머지 부분을 돌보는 것을 잊어버렸다. 스스로 만든 어처구니없이 높은 기준에 맞출 수 없게 되었을 때 나는 무능하다는 느낌에서 나 자신을 보호하려고 내 불행을 몽땅 남편 탓으로 돌렸다. 실패한 역동을 남 탓으로 돌리는 것이 훨씬 편하므로 우리는 굳이 거울 속 자신을 들여다보는 데 시간을 쓰지 않는다. 물론 자기 약점을 인정하는 것은 불편한 일이므로 이는 자연스러운 현상이지만, 자신이 고집스럽거나, 비현실적이거나, 예민하거나, 적대적이거나, 수동적이거나, 기타 부정적인 행동을 보이는 지점이 어디인지 알아차리기만 해도 다른 결과를 얻을 수 있다.

가장 취약한 내면 자아와 친해지는 과정을 거치면 이제 당신이 꼭 붙들고 있던 무언가를 떨쳐 버리지 못하게 방해하는 원인을 찾아낼 수 있다.[2] 문제투성이인 인간관계를 개선하기 위해 감정적 집착을 버리는 방법도 고려할 수 있게 된다. 그리고 (더 흥미롭게도) 자신의 본질, 생각, 행동과 비행동이 문제의 일부라는 점을 알고 나면 이제 우리는 자신의 통찰력을 일깨워야 한다. 현실을 받아들이려면 우선 약점을 스스로 인정할 필요가 있다. 가장 어려운 부분이지만, 그 보상은 엄청나게 크다.

지금까지도 남편은 우리 결혼 생활 초반을 나와는 다른 식으로 바라본다. 자기는 그냥 열심히 자기가 해야 할 일을 했을 뿐이라고 말한다. 그리고 내가 나를 잘 돌보기 시작한 이후로 우리 관계나 그의 삶에 무슨 커다란 변화가 생겼는지도 잘 모른다. 미치가 아는 것은 내가 더 행복해졌다는 사실이다. 관계를 망치는 데 한 사람이면 충분한 것과 마찬가지로, 한 사람의 노력만으로 관계를 충분히 개선할 수도 있다.

내 삶의 주도권은
이미 내 안에 있다

자신의 취약성을 알아보고 받아들이는 식은 죽 먹기인 방법이 있다. 감정적으로는 생각보다 조금 까다로울지도 모르지만, 결국은 그리 어렵지 않게 해낼 수 있을 것이다.

- **내 감정을 느껴 보자.** 지금 느끼는 감정이 불안정하거나 불편한 감각을 불러일으키는지 관찰한다. 그건 전적으로 자연스러운 현상이다. 이렇게 속도를 늦추는 작업은 다소 힘겨울 수도 있다. 하지만 여

기에는 더 솔직한 내적 대화와 더 돈독한 타인과의 관계라는 보상이 따른다. 울고 싶은 충동이 든다면 그 감정을 충분히 느끼고, 버겁더라도 받아들인다. 감정을 잘 관찰한 다음 나에게 도움이 되지 않는다고 판단되면 놓아 보낸다. 예를 들어 막내로 자란 당신이 자꾸 아랫사람 취급을 받는 역동에 말려든다면 자기 회의나 부정적 혼잣말로 기껏 만든 자기 존중 선언을 지워 버리는 반사적 습관을 버려야 한다. 어린 시절 확립된 패턴을 방어하기 위해 생겨났으나 이제는 도움이 되지 않는 감정도 있다. 그런 감정이 불쑥 나타나면 잘 관찰했다가 그에 걸맞은 자기 긍정 선언을 만들어서 맞선 다음 당신이 꼭 붙들고 있던 수치심을 놓아 보내면 된다.

- '자존감' 긍정 선언을 활용하자. "나는 가치 있다" "나는 이해받을 자격이 있다"처럼 간단한 말이라도 효과는 매우 크다. 이런 긍정 선언의 의의는 긍정적 내면 서사를 엮어서 당신이 자기 자신과 자신의 내적 가치를 믿게 하는 데 있다. 스스로 자기 가치를 믿으면 (내적으로나 인간관계에서나) 더 나은 결과를 얻을 수 있다. 긍정 선언이 당신의 사고방식에 깊이 배어들게 하자.

- 내가 실망에 대처할 수 있다고 믿자. 취약성을 드러냈을 때 우리는 마음을 연 채로 실패를 포함한 결과를 맞이하게 된다. 자신이 역경과 실패를 극복할 수 있다고 기꺼이 믿어 보자. 자존감 긍정 선언으로 자기 가치를 스스로 되새기는 것은 매우 중요하다. 거부당했거나 오해받았다고 느낄 때 든든한 힘이 되기 때문이다. 실망의 반대쪽 끝에는 성공이 기다리고 있음을 잊지 말자.

- 취약성은 내면의 힘을 보여 준다는 사실을 기억하자. 그렇다고 아

주 친밀하지 않은 사람들에게 마음을 마구 드러내라는 뜻은 아니다. 취약성을 드러냄으로써 당신은 남을 비난하지 않고 더 강력하며 만족스러운 결정을 내릴 내면의 힘을 얻는다. 자신의 낮은 업무 성과를 상사 탓으로 돌리는 대신 나의 취약성을 마주하고 다른 이유를 찾아보자. 당신이 카피라이터인데 카피 원고가 끊임없이 교정되어 돌아오고 상사에게 비판받는다고 해 보자. 여기에 대처할 방법은 여러 가지다. 상사가 얼간이라서 그렇다고 여기면서 아무것도 하지 않을 수도 있다. 회사를 그만두고 카피라이터가 되기를 포기할 수도 있다. 아니면 상사에게서 건설적 피드백을 받아 보기로 마음먹을 수도 있다. 상사의 말에 뛰어난 통찰이 담겨 있어서 지적을 받아들이면 글솜씨가 개선될지도 모를 일이다. 아니면 단지 당신의 문제가 그 일에 알맞지 않다는 사실을 알게 될 수도 있다. 취약성을 드러내며 다가가서 건설적 조언을 청할 자신감이 있어야 이 불편한 관계를 뛰어넘어 더 성공적이고 보람된 경력을 쌓을 기회를 얻을 수 있다.

물론 방법이 쉽다고 해도 자신을 있는 그대로 드러내는 것은 개인적으로나 인간관계에서나 상당한 노력이 필요한 일이다. 또한, 타인의 극도로 까다로운 성격, 치료가 필요한 정신 건강 문제, 불유쾌한 사고방식처럼 당신 힘으로 해결하기 어려운 부분들도 존재한다. 살다 보면 발을 빼는 것이 현명한 선택일 때도 있다. 우리는 늘 관계의 상대적 중요도, 당면한 문제의 중요성, 그리고 서로 존중하며 상호 작용하려는 양측의 의도와 실제 능력의 균형을 고려해야 한다. 가끔은 놔두는 게 상책인 일도 있다. 하지만 대화나 관계가 완벽하게 나아질 수는 없다고 해도 웬만해서는 더 낫게 바꿀 방법은 있기 마련이다. 그리고 더 나은 관계는 노력을 들일 가치가 있다.

개인적 성장을 추구하고 삶에서 일어나는 갈등을 포용할 건강한 해결책을 손에 넣기 위해 자기 생각과 감정을 파고드는 법을 연습할 필요가 있다. 자신의 불안정한 부분과 건드리면 폭발하는 감정적 상처를 스스로 인정하고, 자신이 앞으로 바라는 역동을 설정함으로써 YES 기법의 어느 단계에서 벽에 부딪히는지 파악할 통찰력을 얻게 된다. 그러면 불쾌한 역동에 지겹게 붙들려 있던 상태에서 조금씩 벗어날 수 있다.

취약함을 드러낸다는 것은 나의 현재 감정을 명확히 이해한다는 뜻이다. 불편할지라도 진짜 감정을 받아들이는 태도는 당신 삶의 도약대 역할을 할 것이다. 갈등을 겪을 때 자기 내면을 들여다보고 어떤 감정이 올라오는지 확인하자. 부정적이거나 강박적인 순환에 갇히지 말고, 자기 감정을 알아차리자. 거기서부터 당신은 더 나아지고자 하는 내적 동기를 활성화해서 앞으로 나아갈 수 있다.

유명 심리학자 브레네 브라운Brené Brown이 자신의 저서 《마음가면》에서 설파한 대로 나를 진지하게 마주하고 나의 취약성을 직시하면 삶에서 더 큰 힘을 얻게 된다. 삶의 주도권은 나의 내면에 있다.

VIR 프로토콜:
관계를 개선하는 비밀 병기

오십 대 초반 여성 조니는 삼 년 전 이혼했고 여섯 달 전부터 열다섯 살 연하인 에디와 만나기 시작했다. 스물네 살인 조니의 외동딸 올리비아는 최근 대학을 졸업하고 멀리 떨어진 지역에서 남자친구와 함께 살고 있다. 모녀는 늘 사이가 좋았지만, 멀리 떨어져 사는 탓에 올리비아는 엄마와 에디의 관계가 가벼운 만남이라고 넘겨짚었다. 그러다 에디가 엄마네 집에 들어와서 살 거라는 얘기를 듣고 올리비아는 큰 충격을 받았다. 올리비아는 조니에게 다시 얘기할 준비가 되면 본인이 연락할 테니 당분간 전화하지 말라는 문자를 보냈다.

처음에 조니는 딸의 기분이 곧 풀리겠지 생각하고 이 말을 받아들였다. 하지만 연락이 끊긴 지 삼 주가 지나자 다급해지기 시작했다. 억장이 무너지는 기분이었다. 에디와 올리비아의 나이 차가 크지 않아서 딸이 부정적 반응을 보일 수 있다고 예상했지만, 이 정도일 줄은 몰랐다. 전남편의 불륜으로 이혼한 조니는 엄마의 행복을 빌어 주지 않는 딸에게 서운함을 느꼈다.

한편 올리비아는 엄마에게 뭐라고 말해야 할지 알 수가 없었다. 꼭 열다섯 살 연하와 사귀어야 속이 시원한가? 본인의 남자친구와 에디의 나이대가 거의 비슷했다. 화가 나고 왠지 모를 배신감이 들

긴 해도 올리비아는 여전히 엄마를 사랑했다. 계속 가깝게 지내고 싶은 마음은 변함없었다.

인간관계는 아무리 간단하게 생각하려야 간단할 수 없는 주제다. 애써 노력해도 벽에 부딪히는 느낌이 들 수도 있다. 우리는 대개 갈등에는 '승자'와 '패자'가 존재한다고 생각하지만, 갈등 해결은 제로섬 게임이 아니다. 역동을 개선해서 앞으로 나아가려 할 때 해결로 가는 여정에서는 명확히 딱 떨어지지 않는 일이 수없이 일어난다. 사람들은 무언가를 판단할 때 흑백 논리에 매달리는 경향이 있다. 그래서는 진심에서 우러난 평화에 도달하기 어렵다. 조화를 이루는 것보다 자기 말이 옳다고 증명하거나 이기는 것을 중시하면 단기적으로는 만족스러울지 몰라도 장기적으로 보면 자신에게나 인간관계에나 별 이득이 되지 않는다. 올리비아처럼 지금 당신을 힘들게 하는 사람을 끊어 내기보다 진정으로 건강한 관계를 맺고 싶은 마음이 강하다면 주도권은 이미 당신에게 있다. 이제는 자기 내면을 더 깊이 들여다보고, 관계를 개선하는 과정의 걸림돌을 명확히 파악할 때다.

타인과 상호 작용하며 주도적으로 살아가려는 의뢰인들을 돕기 위해 내가 다년간 개발한 체계적 방법이 있다. 바로 'VIR 프로토콜'이라는 비밀 병기다. 이는 의미 없는 싸움의 악순환에 갇혔을 때나 비난과 수치심, 분노 속에 살고 있을 때 가장 유용하지만, 인생의 거의 모든 영역에서 활용할 수 있다. 이 비밀 병기 사용의 목적은 책임 전가에서 주도권의 영역으로 중심을 옮기는 것이다. 그래서 가능한 최선의 결과라는 관점에서 자기 인간관계의 갈등을 바라볼 수 있게 한다. 또한, YES 기법의 출력을 높이는 추진체 역할을 해서 당신이 기법의 각 단계를 자기 삶에 온전히 통합할 수 있게 도와준다.

VIR 프로토콜의 3단계

- 1단계: 원하는 것(자기 자신 또는 인간관계에서 바라는 최상의 목표)을 시각화Visualize한다.

- 2단계: 해당 내용을 내면화Internalize(매일 글을 쓰는 형태 또는 시각화한 목표를 자기 삶으로 가져올 구체적 행동을 통해)한다.

- 3단계: 스스로 인식한 상태를 현실화Realize한다.

VIR 프로토콜을 실천하려면 먼저 당신이 이루고 싶은 서사를 시각화해야 한다. 긍정 선언을 활용하면 자신의 내면 서사를 더 나은 내용으로 바꿔 쓸 수 있다. 생각은 우리 마음에 뿌려지는 씨앗과 같으므로 단어 선택에 주의를 기울이자. 자신에게 보낼 메시지는 신중히 골라야 한다.

실제로 어떻게 작용하는지 예시를 통해 살펴보자. 재작년과 작년에 당신은 승진에서 연거푸 밀려났다. 올해는 회사의 주요 프로젝트에서 중요한 일을 많이 맡았기에 이번에야말로 인정받을 차례라는 희망을 품어 보지만, 실은 예감이 좋지 않다. 겉으로는 아무렇지 않은 척하지만, 속으로는 자신이 회사에서 무시당하거나 존중받지 못한다고 느낀다. 이제 그만 포기할까 하는 생각도 든다.

1단계: 시각화

먼저 직장 내 인간관계에서 당신이 바라는 목표를 적는다. 회사와 업무, 동료들에 대해 당신이 어떤 식으로 느끼고 싶은지를 목록으로 만드는 것이다. 더 큰 그림에서 시작해 자세한 부분으로 들어가자. 내가 이 관계에서 어떤 것을 느끼고 싶고 무엇을 만들어 내고 싶은지 세세히 파고들다 보면 태도가 조금씩 달라지는 것이 느껴질 것이다. 떠올리기 조금 부끄럽더라도 당신이 더 존중받고 싶다면 동료들이 특정 업무를 어떻게 처리할지 당신에게 의견이나 조언을 들으러 오는 장면을 상상해 보자. 여기서 기억해야 할 것은 당신, 그리고 당신이 직접 조절할 수 있는 것과 관련이 있어야 한다는 점이다. 남의 행동과는 관련이 없어야 한다.

당신은 동료가 정치 이야기를 꺼내지 못하게 할 수는 없지만, 대화에서 빨리 빠져나가려는 노력을 기울일 수는 있다. 상사가 당신 월급을 올려 주게끔 할 수는 없지만, 연봉 인상을 요구하거나 보수가 더 높은 다른 회사를 찾아볼 수는 있다. 배우자가 예민하게 구는 것을 당신이 막을 수는 없지만, 배우자의 행동에 다르게 대응할 수는 있다. 중요한 대화를 나누고 있는 자기 모습을 시각적으로 상상해 보자.

삶의 어느 측면에서든 자신의 꿈 또는 이상이 무엇인지 정해 보자. 특정 관계에서 내적 균형과 외적 평안을 얻는 데 집중하자. 정말로 눈에 보이고, 만져지고, 냄새가 나는 느낌이 들 때까지 목표를 시각화한다. 이렇게 그려 낸 이상이 당신의 인간관계와 삶의 전반적인 분위기를 결정한다.

2단계: 내면화

앞서 그린 이상이 당신이라는 존재의 모든 면에 스며들게 하는 단계다. 1단계에서 자신이 동료들에게 존중받는 모습을 그렸다면 2단계에서는 그게 실제로 어떤 느낌일지 생각해 보는 것이다. 이전에 무시당한다고 느꼈다면 자신감 넘치는 모습이 어떤 것인지 몰라서 내적 갈등을 느낄 수도 있다. 그런 자신을 상상하는 것 자체가 불편할지도 모르지만, 그래도 괜찮다. 이건 당신의 여정, 당신의 발전 과정이다. 어떤 요소가 자신감을 구성하는지 신중하게 고민하고, 옷이 맞는지 입어 보듯 시험해 보면 된다. 자신 있는 사람이란 리더라고 생각했다면 회사에서 통솔력이 필요한 역할을 맡거나, 사내 위원회가 있다면 들어가는 것도 이를 내면화하는 좋은 방법이다. 더 전문가다워 보이는 복장을 갖출 수도 있다. 다른 직원의 멘토가 되는 것도 좋다.

내면화 단계에서 당신이 할 일은 조금씩 자기 이상을 구현하는 것이다. 그러려면 아주 세밀한 곳까지 상상해야 한다. 이번에도 당신은 자기 이상을 내면화하고 자기 연민을 키우기 위해 취약한 부분을 자신에게 완전히 드러내야만 한다. 자신을 너그럽게 받아들이는 자기 연민은 당신이 자신감의 긍정적 의미를 내면화할 때 겪는 내적, 외적 갈등을 떨칠 수 있게 돕는 역할을 한다. 어떤 이유로든 내면화 과정 도중에 시각화한 내용을 조금 바꾸고 싶어질 수도 있다. 끊임없이 진화하는 당신의 이상에 맞춰 목표를 조금씩 수정하면서 계속 나아가자. 지금은 목표에 거의 집착하다시피 매달려야 할 때다. 내면화를 위해서는 마음을 열고 당신이 바라는 이상을 온전히 받아들일 필요가 있다. 내가 시각화한 내용을 누릴 자격이 있는 사람이라고 믿자. 내면화는 당신의 의도가 실체화되는 단계다. 흔들림 없이 자기 이상에 계속 집중하자.

3단계: 현실화

진심을 담은 시각화와 내면화 과정을 거치고 나면 목표를 현실화할 수 있게 된다. 자신의 관점과 관계 맺는 방식에 변화를 일으킨 당신은 이제 주변 사람들과의 관계를 완전히 바꿀 수 있다. 이 단계에서는 당신이 시각화한 이상이 실제로 이루어진다. 이는 당신이 자기 이상을 명확히 규정하고, 내면화 단계에서 이를 실제로 구현하기 위해 온갖 노력을 기울인 덕분이다. 성공을 위해 옷을 차려입거나, 직무에 관련된 모임에 적극적으로 참여하거나, 누군가의 멘토가 되면서 당신은 실제로 더 자신 있는 사람으로 변했을 가능성이 크다.

YES 기법에서와 마찬가지로 VIR 프로토콜을 수행할 때도 끊임없는 발전이 필요하다. 자기 이상을 내면화할 때 우리는 배우고 성장한다. 스스로 점점 발전하면서 원하는 것이 달라지기도 한다. 목표가 달라지거든 다시 돌아와서 새로운 목표를 시각화, 내면화, 현실화하면 된다. 생각이 행동에, 행동이 결과에 영향을 미친다는 사실을 잊지 말자.

이 과정에서 걸림돌이 되는 감정에 이름을 붙이는 것이 매우 중요하다. 자신의 취약성을 받아들이고, 인정하고, (자존감 긍정 선언문으로 물리치는 방법 등을 활용해서) 강렬한 감정을 놓아 보낼 때 우리는 처음에 자신이 시각화한 결과를 실현하고 변화를 불러올 전략을 실행하는 능력을 손에 넣을 수 있다. 자기 자신과 인간관계에 접근하는 방식을 바꿔 새로운 역동을 도입하면 관계를 개선할 수 있다. 이런 변화는 우리가 의도적으로 추가적 행동을 하지 않아도 자연스럽게 일어난다. 현실화는 우리 의식과 행동이 달라져서 나타나는 결과이기 때문에 시각화, 내면화의 정점이자 행위보다는 허락과 승인에 가깝다.

이상이 현실화되는 과정

올리비아는 나에게 자기 감정을 솔직히 이야기하고 우리는 대화를 나눴다. 그리고 능숙한 솜씨로 갈등을 헤쳐 나갔다. 조니를 탓하거나 외면하지 않고 자신의 취약성을 직시함으로써 갈등을 해결할 힘을 얻은 것이다. 올리비아는 자신이 엄마의 연애에 극심한 무력감을 느꼈음을 인정하고 분노를 놓아 보냈다. 마음을 열고 상처받은 감정을 고스란히 느꼈고, 마음이 후련해질 때까지 울고 또 울었다. 이렇게 취약성을 드러냈기에 VIR 프로토콜을 수행할 수 있게 되었다.

우선 올리비아는 자신이 진정으로 원하는 것, 즉 평온함이나 적어도 상황을 받아들이는 상태를 시각화함으로써 자기 마음속의 비난-수치심의 악순환에서 벗어날 수 있었다. 감정을 외면화하거나 무시하는 대신 온전히 받아들이기로 한 선택 덕분에 커다란 해방감을 느꼈다. 그리고 엄마에게 실망감을 품었던 자신을 조금씩 용서하기 시작했다. 그런 다음에는 엄마와 친밀하고 다정한 관계로 지내는 모습을 시각화했다. 그렇지 못한 모습을 상상만 해도 눈물이 고였고, 눈물이 흐르게 두고 나서 다음으로 넘어갔다. 다음 단계로 올리비아는 엄마가 말도 안 되는, 심지어 자신을 다소 불편하게 하는 상대와 연애를 해도 괜찮다는 믿음을 내면화했다. '친밀하고 다정한 관계'가 어떤 것인지 내면화하면서 올리비아는 긍정적 감정이 가득한 엄마와의 추억을 다시 꺼내 볼 수 있게 되었다. 시각화에 쏟은 시간과 마음만큼 엄마와의 재조정된 관계를 내면화하는 작업도 진전을 보였다. 엄마와의 관계가 끊어질지 모른다는 두려움도 차츰 사라지기 시작했다. 현재의 불화가 아니라 긍정적 감정 기억에 집중하면서 올리비아는 비판과 분노 없이 조니를 마주할 준비가 되었다. 간절히 되찾고 싶었던 평온함을 내면화하는 데도 성공했다. 조니와 에디의 관계를 진심으로 이해할 날은 오지 않을지 몰라도, 이제는 훨씬 안정된 느낌이 들었다.

이렇게 시각화와 내면화를 거쳐서 엄마와의 관계에서 자신이 원하던 평화를 현실화하는 데 성공한 올리비아는 엄마를 다시 자기 삶에 받아들일 수 있었다.

시각화와 내면화는 반복되는 과정이다. 목표를 내면화하다 보면 시각화한 내용이 더 뚜렷해지기도 하고, 살짝 다른 쪽으로 방향을 틀기도 한다. 이는 자연스러운 일이다. 시각화의 목표는 자신이 의도한 길에 스스로를 세워 주는 것이며, 이 길은 시간이 지나면서 발전하게 되어 있다. 자신이 이루고자 의도한 목표를 꾸준히 기록하는 것은 계속 앞을 향해 나아가는 데 도움이 된다. 시간이 지나며 당신의 목표가 점점 뚜렷해지고 속속들이 내면화되면서 현실화 단계가 조금씩 완성되어 간다.

조니와 다시 대화하기 시작하면서 올리비아는 에디를 직접 만나 보기로 했다. 시간이 지나면서 나이 차이를 불편하게 여기던 감정은 사라졌다. 오히려 조니와 에디가 잘 어울리며 서로 매우 아낀다는 사실을 진심으로 받아들이게 되었다. 솔직히 에디가 마음에 들기도 했고, 엄마가 이제 외롭지 않아서 기뻤다. 자신의 긍정적 감정을 끌어냄으로써 올리비아는 반사적 반응에서 한 걸음 물러나 차분히 대화할 수 있게 되었다.

VIR 프로토콜을 활용하면 당신이 겪는 갈등 대다수를 누그러뜨릴 수 있다. 더불어 자기 감정을 온전히 받아들이고 한때 붙들려 빠져나올 수 없다고 여겼던 악순환에서 벗어나게 된다.

이 책을 읽으면서 연습을 실천하는 행위 자체도 원만한 관계를 목표로 삼는 시각화에 해당한다. 이제 당신은 내면화 과정을 거치는 중이다. 일단 자신의 '왜'를 찾으면 갈등에 대처하는 방식을 본격적으로 바꿔 나갈 수 있다. 그리고 이 변화는 당신이 인간관계에서 생각하고 느끼는 방식을 근본적으로 개선해 줄 것이다. 당신의 이상이 현실화한다는 뜻이다.

우리 삶에서 갈등을 완전히 몰아내기란 불가능하다. 갈등은 끊임없이, 특히 방심하고 있을 때 불쑥불쑥 고개를 내민다. 그렇다고 우리가 YES 기법을 통해 배웠던 기술이 통하지 않는다는 뜻은 아니다. 그저 자기 자신과 주변 세상을 다시 살펴볼 때가 되었다는 뜻이다. 지금껏 배웠던 여러 전략과 VIR 프로토콜을 조합해서 활용하면 자기 자신은 물론 타인과의 관계에서 당신이 바라는 감정적 욕구를 더 깊이 이해할 수 있다. 나아가 이런 갈등들이 전쟁, 이

별, 아수라장으로 변해 버리지 않게 막을 수 있다.

이 책 앞부분에서 다루었듯 원만한 관계로 가는 첫걸음은 관계 목표를 확립하는 것이다. 인생을 살아가며 나는 뭔가를 해내고 싶다면 먼저 아주 명확한 목표를 세워야 한다는 점을 배웠다. 그런 다음에는 그 목표를 달성하면 어떻게 될지, 어떤 느낌일지를 내면화해야 했다. 내가 어떤 목표를 세우든, 인간관계 관련이든 직업적 성취 관련이든, 이 두 단계는 매번 효과를 보였다. 명확한 목표를 세우고 그 목표를 내면화하는 데 매진하면 현실화된 결과가 따라왔다.

힐러리와 시몬이 VIR 프로토콜을 수행했다면

힐러리가 자신의 목표를 뚜렷하게 시각화했다면 직면한 현실과 자신의 취약성을 똑바로 보고 갈등에서 자기 역할을 인정하며 시몬과 대화를 시도할 수도 있었다. 시몬이 이에 응하지 않더라도 힐러리가 자기 이상을 내면화했다면 관계를 산산조각 내는 대신 원래부터 거절을 못 하고 대립을 꺼리는 성격이 문제의 일부였음을 인정하고 깔끔한 결별을 시각화할 수도 있었을 것이다.

두 사람이 대화를 나눠서 합의점을 찾아냈을 수도 있다. 이를테면 시몬이 두어 달 인수인계를 하고 나서 원만하게 독립했더라면 둘은 친구로 남았을지도 모른다. 어쩌면 시몬이 몇 달 더 남아서 힐러리에게 사업 수완을 알려 주는 대가로 힐러리가 더 많은 고객 명단을 시몬과 공유했을 수도 있다. 그랬다면 두 사람의 미용실 모두 번성했을 테고, 더 중요한 것은 둘이 친구로 남을 가능성이 열려 있었으리라는 점이다.

마음을 바꾸는 VIR 일지 쓰기

　VIR 프로토콜은 타인과의 관계뿐 아니라 자기 삶에서 에너지를 재배치하고자 할 때도 유용하다. 나는 직업란에 '이혼 변호사'와 '중재 전문가' 외에 '작가'와 '강연자'를 덧붙일 때 이런 변화를 직접 경험했다. 사이비처럼 들릴지 몰라도, 실제로 효과가 있는 방법이다. 당신이 해야 할 일은 에너지를 집중할 곳을 바꿔서 마음이 자연스럽게 스스로 원하는 결과를 향하게끔 하는 것이다. 우리가 실제 주변 환경 탓에 꼼짝없이 마주해야 하는 사람들을 바꿀 수는 없지만, 생각과 관심의 방향을 바꿔서 더 나은 결과를 끌어낼 수는 있다.

　다음번에 특정 상황(또는 특정 인물과의 관계)에서 기분이 상하거든 수첩을 꺼내서 VIR 일지를 써 보자.

- 시각화 이 상호 작용(또는 인생의 일부분)을 어떤 식으로 경험하고 싶은지 적는다. 당신이 이루고 싶은 바람을 아주 세세한 부분까지 묘사한다. 가령 당신이 영감을 얻을 수 있는 일을 하고 싶어 한다고 가정하자.
- 내면화 당신이 생각하는 영감이란 어떤 것인지 목록을 만든다. 어떤 일을 하고 있으면 영감이 느껴질지 머릿속에 그려 보자.

이 예시를 계속 활용해서 말해 보자면 당신이 적은 목표 목록에는 책을 쓰거나, 팟캐스트를 시작하거나, 모임을 이끌거나, 돈을 더 버는 것 등이 포함될 수 있겠다. 눈을 감고 당신이 적은 항목 가운데 가장 말도 안 되게 신나고 영감 넘치는 일을 지금 하고 있다고 상상한다(부정적 생각이 떠오르면 자기 긍정 선언을 활용해 물리친다). 아주 중요한 주의 사항 하나는 이 연습을 매일 해야 한다는 것이다. 지금은 말 그대로 집중력과 관심의 배선을 바꾸는 중이기 때문이다. 이렇게 자신을 바라보는 방식을 조금씩 새롭게 바꿔 나감으로써 당신은 더 만족스러운 환경을 갖추고 원만하며 건강한 인간관계로 가는 길을 닦는 셈이다.

• 현실화 시각화한 목표를 당신이라는 존재 안에 내면화하고 나면 이제 당신이 실제로 뭔가를 할 필요는 없다. 긍정적 방향으로 당신이 집중한 상당한 양의 관심 덕분에 현실화한 결과가 저절로 모습을 드러내기 때문이다. 이상의 현실화는 당신이 취약성을 진정으로 받아들일 때 이루어질 확률이 가장 높다. 비밀을 숨기면 병이 되며, 자신에게만이라도 취약성을 드러낼 때 우리는 내면에서도 타인과의 인간관계에서도 긍정적으로 나아갈 수 있게 된다는 사실을 잊지 말자.

요점 정리

◆ 1~3부의 조언을 따랐는데도 여전히 꽉 막힌 기분이 든다면 기꺼이 취약성을 드러내고 시각화의 힘을 활용하여 상황을 재편하자. 취약성을 받아들이면 자기 감정에 접촉할 수 있게 되며 타인과 더욱 진솔하고 생산적인 관계를 맺을 기회가 열린다.

◆ 자기 감정을 느끼는 연습을 하자. 매일 세 번 호흡 수련을 하고, 자존감 긍정 선언을 만들어 보자.

◆ 자신의 감정적 안녕을 명확하게 시각화하는 방법으로 우리는 어떤 관계에서든 자기 기대치를 조정할 수 있다. VIR 일지를 쓰는 연습은 우리가 취약성을 드러내고 VIR 프로토콜을 본격적으로 시작하도록 도와준다. 복잡한 건물을 올리려면 땅을 깊이 파야 하듯 기초 다지기의 중요성을 보여 주는 과정이다.

◆ VIR 프로토콜은 우리가 자기 가치와 욕구를 이해하게 할 뿐 아니라 자기 자신과 미래를 통찰하는 예지력을 갖출 수 있게 도와준다.

9장

다툼의 시작이
관계의 끝이 되지 않으려면

혼란의 소용돌이 속에서 쓰러지지 않는 법

미셸은 이혼 관련 상담을 원하며 내게 연락해 온 고객이었다. 그녀는 이혼을 하는 게 맞는지 잘 모르겠다며 가정을 깨뜨리고 싶지 않은 마음도 있다고 했다. 남편은 미셸과 아이들에게 상냥하고 다정했고, 가장으로서도 나무랄 데 없었다. 하지만 다른 한편으로는 숨이 막혔다. 미셸은 가끔 지독하게 불행하다는 느낌마저 들었다. 자기 세계가 무너져 내리는 기분이었지만, 대체 뭐가 그리 속상한지 콕 집어 말할 수가 없었다. 그녀에게 무슨 일이 일어나고 있는지 파악하기 위해 우리는 짧은 기간에 여러 번 대화를 나눴다. 이런 면담에 덧붙여 미셸은 정신과 행동 건강 측면에서 감정을 소화할 수 있게 도와줄 상담사도 만나기 시작했다.

우리는 YES 기법부터 시작하기로 했고, 가장 먼저 스스로 만족감을 느끼지 못하게 방해하는 습관이나 사고방식이 있는지 살폈다. 미셸은 자신이 비판적이라는 것 외에는 갈등에서 자신이 하는 역할 또는 기여를 쉽사리 짚어 내지 못했다. 다음으로 우리는 감정 서사 단계로 넘어갔다. 이 단계에서 미셸은 감정 만족도 체크리스트를 통해 직업, 친구, 돈 등 자기 삶의 다양한 측면을 스스로 어떻게 평가하는지 점수를 매겼다. 우리는 각 항목을 한 번에 하나씩 다뤘다. 영역 하나를 살피고 나면 미셸은 거기서 자신을 괴롭히는 문제가 무엇인지 자기 내면의 목소리에 주의 깊게 귀를 기울였다.

그러다 가족이라는 항목이 나오자 미셸은 완전히 감정이 북받쳐 울기 시작했다. 지난 18개월 동안 미셸의 두 딸 중 한 명은 성 정체성 문제로 씨름하고 있었다. 다른 딸은 음주와 마약 문제로 고생 중이었고, 두 딸 모두 가벼운 우울증 증세를 보였다. 미셸은 엄청난 죄책감을 느끼는 동시에 자기 감정을 어떻게 받아들여야 할지, 성 정체성 문제로 고민하는 딸을 어떻게 도와야 할지 혼란스러웠다. 게다가 어디서 무엇을 하든 다른 딸의 약물 문제에 대한 걱정이 머릿속을 떠나지 않았다. 두 딸의 상태가 급격히 나빠질 거라는 불안을 도저히 떨칠 수가 없었다. 미셸은 남편과의 관계가 늘 평탄하지는 않았으나 딸들의 우울증 치료를 두고 의견이 갈리는 바람에 사이가 훨씬 나빠졌다는 이야기도 털어놓았다. 더불어 미셸의 어머니는 난소암 3기 진단을 받았고, 설상가상으로 코로나19 탓에 아이들이 다니던 학교도 등교가 중지된 상태였다. 미셸은 명료함이 부족할 수밖에 없는 삶을 살고 있었던 것이다. 그녀가 한꺼번에 감당하기에는 심각한 문제가 너무 많았다.

그래서 미셸은 어느 정도 자기 뜻대로 할 수 있는 유일한 문제인 결혼 생활에 초점을 맞춘 듯했다. 나는 남편과의 관계가 진짜 문제인지 아니면 여러 문제 중 그나마 손대기 쉬워 보이는 대상일 뿐인지 생각해 보라고 조언했다. 다른 것들은 단기간에 해결할 수 없는 문제였기에 미셸은 남편과의 불화에 더욱 조바심이 난 상태였다. 결혼 생활은 미셸이 불행한 핵심 원인이 아니라는 사실이 곧 확실해졌다. 이혼하고 싶다는 마음이 커진 원인은 여러 가지였겠지만, 수많은 문제 가운데 통제 가능한 것은 남편과의 관계뿐이라는 이유도 분명히 있었다. 하지만 내가 보기에는 미셸이 결국 이혼을 한다고 해도 먼저 다뤄야 할 문제는 결혼 생활이 아니었다. 남편과 헤어져도 가족 전체의 여러 문제는 개선되지 않을 가능성이 컸다. 이혼 뒤에도 딸들은 여전히 고통받고, 미셸의 어머니는 여전히 아플 터였다.

내 제안으로 미셸은 바로 이혼 절차를 밟지 않고 삶의 다른 부분을 돌보는 동안 그 대화를 보류하기로 했다. 그냥 충동에 따라 남편과 헤어졌더라면 미셸은 의도치 않게 불에 기름을 붓는 결과를 불렀을지도 모른다. 대신 우리는 문제의 우선순위를 정하고 한 번에 한 가지씩 살펴보는 데 집중했다. 성 정체성을 두고 고민하는 딸에게는 우울증 치료를 돕는 것을 제외하면 미셸이 해 줄 일은 딱히 없었다. 반면 우울증과 약물 문제를 겪는 다른 딸의 경우 미셸은 적극적으로 개입해서 어떤 식으로든 도움을 주고 싶어 했다. 하지만 모든 일이 너무 벅차게 느껴진다는 점이 문제였다. 그래서 나와 몇 번 더 대화를 나눈 뒤 미셸은 이 혼란에 관한 감정을 추스르는 것을 우선시해야 한다는 판단을 내렸다. 그러고 나서야 남편과의 관계에 YES 기법을 제대로 적용할 수 있게 되었다.

미셸은 자신을 속상하게 하는 문제들을 하나하나 꼼꼼히 적어 내려갔다. 그런 다음 각 항목 밑에 자기가 두려워하는 것을 적고, 스스로 통제할 수 있는 것과 받아들여야 하는 것을 구분해서 정리했다. 이렇게 두어 주 동안 자신을 괴롭히는 문제 목록을 만든 뒤 미셸은 다시 YES 기법의 첫 단계로 돌아갔다. 이번에는 자신이 부담감에 완전히 무너졌던 이유가 모든 사람을 만족시켜야만 한다고 생각했기 때문임을 명확히 파악할 수 있었다.

미셸은 자신이 각 사건을 감당할 만한 별도의 문제로 인식하지 않고 자기 삶 전체가 난장판으로 변해 버렸다고 여겼음을 깨달았다. 사소한 일 하나만 일어나도 세상이 끝나는 것 같았다. 손댈 수 없을 만큼 거대한 덩어리에 문제 하나가 더해지는 느낌이었기 때문이다. 속상한 사건들을 각각 관리 가능한 별도의 문제로 보기 시작하면서 미셸은 재앙이 임박했다는 불안에서 벗어나 평정심을 유지하면서 갈등에 대처할 수 있게 되었다. 잠을 설치는 일이 점차 줄어들고 푹 자는 날이 많아졌다. 이제는 딸이 마약을 끊게 하려고 애쓰느라 기진맥진하는 일도 덜했다. 중독 문제를 겪는 십 대 자녀의 부모 지원 모임에 참석하기 시작했고, 그곳에서 딸과의 관계뿐 아니라 결혼 생활을 헤쳐 나가는 데 필요했던 도움도 얻었다. 이렇게 미셸은 문제를 한 번에 하나씩 처리하는 법을 배웠다. 몇몇 문제에는 생각의 변화가 필요했다. 다른 방식의 행동을 요구하는 문제도 있었다. 미셸은 문제들을 각각 분리한 다음 목록을 만들어서 한 번에 하나씩, 조금씩 차근차근 대처했다.

삶의 모든 것이 최악으로 치닫는다고 여기던 미셸은 자기 내면의 목소리에 귀 기울일 수 있게 되었다. 하지만 그것만으로는 부족했다. 미셸은 몸이 열 개라도 모자랄 지경이었다. 내적 평화를 회복하려면 일상적 습관의 일부로서 자기만의 시간을 마련할 방법을 찾을 필요가 있었다. 더불어 미셸은 덮쳐오는 모든 자극에 반사적으로 반응하는 버릇을 바꾸기로 마음먹고 일단 마음을 열어 받아들인 다음 문제가 생기면 그때 하나씩 처리하기로 했다. VIR 프로토콜을 실천하면서 자신을 돌볼 시간이 꼭 필요하다는 결론도 얻었다. 미셸은 부모 지원 모임에서도 같은 조언을 들었다고 했다. 나는 박스 호흡법을 가르쳐 주었고, 미셸은 부담감에 압도되는 느낌에 대항하기 위한 자기 긍정 선언을 만들었다. 미셸이 처음 만든 선언문은 "나는 나를 보살필 자격이 있다"였다.

또한 미셸은 감정에서 한 걸음 물러나서 내면의 목소리에 귀 기울이는 법을 배웠다. 우선은 딸들의 우울증 문제에 대한 감정을 두고 남편과 대화를 나누기 시작했고, 거기서부터 다른 이야기도 풀려나갔다. 마지막으로 미셸은 자기 삶에 넘쳐나는 문젯거리를 잠시 피해서 자신을 돌볼 시간을 마련함으로써 경계선을 그었다. 그리고 매일 부담스럽지 않을 정도의 시간을 따로 빼서 문제를 하나씩 살펴본 다음 잠깐이라도 치워 두는 습관을 들였다.

어쩌면 미셸의 사연과 고난이 당신에게도 익숙하게 들릴지 모르겠다. 힘든 일은 몰려다니는 경향이 있고, 그럴 때 우리는 하나씩이었다면 감당할 만했던 상황에 무력감과 심한 부담을 느끼기도 한다. 기억할 것은, 혼란의 소용돌이에 휩쓸리기 전에 상황을 더 낫게 만드는 방법은 분명히 존재한다는 점이다.

과소평가자 vs 과대평가자

감당하기 어려운 문제나 갈등에 부닥치면 사람들은 대부분 자연스레 둘 중 한 가지 반응을 보인다. 즉, 문제를 과소평가하거나 (가끔은 아예 회피해 버리거나) 부정적으로 과대평가해서 방어적 태도를 드러낸다. 후자는 주변 사람들에게 화를 내고, 이기적 방식을 택하고, 자기주장만 고집해서(그렇게 함으로써 불에 기름을 부어서) 갈등을 키우는 결과로 이어진다.[1] 양쪽 모두 자연스러운 행동 패턴이기는 하지만, 둘 다 마음의 평화나 차분함이라는 목표에 도달하는 데는 도움이 되지 않는다. 만사를 극적인 사건이나 재앙으로 여기면 가만히 놔뒀으면 존재하지 않았을 문제가 생겨나고 자라나기 마련이다.[2] 이와는 반대로 작은 문제들을 깡그리 무시하거나 너무 늦을 때까지 문제를 내버려 두면 손쓸 수 없어질 만큼 문제를 키우는 셈이다.

중재 사무실에서 나는 반응 스펙트럼의 양쪽 극단에 있는 사람들, 즉 과소평가자와 과대평가자들을 자주 만난다. 과소평가자는 머리를 모래 속에 파묻고 모든 문제를 무시하는 사람들이다.[3] 이들은 해결해야 할 진짜 문제가 생기기 전까지는 잘 지낸다. 하지만 아직 다루기 쉬울 때 문제를 처리하기보다는 너무 늦을 때까지 문제를 피하고 무시하는 경향이 있다. 작은 문제가 생겼을 때 바로 대처하지 않음으로써 문제를 눈덩이 굴리듯 키워서 수동적으로 혼란을 만들어 낸다.

극도로 예민한 사람과는 완전히 반대로, 이들은 문제를 무시하고 마치 만사가 잘 돌아가는 것처럼 원래 하던 일을 한다. 매사를 '별것 아닌 일'로 취급하는 동안 주변에 심각한 문제가 점점 늘어난다. 과소평가자가 나를 찾아올 때쯤에는 문제가 심각해져서 이미 앞으로 나아갈 길이 보이지 않을 지경에 이른 경우가 많다. 주택 담보 대출 상환이 여섯 달 밀렸거나, 배우자가 네 번째 바람을 피우고 있거나 해서 이제 더는 못 본 척할 수가 없게 되었다는 뜻이다.

이 스펙트럼의 반대쪽 끝에는 과대평가자들이 있다. 과대평가자들은 아주 사소한 문제를 엄청나게 극적인 사건으로 여기며 훨씬 적극적으로 혼란을 창조해 낸다. 과대평가자 중에는 천성적으로 불안이 심한 이들이 많다. 이들은 혹시나 하는 모든 일을 걱정하고, 예상되는 걱정거리가 진짜 문제인 것처럼 수선을 피워서 자기 불안을 가라앉히려고 시도하기도 한다. 누가 말리지 않으면 이들은 자기가 피하려고 애쓰던 결과로 이어지는 선택을 하고 불안을 스스로 부채질해서 결국 상황을 더 나빠지게 한다.

미셸은 전형적인 과대평가자는 아니었지만, 자기 문제들을 한꺼번에 처리하려는 반사적 충동 탓에 정확한 판단을 내리지 못하고 사태를 악화하고 말았다. 처음에 나를 만나러 왔을 때 미셸은 정말로 하늘이 무너진다고 느끼고 있었다. 완벽한 무력감에 푹 잠긴 상태였다. 이렇게 감정에 휩쓸린 채로는 제대로 된 결정을 내리기 어려웠고, 더 많은 문제가 생길 가능성이 컸다.[4]

눈덩이 효과는 과대평가자에게도, 과소평가자에게도 나타난다. 과대평가자는 문제나 갈등을 만들어 내거나 과장하는 반면 과소평가자는 문제가 통제를 벗어나 더는 무시할 수 없을 때까지 무시한다는 차이가 있을 뿐이다. 당신이나 주변 사람들이 이 스펙트럼에서 어느 위치에 있든 해결책은 똑같다. 나선을 그리며 악화하는 순환 고리를 끊어서 압도당하는 느낌을 줄이는 것이다. 당신이 이 양극단 중 한쪽에 속하는 사람이라고 해도 복잡한 문제를 개별적 문제 여럿으로 나눠서 하나씩 차근차근 대처하는 방법을 확실히 이해하면 아주 심각한 상황에서도 갈등을 누그러뜨릴 수 있다.

갈등은 서서히 몸집을 부풀린다

갈등이 나선을 그리며 악화하는 이 현상은 우리 인생에서 보편적으로 나타난다. 작은 문제 하나를 지나치게 과장하거나 너무 오래 무시하면 눈덩이 불어나듯 상황이 통제를 벗어난다. 이혼 과정에서는 스트레스가 인생 최고치에 다다르고, 갈등의 도화선이 사방에 널려 있기 마련이다. 감정적으로도 동요가 커서 현명한 판단을 내리기 어렵다. 게다가 이혼 재판 과정 자체가 실질적으로 감정을 휘젓고 문제를 일으키는 방식으로 설계되어 있다. 법정에서 소송 당사자들은 원만한 해결로 이어지는 길을 찾기보다 서로 손가락질하며 더 큰 갈등을 유발해야 보상을 얻는다. 그렇기에 대체로 소송 과정은 합리성이 아니라 격앙된 감정으로 인한 반사적 반응으로 점철된다.

상황은 대충 이런 식으로 전개된다. 의뢰인은 변호사를 찾아가 자기 인생이 눈앞에서 망가지고 있다고 호소한다. 전투태세에 들어간 변호사는 법원에 소송을 청구하면서 몹시 자극적인 진술서(전체 이야기의 한쪽 면만 담아서 서명한 법적 서류)를 제출한다. 상대측 변호사는 이에 맞서서 한층 수위 높은 주장을 펴며 반박과 역공에 나선다. 퍼뜩 정신을 차린 의뢰인은 더 평화로운 결별이 가능했는데도 자신이 굳이 지저분한 법정 싸움에 뛰어들었음을 깨닫게 된다.

재판 과정은 대개 합리성이 아니라 감정에 주도되며, 그러면 협상은 불가능해진다. 유감스럽게도 의뢰인이 말리지 않으면 우리 성실한 법정 대리인들은 의도치 않은 부수적 피해를 일으키기도 한다. 이 적대적 과정은 실질적으로 갈등을 부추기고 갈등 위주로 돌아가며, 그 속에서 불화를 가라앉힐 기회는 거의 제공되지 않는다. 물론 재판이 필요할 때도 있지만, 그럴 때조차 의뢰인은 곧 예전 배우자가 될 사람을 반드시 이기려 들 필요가 없다. 휴전 선언은 언제나 유효한 대안이다.

끝내야 하는 관계도 있고 재판이 필요한 상황도 있지만, 갈등이 아무리 과열되어도 이를 해결하는 가장 좋은 방법은 심호흡을 하고, 한 걸음 물러서고, 문제를 한 번에 한 가지씩 다루는 것이다. 갈등의 종류와 관계없이 반드시 염두에 두어야 하는 중요한 전략이다. 어려운 일은 한꺼번에 몰려오는 경향이 있다. 하지만, 커다란 갈등 속에서도 단단히 중심을 잡는 훈련을 해 두면 감당할 수 없는 혼란이 닥쳐오기 전에 막을 수 있다.

과소평가자는 잠시 허울뿐인 평화를 즐길 수는 있다. 하지만 결국 갈등을 회피해서 사소한 문제를 걷잡을 수 없이 키우고, 훨씬 거대해지고 뿌리가 깊어진 문제에 깔려 허우적대게 될지도 모른다. 무시했던 작은 문제들이 합쳐져 쉬사리 사라지지 않는 큰 문제로 돌아오는 것이다. 사소한 문제나 갈등 하나의 중요성을 과소평가하는 것은 단기적으로 어려운 상황을 헤쳐 나가는 데 유용한 방법일지도 모르지만, 이 방법을 남용해서는 안 된다. 언젠가는 대가를 치러야 할 때가 오는 법이다.

과대평가자 또한 혼란을 부르기는 마찬가지다. 이들은 과소평가자와 정확히 반대로 행동한다. 결국 재판까지 가고, 공격당할 때마다 극도로 고통스러워하는 유형의 사람들이다. 문제는 최악으로 치닫는 생각이 실제로 문제를 불러일으킨다는 데 있다. 의견 충돌 몇 번이 마구 부풀려져서 이혼해야 마땅한 이유로 둔갑하는 식이다. 당신이 이미 자기 손으로 만든 나선형 악순환에 빠져 있다고 해도 되돌리기에 늦지 않았을 가능성이 크다. 과대평가자는 상황이 비교적 균형 잡혀 있을 때조차 완전히 통제 불능이라고 느낄 수도 있다. 하지만 심각한 곤경에 처했다는 생각이 들더라도 지금 서 있는 자리에서 시작해서 상황이 타당하고 차분하게 느껴질 때까지 천천히 조금씩 나아가면 된다.

갈등의 나선형 악순환을 멈추는 전략

이제 갈등의 악순환을 완화하는 데 매우 유용한 세 가지 전략을 살펴보자.

전략 1: 한 번에 하나씩

문제를 한 번에 하나씩 개별적으로 분리하는 것이 무엇보다 중요하다. 모든 것을 한꺼번에 다루려 하다가는 당혹감과 혼란을 부를 뿐이다. 예를 들어 미셸은 두 딸과 어머니 문제에 대한 부담감을 이혼하고 싶은 욕구와 동일시 또는 착각했다. 시간을 들여 이 문제들을 따로 분리하면서 미셸은 남편과의 유대감을 회복하고 남편과 함께 다른 문제들을 하나씩 다룰 수 있게 되었다.

문제가 너무 많아서 감당하기 어려울 때 유감스러운 사건들의 급류에 휘말리지 말고 당신을 속상하게 하는 일의 목록을 만들어 보자. 그런 다음 각 항목을 개별적으로, 한 번에 하나씩 다루면 된다.

전략 2: 조금씩 차근차근

르네 데카르트의 명언 "나는 생각한다, 고로 존재한다"라는 말을 모르는 사람은 별로 없으리라. 하지만 내가 보기에는 이만큼 유명하지는 않아도 데카르트가 자신의 저서 《방법서설》에서 두 번째 원칙으로 제시한 다음 조언이 훨씬 유용하다. "어려움 각각을 가능한 만큼, 그리고 해결에 필요한 만큼 여러 부분으로 나눠라."[5] 이 말은 본질적으로 우리가 '어려움'이라고 정의하는 무언가는 대부분 많은 과제, 갈등, 문제 등이 쌓여서 이루어진 복합체이며, 이 구성 요소 각각은 극복될 수 있다는 뜻이다. 문제를 잘게 쪼개면 해결책을 하나씩 찾아낼 수 있다. 그러면 대혼란은 점차 잦아든다. 이 접근 방식은 일반적인 내적 갈등이나 꽉 막힌 인간관계 문제 양쪽에 모두 적용된다.

전략 3: 사소한 문제에 연연하지 않기

리처드 칼슨의 《100년 뒤 우리는 이 세상에 없어요》가 오백만 부 이상 팔린 데는 다 이유가 있다.[6] 그냥 놔둬야 할 때(전체적으로든 부분적으로든)가 언제인지 알면 갈등 상황에서 벗어나 쓸데없는 다툼을 방지할 수 있다. 싸워야 할 때가 언제인지 신중히 선택하고, 뭐가 정말 중요한지 깨닫고, 완벽하지 않은 점(나 또는 남의)을 담담히 받아들이면 갈등이 눈덩이처럼 커져서 전쟁으로 변하게 하는 악순환을 막는 데 도움이 된다.

악순환에서 빠져나오기

갈등의 악순환에 자주 갇히는 편이라면 자신을 속상하게 하는 시나리오를 하나씩 분석해 보는 작업이 효과적일 수도 있다. 목록 만들기와 일정 세우기는 과대평가자가 상황을 파악하고 진정할 수 있게 도와준다. 과소평가자의 경우 이 방법으로 이미 커져 버린 문제를 잘게 쪼갤 뿐만 아니라 통제를 벗어나기 전에 문제를 다뤄 볼 수도 있다. 걱정거리를 마냥 쌓아 두는 대신 목록으로 정리한 다음 매일 또는 매주 문제를 다룰 일정을 세우는 것이다.

다음과 같이 문젯거리 목록을 만들어 보자.

- 맡은 일이 너무 많다.
- 차가 자꾸 고장 난다.
- 전남편이 항상 양육비 수표를 늦게 보낸다.
- 운동할 시간이 없다.
- 요즘 책을 읽지 않는다.
- 늘 외롭다고 느낀다.

나선형 악순환을 구성하는 개별 요소를 전부 적고 나면 이제 자기 의지로 주변 환경에 작은 변화를 일으킬 수 있다. 작성한 목록에서 자신을 괴롭히는 문제를 하나하나 더 자세히 들여다보며 각 항목에서 무슨 일이 일어나고 있는지 파악해 문제를 작은 단계 여럿으로 쪼개면 된다. 상황이 내 통제를 벗어났다고 느껴질 때도 수첩을 꺼내서 실제로 일어나는 일을 상세히 기록하는 습관은 마음의 평화를 되찾아 주는 놀라운 효과를 발휘한다.

'한 번에 하나씩'과 '조금씩 차근차근'을 구분해서 활용하면 체계적 정리가 한결 쉬워진다. 먼저 당신이 요즘 겪는 문제를 개별 항목으로 분리해서 목록을 만든다. 가령 "맡은 일이 너무 많다"라는 항목에서 일을 개별로 여러 개 분리할 수 있다. 예를 들면 다음과 같을 것이다.

- 요리
- 청소
- 아이들 태우러 다니기
- 집 리모델링
- 위원회 회장
- 서류 정리
- 어머니 돌보기
- 상사에게 보고하기
- 부하 직원에게 일 맡기기
- 모임 주최하기

- 요가 수업 두 반 가르치기

목록의 각 항목 옆에 '남에게 위임해도 될 일' '내가 해야 하는 일' '내가 하고 싶은 일'을 각각 구분해서 표시하자. 굳이 하지 않아도 될 일에는 취소선을 긋는다. 그런 다음 위임해도 될 항목 옆에는 그 일을 맡길 예정인 사람의 이름을 적어 넣자. 내 경우 팟캐스트 인터뷰는 내가 직접 가서 녹화해야 하지만, 소셜 미디어에 쓸 이미지 작업은 쉽게 위임할 만한 일이다. 물론 위임받은 사람에게 결과를 확인하는 작업이 할 일 목록에 추가되겠지만, 당연히 소요 시간은 훨씬 짧아진다.

일이 많아서 벅차다고 느낄 때는 일일 시간표를 만드는 것이 도움이 된다. 아니면 할 일 목록만 만들어 두었다가 감당하기 힘들다는 느낌이 들 때마다 목록을 꺼내서 해결된 항목에 표시하는 것도 괜찮은 방법이다.

한편, 목록에 있는 항목들을 유형별로 구분해서 몇 가지씩 묶어 처리할 수도 있다. 예를 들어 "운동할 시간이 없다"와 "요즘 책을 읽지 않는다"는 둘 다 각각에 필요한 시간을 따로 떼어 둔 일정표를 작성하고 실천해서 해결할 수 있다.

짐을 나눠 들어도 괜찮다

아주 오랫동안 나는 내 일과 삶의 모든 측면을 직접 처리했다. 이혼 변호사이자 중재인, 연설가, 작가로 일하는 것으로도 모자라서 마케팅, 자료 조사, 고객 관리, 웹사이트 관리, 검색 엔진 최적화에 이르기까지 안 해본 일이 없을 정도로 모든 일을 직접 해야 한다고 생각했다. 집에서도 사정은 다르지 않았다. 수년간 나는 운전, 물건 수납, 장보기, 일정 짜기 등을 거의 도맡았다! 한마디로 미친 짓이었다. 집에서 모든 일을 돌보는 동시에 회사 일까지 하나도 놓치지 않으려고 애쓰느라 늘 휴대전화를 손에 쥐고 살았고, 이는 아무리 좋게 봐도 무모한 시도였다.

그러던 어느 날, 내가 스트레스를 남편 탓으로 돌릴 때가 많다는 것을 깨달았다. 모든 것을 나 혼자 '해야만 한다'고 느꼈지만, 사실은 남편 또한 내가 굳이 떠안고 있던 일을 상당 부분 처리할 능력이 있는 사람이었다. 남편도 집안일을 곧잘 해내고, 그렇게 해도 하늘이 무너지지 않는다는 사실을 알게 되고서야 나는 회사에서도 좀 더 편안하게 업무를 위임하게 되었다.

너무 오랫동안 혼자 지나치게 많은 짐을 지며 어떤 일을 남에게 넘겨줄 수 있다는 사실조차 깨닫지 못했던 사람이라면 아마 깜짝 놀라게 될 것이다. 처음에는 새로운 일 처리 방식을 확립하는 데 시간이 더 걸릴지도 모르지만, 장기적으로는 그럴 만한 가치가 있다. 아이들은 당신이 만든 샌드위치에 얇게 썬 망고를 곁들여 정성껏 싼 도시락에 익숙해졌을 수도 있지만, 학교 급식이나 아빠가 대충 챙겨 준 도시락으로도 별문제 없이 지낼 것이다(어쩌면 직접 도시락을 싸겠다고 할지도 모른다).

어떤 책임을 계속 맡고 싶고 어떤 것을 버리고 싶은지 생각하다 보면 다른 이들이 당신 일을 떠맡아 줄 수 있음을 알게 된다. 더불어 모든 일을, 최소한 당신이 해 왔던 것과 정확히 같은(당신이 '완벽하다'고 느끼는) 방식으로 처리할 필요는 없다는 사실도 깨닫는다. 사실 '적당함'이 바로 완벽함일 수도 있다!

여기서 다시, 변함없이 중요한 질문인 "왜?"를 자신에게 던져 보자. 특정 책임을 계속 맡고 싶다는 당신 마음은 욕구일까, 욕망일까? 당신이 맡은 일을 한 번에 하나씩 평가해 보자. 그 책임을 계속 맡았을 때 나올 수 있는 최선의 결과와 최악의 결과를 두루 고려하자. 그런 다음 그 일을 위임했을 때의 최선과 최악의 결과를 생각해 보자. 어쩌면 완전히 손을 떼도 괜찮은 일일지도 모른다. 당신은 그러기 싫더라도, 사실 셔츠를 걸지 않고 반으로 접는다고 큰일 나지 않는다. 당치도 않다고 생각할지 몰라도 가족 전체가 자기 빨래를 각자 한다든가, 침대에 대충 쌓아 놓은 옷 더미에서 세탁된 자기 옷을 각자 가져가도 괜찮다. 그러면 하루에 한 시간(더불어 귀중한 마음의 여유)을 얻을 수 있다.

이 방법은 미셸의 사례에서처럼 불안 관리와 쌓여 가는 인간관계 문제에도 적용된다. 문제가 눈덩이처럼 커지게 내버려 둔 채 피상적 위안을 얻으려고 남편 탓을 하는 상태에서 벗어나기 위해 미셸은 자신을 괴롭히는 문제를 하나씩 떼어내서 점검했다. 이 덕분에 미셸은 머릿속을 가득 채웠던 극도의 부정적 전망에서 벗어나고 이혼 문턱에서 되돌아설 수 있었다. 생각이나 반응이 파국으로 치달을 때 앞으로 나아가는 가장 좋은 방법은 뒤로 한 발짝 물러서는 것이다.

힐러리와 시몬이 나선형 악순환에서 빠져나왔다면

힐러리와 시몬을 전형적인 과소평가자, 과대평가자로 볼 순 없지만, 두 사람은 문제를 놓고 상반되는 스펙트럼을 보였다. 시몬은 미용실 확장 이전의 야망을 품고서 성급하게 부동산을 계약하려는 면모를 보였고, 힐러리는 애초에 시몬이 확장 이전 이야기를 꺼냈을 때 조금 더 생각해 보겠다고 시간을 달라는 이야기를 하지 않았다. 친구의 기분을 상하게 하지 않으려고 버릇처럼 시몬의 말에 동조했지만, 한편으로는 '이러고 지나가겠지' 하는 회피적 성향이 작용한 것인지도 모른다. 의도하진 않았겠지만, 두 사람은 여러 다른 선택지들을 검토하지 못한 채 문제를 더 키운 셈이 되었다. 결국 부동산 중개인과의 신뢰도 깨지고, 지금껏 고생해 일군 사업은 물론 각자의 사업과 가장 중요한 친구 관계도 무너지는 악순환으로 이어졌다.

시몬이 돈을 더 벌 수 있는 사업 방안을 상세히 목록으로 적어봤더라면 어땠을까. 확장 이전이라는 선택지가 아니더라도, 보는 눈이 뛰어난 힐러리가 유능한 미용사를 데려와 미용실을 더 번성하게 할 수도, 사업 수완이 좋은 시몬이 잘나가는 마케팅 회사와 협업해 홍보에 더 힘을 실을 수 있었을지도 모른다.

요점 정리

◆ 자신이 어떤 식으로 문제를 바라보는지 살펴보자. 누구나 아는 '한 번에 하나씩'이라는 표현대로 속도를 늦추고 문제를 찬찬히 살펴보면 현실적으로 대처하기 쉬워진다.

◆ 나선형 악순환에서 빠져나오자. 당신을 속상하게 하는 일들을 목록으로 만든 다음 감당할 수 있을 만큼 작은 조각으로 쪼개고, 변함없이 중요한 질문인 "왜?"를 여기 덧붙이면 압도당하는 느낌을 물리치는 데 도움이 된다.

◆ 당신이 자기 삶에서 일어나는 문제들을 과대평가 또는 과소평가하고 있지는 않은지 살펴보자. 호흡법과 긍정 선언을 조합해서 부담감을 떨치고 문제를 해결하자.

10장

더 나은 관계를 위한
내면의 균형 잡기

그냥 이루어지는 관계란 없다

원만한 관계 유지는 계속 진행되는 과정이다. 이제 할 만큼 했다고 해도 결국 딱 떨어지는 결말 또는 갈등의 '해결'은 현실에 존재하지 않고, 다만 지속적 관리가 있을 뿐이다. 하지만 그래도 괜찮다. 우리가 자신에게 가장 중요한 사람들, 그리고 중요한 상황에서 취약성을 드러내며 솔직하고 당당하게 대화를 나눌 기회의 문을 열었다는 점이 의미 있다. 평화에 지나치게 집착하는 태도 또한 문제가 될 수 있다. 영원한 평화란 없음을 받아들이면 오히려 도중에 만나는 걸림돌을 넘어서며 관계를 유지하려는 노력을 쏟아서 갈등을 잘 관리하는 데 도움이 된다.

이 책에서 줄곧 살펴본 대로 관계 면역력을 키워 상대와 원만하게 지내는 기술은 내적 관리와 외적 관리로 뚜렷이 나뉜다. 내적 측면은 우리가 갈등을 어떤 식으로 생각하고 느끼는지를 가리킨다. 감정적으로 흥분한 상태에서 우리는 생각을 정리하지 못하고 차분한 대응 대신 충동적 반응을 보이기 쉽다. 외적 측면은 불편하거나 한계에 달했을 때 우리가 행동하는 방식이다. 우리 행동에 따라 자기 자신 또는 주변 사람들과의 갈등이 악화될지 또는 완화될지가 정해진다. 내적, 외적 측면 양쪽을 차례로 살핀 뒤에야 우리는 문제 있는 역동을 바꿔 나가며 가족, 친구, 동료, 그리고 자신과 더 탄탄한 관계를 맺을 수 있게 된다. 사람의 장기적 행복은 인간관계의 질에 달려 있다. 살아가면서 타인과의 의견 충돌을 완전히 피할 수는 없지만, 더 나은 방식으로 부딪힐 수는 있다. 우리는 항상 자신의 정당한 분노 표출에 다툼으로 인한 잠재적 결과를 감수할 만한 가치가 있는지 자문해 보아야 한다.

우리 부녀 사이는 아주 끈끈했다. 아빠는 내 응원단장인 동시에 엄청난 골칫덩이였다(미안해요, 아빠). 5년 전 즈음 아버지의 건강이 매우 나빠졌다. 나와 남편, 어린 세 아들은 매사추세츠주 서부에 살았고, 아버지는 뉴욕의 레녹스 힐 병원에 입원해 계셨다. 내가 병원에 도착하기 전에 아버지는 급성 호흡 부전을 겪었고, 약물로 유도된 혼수상태에 들어갔다. 그 이후 9주 동안 남동생과 남편,

(아버지와 이혼한) 어머니의 도움을 받으면서 나는 거의 내내 병상을 지켰다. 천만다행으로 아버지는 의식을 되찾았고, 이제 혼자 생활할 수는 없는 몸이 되기는 했어도 매사추세츠의 우리 집 근처에서 여생을 보내실 수 있었다.

몇 년간 아픈 아버지를 돌보는 것은 남동생과 내 책임이 되었다. 남동생과 나는 늘 사이가 좋았다. 동생은 (아주 살짝 비꼬는 쪽에 기울어 있기는 해도) 미친 듯이 웃기는 재주가 있고, 마음이 아주 넓었다. 하지만 아버지 간병을 두고 우리 의견이 맞지 않을 때도 있었다. 복잡하게도 내게는 (문제와 조건에 따라서 달라지는) 과소평가자와 과대평가자의 면모가 둘 다 있었고, 그 상황에서는 예상치 못한 일이 많이 일어났다. 어느 시점에는 사이가 틀어질 뻔하기도 했지만, 우리는 의견 차이에 연연하지 않고 서로 잘하는 일을 인정해 주었다. 그리고 아버지를 잘 돌보고 남매 관계를 돈독하게 유지하는 방식으로 책임질 부분을 나눌 방법을 찾았다. 내가 보기에 우리는 아주 운이 좋았다. 의도한 바는 아니지만, 이혼 후에 부모님이 보여 준 선례에 단련되면서 상당한 갈등 관리 기술을 갖췄기 때문이었다.

우리는 다음과 같이 YES 기법을 활용했다. 눈앞에 닥친 힘겨운 문제를 처리해야 할 때 상대방이 자신보다 어떤 점이 강하고 어디가 약한지 속속들이 알고 있었다. 그래서 각자 자기가 할 일을 금세 파악하고 그쪽에 전념했다. 나는 간병 방법을 철저히 조사할 수는 있었지만, 간병에 드는 비용까지 고려할 마음의 여유는 없었다. 반면, 동생은 아버지를 돌보려면 정확히 무엇이 필요한지 자세히 파고드는 데는 소질이 없었으나 재정 문제를 해결하는 데는 탁월한 능력을 보였다. 그래서 대개는 내가 아버지 신변을 돌보는 동안 동생은 경제적 상황을 관리하고 계획하는 일을 맡았다. 우리는 모든 일이 순조롭게 돌아갈 수 있게 서로 지지해 주었다. 나아가 각자 자신의 감정 서사를 들여다보고, 자신의 욕구와 더불어 아버지를 향한 사랑과 효심, 의무감을 모두 만족시키려고 노력했다.

내 감정적 욕구는 내가 세심한 딸임을 보여 주는 것이었다. 이를 충족하기 위해 나는 아버지가 뉴욕 집에서 멀리 떨어진 상태에서도 사람들과 연락할 수 있게 돕고, 살아 계시는 동안 나를 포함한 우리 가족과 최대한 많은 시간을 함께 보내실 수 있게 최선을 다했다. 동생의 감정적 욕구는 좀 더 실용적인 방식, 즉 재정 문제 해결로 효심과 사랑을 드러내는 것이었다. 동생은 늘 나를 많이 도와주었고, 내가 하지 못하는 일을 처리해 주었다.

우리는 둘 다 보류에 뛰어났다(아마 어릴 적부터 익힌 덕분인 듯하다). 서로 대화를 나눌 때면 각자 명확한 경계선을 잘 지켰다. 폭발할 위험이 있는 대화는 보류했고, 둘 다 감정이 가라앉을 때까지 기다렸다가 중요한 부분을 다시 다뤘다. 사이좋게 지내고 더 가까워지고 싶을 때 나는 감정을 숨김없이 드러내는 편이고, 동생은 다소 내성적이기는 해도 자기 나름대로 마음을 표현하는 편이다. 오랫동안 긍정적 관계로 지낸 덕분에 갈등이 생겼을 때도 각자의 내면에서 무슨 일이 일어나는지 파악하는 것이 그리 어렵지 않았다.

이 글을 쓰는 지금으로부터 1년 전에 아버지는 돌아가셨고, 남동생과 내 관계는 우리가 새로 생겨나는 갈등을 헤쳐 나감에 따라 계속 진화하고 있다. 우리 둘 다 서로의 가족과 함께 시간을 보내기를 원하지만, 어디서 만날지가 가끔 문제가 된다. 아이들끼리는 서로 좋아하지만, 가끔은 사이좋게 지내지 못할 때도 있다. 타협과 양보, 허용은 우리 남매가 갈등에 적절히 대처하는 동시에 아이들에게 원만한 관계라는 본보기를 보일 수 있게 받쳐 주는 토대다. 갈등 대처에 익숙해졌을 때도 우리는 갈등을 통해 정말로 많은 것을 얻는다.

관계의 틈을 메우는
사소한 주고받기

가끔은 관계를 놓아 보내는 것 외에 선택지가 없을 때도 있다. 상황과 역동이 건강하지 않을 때도 있으며, 그런 관계에서는 반드시 벗어나야 한다. 하지만 큰일에서든 작은 일에서든 타협이 가장 나은 해결책일 때도 많다. 누군가를 잘라내거나 관계를 끊을 마음을 먹었다면 그 관계를 중시해야 할 다른 이유는 없는지 잘 생각해 보아야 한다.

　대규모 투자 회사 영업직인 레이철은 잘나가는 은행가인 존에게 자기네 회사와 함께 일하자고 권유하고 있었다. 두어 주 뒤 레이철은 간절히 바라던 개인 면담을 잡는 데 성공했고, 존에게서 아주 좋은 제안을 받아서 회사 파트너들에게 보고할 수 있게 되었다. 면담이 끝나고 레이철이 자리를 뜨려고 할 때 존은 이렇게 말했다. "그쪽이 그렇게 드세게 밀어붙이지 않았으면 이 일은 성사되지 않았겠죠." 드세다는 말을 들은 레이철은 몹시 당황했고, 심한 모욕감을 느꼈다. 거래를 포기하고 싶지는 않았지만, 그렇다고 자신과 타협해서 이 상황을 순순히 받아들이기는 마음이 불편했다. 솔직히 존에게 호통을 치고, 잘못을 따지고, 진짜 '드센' 게 뭔지 호되게 본때를 보여 주고 싶었다. 그게 좋은 방법이 아니라는 것은 알고 있었지만 아무 말 없이 그냥 넘어가고 싶지는 않았다. 그래서 중간을 택하기로 했다. 이의를 제기하거나 시간 내 주셔서 감사하다고 말하는 대신 레이철은 상냥하면서도 단호한 미소를 지으며 대꾸했다. "끈기 있는 거죠."

　존의 말에 기분이 상했으면서도 레이철은 그런 여성 혐오적 단어를 사용한 존을 응징하고 싶은 충동에 몸을 맡기지 않았다. 대신 부드러운 태도로 자신을 지키며 거래를 마무리했다. 어디까지 양보할 수 있는지는 개인적 문제이며 사람마다 다르다. 존이 한 말은 확실히 미묘한 차별 발언이며, 그 말이 너무 기분 나빠서 아무리

거래를 위해서라고 해도 참아 줄 가치가 없다고 여기는 사람도 있을 것이다. 이 사례에서 레이철은 다양한 이유, 특히 자신이 그렇게나 많은 시간과 에너지를 쏟은 이 거래를 무산시키면 존보다 자신이 훨씬 괴로우리라는 사실을 고려해서 그냥 넘어가기로 마음먹었다. 가끔은 타협(심지어 자기 자신과도)이 가장 좋은 길이다. 단, 타협할 때와 물러날 때를 정하는 주도권은 당신에게 있다는 것을 기억하자.

양측 모두 물러서거나, 양보하거나, 상대방이 원하는 것을 허용함으로써 합의에 이른 상태를 가리키는 타협에 비해 양보나 허용은 좀 더 일방적인 느낌이다. 이 두 가지는 딱히 확실한 보상 없이 타인에게 무언가를 준다는 뜻이다. 그저 그렇게 하는 편이 옳은 것 같아서 양보할 때도 있고, 선택의 여지가 없어서 허용할 때도 있다. 예컨대 사람들은 그게 옳든 그르든 간에 신경다양성(자폐, 학습장애 등 신경의 차이로 나타나는 특성을 장애가 아닌 다양성의 범주로 인식하는 용어―옮긴이)이 있는 자녀에게는 다른 자녀에 비해 더 넓은 폭의 행동을 허용하기도 한다. 타협이 이루어지면 우리는 대체로 온전하고 만족스럽다고 느낀다. 양보나 허용을 하고 나면 해야 할 일을 했다는 기분이 든다. 두 사람이 각자 양보하고 허용해서 이를 합쳐 보니 타협이 될 때도 있다. 이는 마치 두 사람이 함께 추는 춤과 같다.

남동생과 나 역시 아버지를 돌보면서 서로 많은 양보를 했고, 결과적으로 이는 타협이 되었다. 나는 아버지가 매일 친숙한 사람들과 함께 지내야 한다고 생각했고, 동생은 재정적 문제를 처리하기를 원했다. 상대방이 내린 결정에 이견이 있을 때도 있었지만, 우리는 균형을 우선시해서 상대방이 각자의 영역에서 최선을 다할 수 있게 배려했다. 그렇다고 갈등이 전혀 없지는 않았다. 한 예로 나는 아버지를 돌볼 전문 간병인이 더 필요하다고 여겼지만(간병과 관련되었으므로 내 영역), 그러려면 돈이 들었다(동생의 책임). 이럴 때 쾅 하고 충돌하는 대신 우리는 대화로 문제를 풀었고, 서로 받아들일 만한 방법을 찾아서 아버지를 돌보고 우리 남매 관계도 지켰다. 그렇게 우리는 항상 뭔가를 주고받았다. 완벽한 세상에서는 양측이 다 이렇게 행동하겠지만, 특정 관계에서는 한 사람만이 더 넓은 관점에서 상황을 파악할 수 있는 사례도 종종 있다.

때로는, 특히 장기간에 걸친 관계에서는 양보나 허용이 필요하다. 예를 들어 부부 중 한쪽은 항상 일찍 도착하는 것을 중요하게 여기는 반면 다른 한쪽은 습관적으로 늦는다고 치자. 이 갈등은 일찍 도착하는 것이 중요한 일(공항)과 늦게 도착해도 어느 정도는 이해 가능한 일(가벼운 모임)을 구분하기로 합의해서 타협하는 방식으로 해결될 수 있다. 어느 한쪽으로 구분하기 어려운 약속이라면 15분 전에 도착하기로 합의하거나 아예 편하게 따로따로 가는 방법도 괜찮다. 양보는 아무 대가를 받지 않고 무언가에 동의하는 것이다. 가령 당신이 항상 약속에 늦는 사람과 알고도 결혼했다면 정시 도착이 극히 중요한 약속을 빼고는 늦을 때마다 화를 내지 않고 담담히 받아들이는 편이 나을 수도 있다. 처음에는 양보해 봤자 주기만 하고 얻는 것은 없어 보일지도 모르지만, 더 깊이 들여다보면 우리는 양보와 허용을 통해 커다란 대가를 치르지 않고도 지속성과 안정성이라는 선물을 얻는다는 사실을 알 수 있다.

우리는 자신과 다른 방식으로 사물을 보고 다른 소망을 품은 사람들이 가득한 세상에서 살아남기 위해 계속해서, 어쩌면 매일 조금씩 무언가를 내줘야 한다. 이것이 바로 양보와 허용이다. 원하는 것을 얻었다면 균형을 유지하기 위해 조금 내줘야 한다. 그러므로 당신이 원하는 영화를 보고 싶다면 초밥에 일본주가 당겨도 상대가 좋아하는 스테이크 집에 가는 편이 좋다. 중요한 것은 주고받기의 순환이다. 이렇게 반복되는 사소한 주고받음은 계속 놔두면 관계를 무너뜨릴 수도 있는 아주 작은 틈들을 메우는 역할을 한다.

평정심의 가치

설레스트는 유명 대학교의 교수였다. 자녀들은 이미 장성해서 자기 길을 찾아 떠난 지 오래였기에 삶의 중심은 일이었다. 설레스트는 자기 일에 온 힘을 쏟았고, 거기서 크나큰 보람을 느꼈다. 그러다 대학 측에서 소속 학과를 없애기로 하면서 교수직을 잃을 위기에 처하자, 불공평하다는 생각에 화가 났고 자존감에 큰 상처를 입었다. 다행히 학교 측에서는 설레스트가 일찍 은퇴하지 않아도 되게끔 다른 학과 소속으로 비슷한 강의를 계속하는 방안을 제시했다. 몹시 불공평하게 느껴지는 처사 탓에 많은 동료를 잃었기에 설레스트는 대학에 남아 있는 것이 과연 옳은 일인지 의문이 들었다. 하지만 학교를 떠나는 것도 직업적, 경제적 이유로 현실적인 선택지가 아니었다. 그래서 설레스트는 자신이 잃은 업무 환경을 충분히 애도하기로 했다. 그리고 직장에서 평정심을 되찾는 데 필요한 것들을 목록으로 정리했다. 가족과 자신의 안녕을 위해 직업을 지켜야 한다고 판단한 설레스트는 공정함을 원하는 자기 마음과 타협하기로 했다. 더불어 마음에서 우러난 행동은 아니었을지라도 양보와 허용으로 새 동료들의 일 처리 방식을 받아들였다. 그렇게 해서 시간을 들여 새롭고 건강한 관계를 가꿔 나갈 수 있게 되었다.

책 초반에 언급했듯이 우리가 가족, 친구, 동료, 지인, 심지어 모르는 사람들과 관계를 맺으면서도 진심으로 자신의 정신적, 신체적 건강을 삶의 중심에 두려면 인간관계에서 평정심을 확보할 필요가 있다. 특히 스트레스 상황에서도 잘 지내려면 내면의 균형이 필요하다. 균형은 우리가 여유 있는 태도로 관계에서 자기 역할을 생각해 보게끔 돕는다. 더불어 중립성을 확보하고 귀 기울이는 능력, 더 탄탄한 경계선을 세울 힘을 선사한다.

내적 균형감은 평정심에서 나온다. 평정심이란 차분하고 편안한 느낌을 가리킨다. 어려운 상황에서도 평정심을 유지하는 근육을 키우는 것이 중요하다. 평생에 걸쳐 건강한 관계를 유지하는 능력이 여기 달려 있기 때문이다. 타인과 튼튼하고 오래가는 인간관계를 맺지 못하면 건강까지 나빠질 수 있다. 그러므로 타인, 심지어 불편한 상대와 어려운 상황에서도 원만한 관계를 유지하려고 노력함으로써 역설적으로 자기 삶을 더 건강하게 가꾸는 셈이다.

우리가 계속해야 할 과제는 새로운 갈등이 등장할 때마다 이를 재앙이 아닌 기회로 바라보는 것이다. 남동생과 나는 의견이 맞지 않을 때도 있고 둘 다 고집이 세며 완고한 구석이 있지만, 우리 관계가 중요하다는 데 의견을 같이한다. 따라서 우리 관계에는 평정심, 정신적 평온, 침착함이 가득하다.

이미 알다시피 갈등을 제로섬 게임으로 여기지 않을 때 가장 적절한 대처가 가능해진다. 의견 충돌이 과열되었을 때도 가장 좋은 접근법은 윈-윈 전략이다. 앞으로 나아가기 위해 한 걸음 물러서는 것이 이 전략의 첫걸음이다. 그래야 과열을 막고 각자 평정심을 유지하며 선택지를 검토할 수 있다. 예를 들어 부부 중 한쪽은 항상 잠자리에 들기 전에 주방을 정리하는 것을 중요시하는데, 다른 한쪽은 자러 가기 전에 주방을 다 정리하지 못하더라도 함께 식탁에 느긋하게 앉아 있는 쪽을 선호할 수도 있다.

갈등이 어떤 식으로 해소되든, 나는 당신이 평온한 마음으로 갈등에 대처할 수 있기를 바란다. 더불어 필요한 만큼 시간을 들여서 타협할 때와 놓아 보내야 할 때, 보류할 때와 상호 작용을 끝내야 할 때를 결정했으면 좋겠다. 까다로운 역동에 맞닥뜨렸을 때는 평온함을 유지하기 어렵다고 느낄 수도 있다. 생각의 속도를 늦추는 것은 긴장을 푸는 데 탁월한 효과가 있다.

힐러리와 시몬에게 평정심이 있었더라면

힐러리와 시몬이 타협과 양보, 허용을 통해 평정심을 얻을 목적으로 YES 기법을 활용했다면 상황이 완전히 달라졌을 것이다. 어느 한쪽이 화해의 손길을 내민다고 해서 그 즉시 이들이 예전처럼 단짝으로 돌아갔으리라는 말은 아니지만, 쌓인 정이 있기에 인연을 계속 이어 가면서 앞으로 나아갈 방법을 찾았을 가능성이 크다. 한쪽이 안부를 묻는 문자를 먼저 보내기만 했어도 관계는 다시 시작될 수도 있었다. 향후 사업 방향에 서로 동의하지 않더라도 싸움이 덜 격했더라면 일 년에 한 번이라도 만나서 맛있는 걸 함께 먹는 관계로 남았을 수도 있다. 공동 운영은 어차피 오래가기 어려웠다고 해도 둘의 관계 역동에는 여전히 장점이 많았다. 서로 신뢰했고, 유머 감각이 비슷했다. 가족들과도 친했고, 장황한 말 없이도 마음이 잘 통하는 사이였다. 이들이 갈등에 다른 방식으로 대처했더라면, 힘들 때 어깨에 기대고 기쁠 때 함께 웃으며 오랜 우정을 누릴 수 있었으리라.

물론 힐러리와 시몬이 YES 기법을 받아들여 갈등을 헤쳐 나갔더라도 당연히 시간이 지나면 다른 새로운 문제가 떠올랐을 수도 있다. 그래도 방어적으로 굴며 연을 끊지 않고 다른 시도를 해 봤더라면 갈등에 더 잘 대처하며 앞으로 나아갈 길이 열렸을 것이다. 필요하다면 대화를 보류하고 기꺼이 타협, 양보, 허용하는 자세를 보임으로써 평정심을 유지하며 갈등에 대응할 수도 있었을 것이다. 그랬더라면 이들의 관계는 풍성하게 자라났겠지만, 안타깝게도 실제로는 시들어 버리고 말았다.

타협, 양보, 허용이라는
관계 원동력

갈등이 끝나면 휴식을 취하며 평온함을 즐길 수 있는 잠깐의 여유가 찾아온다. 이럴 때는 긴장을 풀고 방어막을 내려도 괜찮을 듯한 기분이 든다. 끝이 있으면 새로운 시작, 즉 생기가 다시 채워진 기분이 드는 순간이 뒤따른다. 하지만 관계를 완전히 끊어 냈을 때(특수한 상황에서만 택해야 할 선택지)를 제외하면 진정한 결말이 찾아오는 것은 우리가 평정심으로 갈등에 대처하고, 타협과 양보, 허용을 지속할 때뿐이다.

예를 들어 이혼 과정에서 협의 이혼서에 잉크가 마르면 대부분이게 협상의 종점이라고 생각한다. 재산 분배, 부채 분할, 양육비, 양육권을 비롯한 온갖 관련 문제를 다 다루고 나면 이제 더는 말을 덧붙일 필요가 없어야 한다. 하지만 인생은 그리 간단치가 않고, 이혼 이후의 생활에 관한 기본 규칙이 다 정해졌더라도 세부 사항을 조정하거나 합의 내용을 개선할 일은 계속 생긴다. 물론 이 종점이 새로 싸움을 시작하라는 초대장이라고 여기는 이들도 있다. 유감스럽게도 이혼은 새로운 갈등의 원천이 되기도 한다. 어쩌다 보니 당신이 비합리적인 사람과 끝없는 논쟁에 휘말렸다면 자기 역할을 확인하고, 감정을 추스르고, 미뤄도 되는 대화를 보류하는 것이 특히 중요하다. 그러면 당장은 물론 앞으로도 계속 장기적 관점에서 더 나은 결과를 얻을 수 있다.

갈등을 겪다 보면 공허감, 좌절감, 단절감, 외로움을 느끼기 쉽다. 갈등이 일어났을 때 이건 일시적이며 곧 지나갈 것임을 자신에게 일깨우면 감정을 가라앉힐 기회가 생겨난다. 이런 관점에서 상황을 바라보면 비바람 속에서도 차분함을 유지할 수 있다.

타협과 양보, 허용이 더 튼튼하고 성숙한 관계로 가는 길을 열어주며 관계가 성장하고 진화하게끔 돕는다는 점을 이해하면 더욱 원만하고 평온한 미래를 그려 볼 수 있다.

관계 균형 맞추기

관계의 균형 측면에서 볼 때 당신이 늘 당하기만 하는 발깔개에서 강압적으로 밀어붙이는 불도저에 이르는 스펙트럼에서 어디에 위치하는지 잘 모르겠다면 다음 목록을 한번 확인해 보자.

편의상, 이 연습에서 '파트너'는 배우자, 친척, 친구, 동료 등 당신이 살펴보려는 관계의 상대방을 아울러 가리킨다.

불도저	균형형	발깔개
파트너가 내 일정에 맞춰서 움직이기를 기대하고 요구한다.	일정이 충돌하면 의논해서 맞추려고 한다.	항상 파트너의 일정에 알아서 맞춘다.
상황과 관계없이 내 뜻대로 해야만 직성이 풀린다.	거리낌 없이 내가 바라는 것을 요청하고 파트너의 바람에 귀 기울일 수 있다.	나를 위해 뭔가를 부탁하거나 요구하는 일에 죄책감을 느낀다.
내가 멋대로 굴어도 당연히 파트너가 뒷감당(물리적, 감정적, 재정적)을 할 거라고 생각한다.	내 일은 스스로 알아서 하고, 뒷감당(물리적, 감정적, 재정적)도 내가 한다.	항상 파트너의 뒷감당을 하고, 파트너의 책임까지 떠맡고, 파트너의 실수나 단점을 애써 감싼다.

파트너가 나를 실망시키면 공격적이고 직설적으로 그 사실을 알린다.	파트너가 나를 실망시켜도 상대를 존중하면서 그 사실을 알릴 수 있다.	파트너의 잘못을 지적하는 것을 불편하게 여기며 대립을 피하는 경향이 있다.
파트너의 기분을 상하지 않게 하는 것보다 내 마음을 솔직히 털어놓는 것이 더 중요하다.	부담스럽지 않게 불편한 주제를 꺼내고 기꺼이 서로에게 귀 기울일 수 있다.	내 생각을 드러내는 것보다 파트너와 잘 지내는 것이 더 중요하다.
내 뜻대로 하기 위해 필요한 일은 뭐든지 한다.	의견이 맞지 않을 때는 타협이나 양보도 하지만, 중요한 문제에서는 내 주장을 고수하기도 한다.	원만한 관계를 위해서 습관적으로 자존심을 굽힌다.
내 말이 옳다고 증명하는 것이 가장 중요하다.	항상 모든 사람을 어느 정도 만족시키는 해결책이 있다고 생각한다.	그 무엇보다도 평화가 중요하다.
의논을 만족스럽게 끝내는 유일한 방법은 파트너가 내 의견에 동의하게 하는 것이다.	의견 차이가 있음을 인정하거나, 타협하거나, 양보하고도 여전히 결과에 만족할 수 있다.	내 생각이나 감정과 상관없이 무조건 파트너의 생각과 의견을 따른다.

이 목록은 본질적으로 매우 단순하지만, 당신이 갈등에 대응하는 습관을 한눈에 파악하는 데 매우 효과적인 틀이다. 상호 작

용을 하나씩 헤쳐 나갈 때마다 더 균형 잡힌 결과를 끌어내려면 어떤 식으로 다르게 대응하는 것이 좋을지 자문해 보자.

건강한 관계에서는 시간이 흐르면서 주고받기가 균형을 이루는 타협 체계가 구축된다. 장기적으로 이런 균형을 이루기 위해서는 원래 의미상 일방적일 수밖에 없는 양보나 허용이 필요할 때도 있다. 하지만 당신이 그냥 '흐름에 몸을 맡기는' 편이 더 수월하다는 이유로 번번이 뜻을 굽히는 쪽이라면 조심해야 한다. 그러다 자신을 잃어버릴 수도 있기 때문이다. 시간이 지나면서 자기 역할에 억울함을 느낄지도 모른다. 나의 관점이나 바람은 그리 중요치 않다고 계속 자신에게 얘기하는 습관 탓에 실제로 돌아오는 보상이 줄어들기 때문이다. '서로 좋자고' 관계에서 어느 한쪽만 반복적으로 양보하다 보면 시간이 지남에 따라 균형이 깨지면서 관계 자체가 흔들리기 시작한다.

한편, 늘 자기 뜻대로만 하는 사람이라면 그때그때 기분은 좋을지 몰라도 이런 불균형이 관계에 미치는 부정적 영향을 고려해 보아야 한다. 상대방이 자기 생각과 의견, 욕구를 꺼내 놓을 공간을 마련해 주자. 그럼으로써 당신은 상대방과 합의에 이르고 인간관계를 성장시킬 기회를 얻을 수 있다. 당신이 너무 많이 주거나 받는 사람이라면 이제 YES 기법의 첫 번째 단계로 돌아가서 자신이 그런 문제에 어떤 식으로 기여하는지, 또는 어떻게 문제를 만들어 냈는지 살펴보아야 할 때다.

요점 정리

◆ 인간관계에서 내적 평온, 내면의 균형 또는 평정심을 획득해야 건강을 유지할 수 있다.

◆ 타협은 일상적으로 필요한 과정이며 궁극적으로 관계의 균형을 맞추는 것이 중요하다.

◆ 장기적으로 관계를 유지하기 위해서는 양보와 허용이 필요할 때도 있지만, 관계 역동이 불균형적으로 변하지 않게 주의를 기울여야 한다.

◆ YES 기법의 세 단계가 숨쉬기처럼 자연스러워지고 일상적 성장의 일부가 될 수 있게 필요할 때마다 계속 반복해서 익히자.

마치며

방법을 몰라 끊어 내기만 했던
당신을 위한 소통의 기술

내 마음을 솔직히 이야기해 볼 걸, 상대의 생각을 좀 더 들어볼 걸, 바로 끊어 내지 말고 잠시 시간을 둘 걸……. 성급히 관계를 손절했다가 혹시 한 번이라도 후회했던 경험이 있는가?

내 삶의 소중한 인간관계에 후회가 남지 않으려면 관계 면역력이 필요하다. 신체 면역력을 키우면 바이러스가 몸에 침투해도 대항할 힘이 있는 것처럼, 관계 면역력을 키우면 인간관계 스트레스로부터 나 자신을, 우리 관계를 지킬 힘이 생긴다. 소통이 불가능하다고 느꼈을 때조차 상대를 바로 끊어 내지 않고도 얼마든지 상황을 나아지게 할 수 있다.

합의에 이를 수 없음이 확실해졌을 때는 YES 기법에서 배운 도구들을 활용할 수 있다는 점을 떠올리자.

기대치를 조정하고, 한계를 인식하고, 가끔은 당신 발목을 잡기도 하는 감정을 파악하는 것은 당신에게 큰 도움이 된다. 살아가며 만나는 모든 상황에서 원만하고 기분 좋게 지내고 싶다면 한 걸음 물러나서 언제 밀고, 당기고, 재촉하고, 물러서야 할지 알아채는 데 능숙해져야 한다. 갈등이 견딜 수 없는 지경에 이르면 관계에서 내 역할을 곰곰이 생각해 보고, 감정 서사를 파악한 다음 이대로는 의미 없는 싸움이 반복된다고 판단되면 대화나 관계를 보류하자.

완벽히 원만한 관계는 불가능에 가까워도 YES 기법을 활용하면 지금보다 더 나은 관계가 될 수 있다는 것이 내가 이 책을 통해 전하고 싶은 핵심이다.

소통도 기술의 영역이다. 이를 위해서는 자신이 생각하고, 느끼고, 행동하는 방식을 점검할 필요가 있다. 시간을 들여 이 모든 과정을 거치고 나면 우리 각자는 자신의 삶에서, 인간관계에서, 나아가 이 세상에서 더욱 충만하게 살아갈 기회를 얻을 수 있을 것이다.

감사의 말

우선 이 책이 존재할 수 있게 해 준 내 고객과 멘토 여러분께 감사드린다.

에이전트들과 에비타스 크리에이티브 매니지먼트Aevitas Creative Management의 담당 팀원들에게 감사의 말을 전한다. 특히 명쾌하고 솔직한 말투로 비전과 우정을 보여 준 젠 마셜, 신중한 낙관주의와 유머 감각으로 내가 또 한 권의 책을 시장에 내놓을 수 있게 도와 준 저스틴 브러카트, 중국 등지에서 해외 저작권 문제를 처리해 준 에린 파일스에게 감사를 전한다.

개발 편집자이며 이 프로젝트가 아이디어 단계일 때부터 내 창의력을 북돋워 준 알렉시스 가개글리아노, 소중한 친구이자 의뢰 편집자이며 놀랍도록 꼼꼼한 솜씨로 이 프로젝트가 한 권의 책으로 마무리될 때까지 이끌어 준 웬디 포스터에게 깊은 감사의 말을 전한다. 이 둘이 아니었다면 나는 여전히 머릿속에 맴도는 생각과 단어들을 일관성 있게 글로 풀어내지 못했을 것이다.

더없이 행동력 있고 기민하며 시간과 관심, 배려를 아낌없이 베풀어 준(그리고 내 TEDx 강연에 출연까지 해 준!) 친절한 도서 편집자

애나 미셸스, 이 책이 시장에 나오게 해 준 소스북스Sourcebooks 팀원 여러분께 감사드린다.

다양한 방식으로 나를 도와준 다른 분들께도 고맙다. 무대 뒤에서 수많은 일을 해 준 조지아 위, 창의성 넘치는 천재이며 늘 나를 응원해 준 질 셔러 머리, 다정한 친구이자 멘토인 수전 거스리(소셜 미디어에서도 진정한 친구를 사귈 수 있다는 증거!), 임상사회복지사이며 이 책을 한 장 한 장 참을성 있게 검토해 준 로렌 홀랜더에게 감사한다.

내 스승 겸 영혼의 단짝, 패션 컨설턴트, 평생의 소중한 친구들이며 내가 코로나19를 비롯한 수많은 역경을 견딜 수 있게 지지해 준 데이나 와이너와 아타라 트워스키에게 크나큰 감사를 전한다. 몹시 어려운 시기에도 남의 말을 귀담아들어 주는 재능이 있는 펄 록우드, 린 스트라스펠트, 셰릴 놉, 제니퍼 브라코, 다니엘 데마이오에게도.

그리고 활기차고, 지혜롭고, 든든하고, 당당한 여성이자 내 소중한 친구들인 리사 골드스틴, 리사 코프먼, 리사 포태시, 앤드리아 코헤인, 폴린 카쿠치올로, 카트린 판 에이트벨더, 에이미 샤츠, 카린 브라우즈, 레슬리 스캔츠, 밸러리 비뇨, 로빈 루도위츠, 질 팰컨, 마라 하치메모스, 르네 웨트스틴, 에이미 릭터, 제시카 베리언, 제니 양, 티나 피너랜, 줄리 저먼, 킴 러먼, 베스 노타, 캐런 소렌, 엘리사 밀러, (무려 여덟 살부터 알고 지냈던) 트리시 피터슨에게도! 이들 모두의 생각, 관점, 웃음, 솔직함, 그리고 수십 년 동안 내 주절거림과 뜬금없는 아이디어, 갈피를 잡기 어려운 공상을 참고 들어 준 에너지와 인내심이 없었다면 나는 이 여정을 시작할 엄두조차 내지 못했으리라. 내 삶을 수많은 방식으로 풍성하게 해 준 내 모든 친구 한 명 한 명에게 한없는 감사를 표한다.

무한한 사랑과 도움을 베풀어 주고 훌륭한 스승이자 롤모델이 되어 주신 우리 부모님 피터와 루스, 새아버지 테리, 조부모님 일사와 월터, 샐리와 조, 여러 이모와 고모, 삼촌들께 감사하다는 말씀을 전한다. 의견이 맞지 않을 때도(실은 여러분 생각보다 더 자주) 수십 년간 내 곁을 지켜 준 소중한 사촌인 피터, 래리, 스티브, 카밀라, 애덤, 바버라, 데이비드에게도 고맙다고 말하고 싶다. 언제나 최고의 상담역이자 조수, 친구가 되어 준 내 형제자매 마셀로와 카린, 캐럴에게 감사한다. 처음부터 내 곁을 지켜 준 가족들에게 고마움을 전한다. 이 모든 가족과 함께하는 삶은 내게 더 바랄 것 없는 최고의 여정이다.

물론 가장 깊은 감사는 내 남편 미치, 그리고 내게 영감을 주는 재미있고 사랑스러운 세 아들 리드, 맥스, 잭의 몫이다. 이들은 기대를 저버리는 법이 없고, 매 순간 나와 함께하며 진정한 소통의 중요성을 내게 일깨워 준다.

여러분 모두에게 사랑을 전한다.

들어가며

1 "COVID-19 pandemic may have increased mental health issues within families," *EurekAlert! Online*, April 12, 2021, https://www.eurekalert.org/news-releases/527486.

2 Susan Krauss Whitbourne, Ph.D., "5 Reasons We Play the Blame Game," *Psychology Today*, September 19, 2015, https://www.psychologytoday.com/us/blog/fulfillment-any-age/201509/5-reasons-we-play-the-blame-game.

3 Benjamin Garnder and Amanda L. Rebar, "Habit Formation and Behavior Change," *Oxford Research Encyclopedia of Psychology*, April 26 2019, https://oxfordre.com/psychology/view/10.1093/acrefore/9780190236557.001.0001/acrefore-9780190236557-e-129.

4 Britannica, T. Editors of Encyclopedia, "conflict," *Encyclopedia Britannica*, February 3, 2014, https://www.britannica.com/science/conflict-psychology.

1장

1 Kimberly Holland, "Amygdala Hijack: When Emotion Takes Over," *Healthline*, September 17, 2021, https://www.healthline.com/health/stress/amygdala-hijack#symptoms.

2 Cecile Andrews, interview by Julie Croteau, "Social ties are good for your health," *BeWell*, accessed August 16, 2021, https://bewell.stanford.edu/social-ties-are-good-for-your-health/.

3 Elle Hunt, "What does it mean to be a 'Karen'? Karens explain," *The Guardian*, May 13, 2020, https://www.theguardian.com/lifeandstyle/2020/may/13/karen-meme-what-does-it-mean.

4 Kate Murphy, *You're Not Listening: What You're Missing and Why It Matters* (New York: Celadon Books, 2020), 《좋은 관계는 듣기에서 시작된다》, 김성환 외(옮김), 21세기북스(2021).

5 Gwen Moran, "How To Be Objective When You're Emotionally Invested,"

Fast Company, December 9, 2014, https://www.fastcompany.com/3039453/how-to-be-objective-when-youre-emotionally-invested.

6 Nadine Jung et al., "How Emotions Affect Logical Reasoning: Evidence from Experiments with Mood-Manipulated Participants, Spider Phobics, and People with Exam Anxiety," *Frontiers in Psychology 5* (October 2014), https://doi.org/10.3389/fpsyg.2014.00570.

2장

1 Society for Personality and Social Psychology, "How we form habits, change existing ones," *ScienceDaily*, accessed August 17, 2021, https://www.sciencedaily.com/releases/2014/08/140808111931.htm.

2 Benjamin Garnder and Amanda L. Rebar, "Habit Formation and Behavior Change," *Oxford Research Encyclopedia of Psychology*, April 26 2019, https://oxfordre.com/psychology/view/10.1093/acrefore/9780190236557.001.0001/acrefore-9780190236557-e-129.

3 Elaine N. Aron Ph.D., "The Power of Inner Silence for the Highly Sensitive," *Psychology Today*, June 18, 2018, https://www.psychologytoday.com/us/blog/the-highly-sensitive-person/201806/the-power-inner-silence-the-highly-sensitive.

4 Marla Tabaka, "Most People Fail to Achieve Their New Year's Resolution. For Success, Choose a Word of the Year Instead," *Inc.*, January 7, 2019, https://www.inc.com/marla-tabaka/why-set-yourself-up-for-failure-ditch-new-years-resolution-do-this-instead.html.

5 Madhuleena Roy Chowdhury, BA, "The Science & Psychology Of Goal-Setting 101," *Positive Psychology*, February 15, 2022, https://positivepsychology.com/goal-setting-psychology/.

3장

1 Sylvia Xiaohua Chen, "Harmony" in *The encyclopedia of positive psychology* (London: Blackwell Publishing, 2009), https://www.researchgate.net/publication/256649929_Harmony.

2 Jerry Kolber and Bill Margol, creators, *Brain Games*, hosted by Keegan-Michael Key (2011; Los Angeles: Magical Elves Productions/National Geographic), https://www.disneyplus.com/en-gb/series/brain-games/7KcTpCZQnLa0.

3 Jeremy Shapiro Ph.D., "Finding Goldilocks: A Solution for Black-

and-White Thinking," *Psychology Today*, May 1, 2020, https://www.psychologytoday.com/us/blog/thinking-in-black-white-and-gray/202005/finding-goldilocks-solution-black-and-white-thinking.

4 Rongjun Yu, "Stress potentiates decision biases: A stress induced deliberation-to-intuition (SIDI) model," *Neurobiol Stress*, vol. 3 (2016): pp. 83–95, accessed August 16, 2021, https://www.ncbi.nlm.nih.gov/pmc/articles/PMC5146206/.

5 Laura B. Luchies et al., "Trust and Biased Memory of Transgressions in Romantic Relationships," *Journal of Personality and Social Psychology* 104, no. 4 (2013): pp. 673–694, https://doi.org/10.1037/a0031054.

4장

1 "The Quiet Power of Empathic Listening," *Mental Health First Aid*, September 27, 2017, https://www.mentalhealthfirstaid.org/2017/07/quiet-power-listening/.

2 Julianne Ishler, "How to Release 'Emotional Baggage' and the Tension That Goes with It," *Healthline*, September 16, 2021, https://www.healthline.com/health/mind-body/how-to-release-emotional-baggage-and-the-tension-that-goes-with-it#What-does-it-mean-to-have-trapped-emotions?.

3 P Wesley Schultz and Alan Searleman, "Rigidity of Thought and Behavior: 100 Years of Research," *Genetic, Social, and General Psychology Monographs* 128, no. 2 (May 2022): pp. 165–207, https://pubmed.ncbi.nlm.nih.gov/12194421/.

4 Daniella Laureiro-Martínez and Stefano Brusoni, "Cognitive Flexibility and Adaptive Decision-Making: Evidence from a Laboratory Study of Expert Decision Makers," *Strategic Management Journal* 39, no. 4 (2018): pp. 1031–1058, https://doi.org/10.1002/smj.2774.

5 Carol S. Dweck, *Mindset: The New Psychology of Success: How We Can Learn to Fulfill Our Potential* (New York: Ballantine Books, 2008), 《마인드셋: 스탠퍼드 인간 성장 프로젝트》, 김준수(옮김), 스몰빅라이프(2023).

5장

1 Jordyn Posluns, "What Is the Internal Narrative Phenomenon?" *WorldAtlas*, February 28, 2020, https://www.worldatlas.com/articles/what-is-the-internal-narrative-phenomenon.html.

2 Ben Alderson-Day and Charles Fernyhough, "Inner Speech: Development, Cognitive Functions, Phenomenology, and Neurobiology," *Psychological Bulletin* 141, no. 5 (May 25, 2015): pp. 931–965, https://doi.org/10.1037/bul0000021.

3 Daniel Kahneman, "Of 2 Minds: How Fast and Slow Thinking Shape Perception and Choice [Excerpt]," *Scientific American*, June 15, 2012, https://www.scientificamerican.com/article/kahneman-excerpt-thinking-fast-and-slow/.

4 Malcolm Gladwell, *Outliers: The Story of Success* (New York: Back Bay Books, 2019), 《아웃라이어: 성공의 기회를 발견한 사람들》, 노정태(옮김), 최인철(감수), 김영사(2019).

5 Malcolm Gladwell, *David and Goliath: Underdogs, Misfits, and the Art of Battling Giants* (New York: Turtleback Books, 2015), 《다윗과 골리앗: 거인을 이기는 기술》, 김규태(옮김), 김영사(2020).

6 "Malcolm Gladwell on the Advantages of Disadvantages," Knowledge@Wharton, December 3, 2013, https://knowledge.wharton.upenn.edu/article/david-goliath-malcolm-gladwell-advantages-disadvantages/.

7 Tracey Anne Duncan, "How to Stop Your Inner Monologue from Running Your Life," *Mic*, February 5, 2020, https://www.mic.com/life/what-does-your-internal-monologue-say-about-your-mental-health-21777794.

8 Victoria Lemle Beckner Ph.D., "The Key Skill We Rarely Learn: How to Feel Your Feelings," *Psychology Today*, October 12, 2020, https://www.psychologytoday.com/us/blog/harnessing-principles-change/202010/the-key-skill-we-rarely-learn-how-feel-your-feelings.

9 Jon Jaehnig, "What Is Inherited Behavior?," *BetterHelp*, June 16, 2021, https://www.betterhelp.com/advice/behavior/what-is-inherited-behavior/.

10 Prabhakararao Sampthirao, "Self-Concept and Interpersonal Communication," *International Journal of Indian Psychology* 3, no. 3 (April 2016), https://doi.org/10.25215/0303.115.

11 Monisha Pasupathi et al., "The Feeling of the Story: Narrating to Regulate Anger and Sadness," *Cognition and Emotion* 31, no. 3 (January 8, 2016): pp. 444–461, https://doi.org/10.1080/02699931.2015.1127214.

6장

1 Megan LeBoutillier, *"No" Is a Complete Sentence* (New York: Ballantine Books, 1995).

2　Ilana Herzig, "Saying No Isn't Easy," *Psychology Today*, September 4, 2018, https://www.psychologytoday.com/us/articles/201809/saying-no-isnt-easy.

3　Shoba Sreenivasan and Linda E Weinberger, "What Happens When People Who Always Say 'Yes' Say 'No?'" *Psychology Today* (Sussex Publishers, September 16, 2016), https://www.psychologytoday.com/us/blog/emotional-nourishment/201609/what-happens-when-people-who-always-say-yes-say-no.

4　Jennifer King Lindley, "This Is Why It's So Hard to Say No," *Real Simple*, December 27, 2016, https://www.realsimple.com/magazine-more/inside-agazine/life-lessons/learn-to-say-no.

5　William Ury, *The Power of a Positive No: How to Say No and Still Get to Yes ; Save the Deal, Save the Relationship-and Still Say No* (New York: Bantam Books, 2008), 《No, 이기는 협상의 출발점: 하버드 로스쿨, 글로벌 협상력 강화 프로젝트》, 김현구(옮김), 동녘라이프(2007).

7장

1　Robert R. Stains, "Reflection for Connection: Deepening Dialogue through Reflective Processes," *Conflict Resolution Quarterly* 30, no. 1 (2012): pp. 33–51, https://doi.org/10.1002/crq.21053.

2　T. Editors of Encyclopedia Britannica, "Defense Mechanism," *Encyclopedia Britannica*, January 31, 2020, https://www.britannica.com/topic/defense-mechanism.

3　Becca Sangwin, "Why We Need to Stop Playing the Blame Game," The Gottman Institute, March 13, 2017, https://www.gottman.com/blog/why-we-need-to-stop-playing-the-blame-game/.

4　Manfred F. R. Kets de Vries, "Don't Let Shame Become a Self-Destructive Spiral," *Harvard Business Review*, June 1, 2017, https://hbr.org/2017/06/dont-let-shame-become-a-self-destructive-spiral.

5　Neel Burton, "The Psychology of Embarrassment, Shame, and Guilt," *Psychology Today*, August 26, 2014, https://www.psychologytoday.com/us/blog/hide-and-seek/201408/the-psychology-embarrassment-shame-and-guilt.

6　Sara Lindberg, "Projection in Psychology: Definition, Defense Mechanism, Examples," *Healthline*, September 15, 2018, https://www.healthline.com/health/projection-psychology#defense-mechanism.

7　Andrea Brandt, "How Reactive Behavior Damages Your Relationships,"

Psychology Today, October 1, 2018, https://www.psychologytoday.com/us/blog/mindful-anger/201810/how-reactive-behavior-damages-your-relationships.

8 Kim Pratt, "Psychology Tools: How to Take a 'Time out,'" *HealthyPsych*, May 23, 2017, https://healthypsych.com/psychology-tools-how-to-take-a-time-out/.

9 Diane Musho Hamilton, "Calming Your Brain During Conflict," *Harvard Business Review*, December 22, 2015, https://hbr.org/2015/12/calming-your-brain-during-conflict.

8장

1 Shahram Heshmat, "5 Factors That Make You Feel Shame," *Psychology Today*, October 4, 2015, https://www.psychologytoday.com/us/blog/science-choice/201510/5-factors-make-you-feel-shame.

2 Dianne Grande, "Emotional Vulnerability as the Path to Connection," *Psychology Today*, February 24, 2019, https://www.psychologytoday.com/us/blog/in-it-together/201902/emotional-vulnerability-the-path-connection.

9장

1 Rebecca Joy Stanborough, "Cognitive Distortions: 10 Examples of Distorted Thinking," *Healthline*, December 18, 2019, https://www.healthline.com/health/cognitive-distortions#thought-origins.

2 "Apa Dictionary of Psychology," *American Psychological Association*, accessed March 28, 2022, https://dictionary.apa.org/catastrophize.

3 "Apa Dictionary of Psychology," *American Psychological Association*, accessed March 28, 2022, https://dictionary.apa.org/minimization.

4 Jennifer S. Lerner et al., "Emotion and Decision Making," *Annual Review of Psychology* 66, no. 1 (January 3, 2015): pp. 799–823, https://doi.org/10.1146/annurev-psych-010213-115043.

5 René Descartes and John Veitch, *A Discourse on Method* (London: J.M. Dent, 1969).

6 Richard Carlson, *Don't Sweat the Small Stuff and It's All Small Stuff: Simple Ways to Keep the Little Things from Taking Over Your Life* (Thorndike, ME: G.K. Hall, 1998), 《100년 뒤 우리는 이 세상에 없어요: 그러니까 사소한 일에 목숨걸지 마세요》, 우미정 (옮김), 마인드빌딩 (2020).